Wesley and the Quadrilateral:

Renewing the Conversation

Wesley and the Quadrilateral:

Renewing the Conversation

기독교 신앙의 네 기둥:
웨슬리와 사변형

W. 스테픈 건터

스콧 J. 존스

테드 A. 캠벨

레베카 L. 마일스

랜디 L. 매덕스

웨슬리 르네상스

역자 후기

학문의 연구와 실천에서 방법론은 매우 중요합니다. 그러나 지금까지 국내에서 존 웨슬리의 신학 자체에 대해서는 많은 연구가 이루어진 데 비해 그의 신학방법론에 관한 연구는 미미하였습니다. 저는 목회상담 현장에서 목회상담자로서의 정체성에 기초해 창의적이고 통합적인 목회상담 방법론을 연구해 오던 중 존 웨슬리의 사변형에서 그 방법론을 발견하였습니다.

성경에 최고의 권위를 두되 전통, 이성, 경험의 상호보완적 관계를 통해 신학과 실천을 완성하는 웨슬리의 신학방법론은 목회신학뿐 아니라 목회상담에도 확장해 적용하는 것이 가능합니다. 특히 오늘날과 같은 혼돈과 다양성의 시대에 웨슬리의 사변형은 신학과 심리학의 경계선에 서 있는 목회상담자가 기독교적 정체성과 방법론으로 영혼 돌봄의 사역을 수행하는 데 큰 도움을 줄 수 있습니다. 그점에서 웨슬리의 훌륭한 신학방법론인 사변형이 널리 알려져 신학과 목회상담에 소중하게 활용되길 소망합니다.

이 책의 번역을 추천해 주신 이정기 교수님과 웨슬리 신학 전공자로서 철저히 이 책을 감수해 주신 장기영 교수님께 진심으로 감사드립니다. 웨슬리 신학 자료 출판 사역에 전념하는 웨슬리 르네상스 출판사 관계자분들께도 감사를 전합니다. 무엇보다 부족하지만 늘 함께해 주시는 하나님께 감사드립니다.

2023년 겨울
정계현 박사

감수 후기

16세기 종교개혁자들은 기독교의 근본 진리이자 종교개혁의 원리를 '오직 은혜' '오직 믿음' '오직 성경'으로 훌륭하게 압축해 선포했습니다. 그러나 이후 많은 개신교인이 '오직 믿음'을 개인의 자의적 성경 해석의 권리로 오해했고, '오직 성경'을 근거로 삼아 편협함과 비이성주의에 빠졌으며, '오직 은혜'를 외치면서 죄에 대한 무감각과 우상숭배적 자기 추구에 빠져들었습니다.

이에 메소디스트 부흥운동의 지도자 존 웨슬리는 성경적 성결 신학과 함께 올바른 기독교 신앙과 실천의 방법으로 사변형을 가르쳤습니다. 사도적 전통에 따라 성경을 해석해야 함을 강조해 자의적 성경 해석의 위험성을 바로잡았고, 계시와 일치하는 이성을 사용하도록 가르쳤으며, 교회의 체험이 성경을 토대로 하고 성경을 확증하게 했습니다. 즉, 개신교의 깊고 다양한 병폐를 바로잡을 올바른 신학의 내용과 방법을 가르친 것입니다.

한국교회에 매우 긴요한 이 책을 훌륭하게 번역해 감수와 출판을 제안해 주신 정계현 박사님께 감사드립니다. 이 책은 각 분야 최고의 전문가들이 공동집필한 것입니다. 감수자로서 소임을 잘 감당하기 위해 수개월간 모든 문장을 원문과 꼼꼼히 대조하며 수정했지만, 혹 결과물에 실수나 오류가 있다면 전적으로 감수자의 책임입니다. 부디 이 책이 한국교회의 개혁과 성숙에 귀하게 사용되길 바랍니다.

2023년 겨울
장기영 박사

약어

웨슬리의 글은 가능한 한 「200주년 기념판 웨슬리전집」(The Bicentennial Edition of *The Works of John Wesley*)을 인용했다. 해당 권이 출판되지 않은 경우에는 이전 판을 사용했다. 여러 판본 사용이 수월하도록 일부 저서, 특히 설교는 웨슬리 자신이 표시한 번호를, 편지와 일지는 날짜를 표기했다. 『신약성서주해』의 경우 대부분의 판본에 페이지 번호 수가 매겨져 있지 않기 때문에 책, 장, 절로 표시했다. 다음의 약어는 이런 판본들을 가리킨다. 별다른 언급 없이 각주에 사용된 경우에는 웨슬리의 저술로 간주한다.

Curnock	*The Journal of the Rev. John Wesley*, A.M., ed. Nehemiah Curnock, 8 vols, London: Robert Cullery.
Jackson	*The Works of John Wesley*, ed. Thomas Jackson, 14 vols. (London: Wesleyan Conference Office, 1872; reprinted Grand Rapids: Baker Book House, 1978).
Journal	*The Journal of John Wesley*, in either Curnock or *Works*.
Notes	John Wesley, *Explanatory Notes Upon the New Tesatament* (London: William Bowyer, 1755; many later editions).
Sermons	John Wesley, *Sermons*, edited by Albert C. Outler; vols. 1-4 in *Works*.

Survey	*A Survey of the Wisdom of God in Creation,* edited by B. Mayor, 4 vols. (New York: N. Bangs and T. Mason, 1823).
Telford	*The Letters of the Rev. John Wesley,* A.M., ed. John Telford, 8 vols, London: Epworth Press, 1931.
Wesley	When this term is used without further qualification, it refers to John Wesley.
Works	*The Works of John Wesley,* begun as "The Oxford Edition of The Works of John Wesley" (Oxford: Clarendon Press, 1975-1983); continued as "The Bicentennial Edition of The Works of John Wesley" (Nashville: Abingdon Press, 1984—); 14 of 35 vols. published to date.

차례

집필진

1장 사변형과 중도주의
W. 스테픈 건터, 듀크대학교 신학대학원 웨슬리 신학 교수

2장 규범으로서의 성경
스콧 J. 존스, 남감리교대학교 퍼킨스신학대학원 웨슬리 신학 교수

3장 해석으로서의 전통
테드 A. 캠벨, 남감리교대학교 퍼킨스신학대학원 교회사 교수

4장 도구로서의 이성
레베카 L. 마일스, 남감리교대학교 퍼킨스신학대학원 기독교윤리학 교수

5장 확증으로서의 경험
랜디 L. 매덕스, 듀크대학교 신학대학원 웨슬리 신학 교수

말씀을 듣든지 읽든지 (고후 3:5-6)

찰스 웨슬리(1783)

말씀을 듣든지 읽든지
울리는 소리, 죽은 글자로는
나 구원 얻지 못하네
믿음으로 주의 말씀 들어
하늘의 빛 보지 못하면
모든 것이 무익하고 헛되네

믿음이 없이는 성경에서
위로, 생명, 빛을 얻지 못해
나는 짙은 어둠을 다니며
깊은 불행에 떨어져
본성의 심한 질병에 짓눌리니
영은 살리나 문자는 죽이네

하나님 말씀으로 비추시면
날 보게 하신 그분을 높이리
그러나 내 주님 없이
그 모든 약속이 무엇이랴
믿음이 비추고 말하고 주기까지
내게 아무 소용 없네

예수님, 나의 것 되게 하시는 은혜
주님께서 죄인에게 베푸시네
내 눈 열어 주의 얼굴 보고,
마음 열어 주를 알게 하시니
나 이제 주의 말씀으로
현재의 확신과 복된 영원을 누리네.

The United Methodist Hymnal (Nashville: The United Methodist Publishing House, 1989), #595.

서론

"웨슬리는 기독교 신앙의 핵심이 성경에 계시되어 있고, 전통에 의해
조명되며, 개인의 경험에서 살아 있는 것이 되고, 이성에 의해 확인된
다고 믿었다."

- 『연합감리교회 장정』(1996), ¶68, p. 74.

아마도 최근 25년간 연합감리교회 내에서 위 인용문의 주장을 일반
적으로 지칭하는 '웨슬리의 사변형'(Wesleyan Quadrilateral)보다 더 논쟁
의 초점이 된 신학 주제는 없을 것이다. 이 용어는 그 표현의 참신함
과 탁월함으로 "현대 감리교인의 신화"[1]와도 같은 것이 되었다. 이 책
은 이 신화를 비신화화하는 작업이라 할 수 있다. 이 용어를 현대의
일반적인 의미로 이해할 때, 우리의 관심은 웨슬리와 사변형에 대한
최근 논쟁에서 볼 수 있는 공상적 '신화'에서 역사적 사실을 구별해내
는 것이다. 용어를 좀 더 전통적인 의미로 이해할 때, 우리의 바람은
웨슬리의 사변형이라는 '신화'에서 통찰력 있는 표현을 찾아낸 근본
적 확신이 무엇인지를 확인하는 것이다.

어느 정도 역사적 배경을 살펴보는 일은 이러한 이중적 목표를

---

1   Ted Campbell, "The 'Wesleyan Quadrilateral': The Story of a Modern Methodist
Myth," in Thomas A. Langford, ed., *Doctrine and Theology in The United Methodist
Church* (Nashville: Kingswood Books, 1991), 154-61을 보라. 이후로 요약한 내용
에 대한 더 많은 배경 정보는 이 논문에서 볼 수 있을 것이다.

균형 있는 시각으로 보는 데 도움이 될 것이다. 1968년에 복음주의연합형제교회(Evangelical United Brethren Church)와 감리교회(The Methodist Church)가 연합감리교회(The United Methodist Church)로 통합하기로 결정하자, 즉각적으로 필요하게 된 것은 복음주의연합형제교회의 신앙고백(Confession of Faith)과 감리교회의 신조(Articles of Religion) 모두를 계승하는 신학 성명서를 만드는 것이었다. 이 임무를 맡은 위원회는 당초 연합감리교회의 교리적 책무를 명확히 표현하는 새로운 통합적 '신조'(creed)를 만들고자 했다. 그러나 경쟁 세력들이 이전 표준에서 수정할 가능성이 있는 모든 요소에 대해 로비를 해오면서, 그렇게 하려면 장기간의 논란이 수반된다는 것을 깨닫는 데는 오랜 시간이 걸리지 않았다. 이로 인해 위원회는 그보다 덜 야심적인 계획을 수행할 수밖에 없었다. 위원회는 이전의 두 신조를 모두 유지하되, 그것을 '역사적 문서'(landmark documents)로 지정한 후 연합감리교회의 현대의 신학적 과제를 명시하는 새로운 성명서를 작성해 이를 보완하기로 결정했다.[2] (1972년 판 『연합감리교회 장정』에서 공식적으로 채택된) 이 새로운 보완적 성명서의 핵심은, 연합감리교회의 현대의 교리적 성찰과 구성은 성경, 전통, 경험, 이성이라는 네 가지 상호의존적 원천 또는 지침에 따라 인도를 받아야 한다는 주장이었다.

시간이 흐르면서 이 타협안은 덜 야심적인 부분이 모호성으로 보완된 사실이 드러나게 되었다. 세 경우가 두드러진다. 첫째는 '교리적 표준'의 성격과 관련된 모호성이다. 이 타협안을 만든 위원회의 공식

<hr />

[2] 참여자가 직접 들려주는 이야기는 Bob Parrott, ed., *Albert Outler: The Churchman* (Anderson, IN: Bristol House, 1995), 92, 370 이하, 460 이하를 보라.

명칭은 '교리와 교리표준 위원회'(Commission on Doctrine and Doctrinal Standards)였다. 현대의 '신학적 과제'에 대한 성명서가 그들의 창작 작업의 중심이었다는 점에서, 우리는 이 성명서의 주제인 네 가지 원천 또는 지침이 어떻게 비공식적으로 '교리적 표준'(doctrinal standards)으로 불리게 되었는지 알 수 있다. 『연합감리교회 장정』에서 채택된 실제 성명서는 '교리적 표준'이라는 용어를 주의 깊게 통합 이전 각 교단의 역사적 문서와 그 교리적 주장에만 제한하고, 성경, 전통, 경험, 이성은 그 대신 '교리적 지침'(doctrinal guidelines)으로 불렀음에도, 이 네 가지를 실제로 '교리적 표준'으로 지칭하는 일은 자주 발생했다. 공식적인 입장과 상반된 비공식적 관행의 영향은 연합감리교회에서(그리고 더 넓은 감리교와 웨슬리안 교단들에서) (1) 교리적 확신 그 자체와 (2) 신학적 성찰의 기준 사이의 중요한 구분이 모호해지게 했다. 그 결과, 성경, 전통, 경험, 이성을 후자(교리적 지침)가 아닌 전자(교리적 표준)의 범주로 오인하는 미묘하고도 지속적인 경향이 있었다.

1972년 판『장정』에서 구체화된 타협안의 두 번째 모호성은, 신학적 성찰을 위한 네 가지 지침을 지칭하는 '사변형'이라는 용어에서 찾을 수 있다. 사실 이 용어는 『장정』에서 공식적으로는 한 번도 사용된 적이 없고, 1970년에 제출된 중간 보고서에서 사용되었을 뿐이었으나, 빠르게 연합감리교회의 신학적 성찰이 성경과 전통뿐 아니라 이성과 경험에도 근거해야 한다는 교회의 현대적 강조점을 지칭하는 비공식적 명칭이 되었다. 여기서 모호성은 '사변형'이라는 말의 함축성에 있다. 이는 단순히 신학적 성찰을 위한 기준의 4중적 성격을 말하는 것인가, 아니면 네 가지 사이의 어떤 평등한 관계를 의미하는가?

1972년 이후 몇 년간은 일부에서 사변형의 대중적 이미지나 『장정』
의 신학적 과제에 대한 성명서의 실제적 진술에서 성경의 신학적 수
위성이 적절하게 표현되지 않았다는 우려가 점점 커졌다. 이와 관련
해 연합감리교회 신학에서 ('역사적 문서'를 포함하는) 전통이 갖는 상대
적 권위에 대해서도 좀 더 작은 규모의 우려의 목소리가 제기되었다.

1972년의 타협안의 세 번째 모호성은, 웨슬리와 현대 신학적 성
찰을 위한 네 가지 지침의 강조 사이의 연관성 문제에 있었다. 이 점
에서도 1972년 판 『장정』의 성명서는 1970년의 중간 보고서보다 덜
직설적이었다. 중간 보고서는 웨슬리를 네 가지 강조에 대한 명시적
근거로 언급한 반면, 『장정』의 성명서는 네 가지 지침에 관한 논의에
서 웨슬리에 대한 언급을 피했다. 이 침묵은 일부에서 이미 이 관계
에 대해 역사적 이의를 제기하고 있었다는 사실을 나타낸다. 네 가지
지침에 대한 의식적이고 일관된 강조가 정말 웨슬리에게서 나타나는
가? 그리고 혹 웨슬리에게서 분명히 나타났다 해도, 그것이 그만의 독
특한 것이었는가? 이런 의문은 1972년 이후 점점 커져갔다.

이 책에 대한 첫 구상은 1972년 판 『장정』이 지닌 다양한 모호성
에 대해 논쟁이 이루어지던 와중에 구체화되었다. 그 뿌리는 적어도
10년 전으로 거슬러 올라가는데, 당시 우리 중 몇 사람은 옥스퍼드감
리교신학연구소(Oxford Institute of Methodist Theological Studies) 웨슬리
연구회(Wesley Studies Group)의 1987년 모임에 참석했다. 웨슬리의 신
학 방법의 다양한 측면을 자세히 연구해 온 웨슬리의 제자로서 우리
는 논쟁의 모든 측면에 웨슬리의 사변형에 대한 역사적으로 부정확
한 개념이 연관되어 있어서 그것을 바로잡을 필요가 있음을 이해했

다. 더 중요한 것은, 웨슬리 자신이 성경, 전통, 이성, 경험을 어떻게 이해하고 활동했는지를 명확히 이해할 때, 그 네 가지 지침을 새롭게 강조하고 있는 감리교와 웨슬리안 신학계가 더 큰 유익을 얻을 수 있다는 점이었다.

이로 인해 우리는 웨슬리가 사변형의 구성 요소에 대해 믿고 가르친 내용을 역사적으로나 신학적으로 매우 정확하게 설명하는 논문집을 만들 것을 고려하게 되었다. 그러나 본래의 참가자들이 다른 약속들 때문에 이 계획을 진행하지 못한 채 몇 년이 지나자, 이 작업의 절실한 필요성이 사라지는 듯했다. 이는 부분적으로 도널드 톨슨 (Donald Thorsen)이 『웨슬레 신학의 사변형: 복음주의 신학의 모델로서의 성경, 전통, 이성, 경험』(*The Wesleyan Quadrilateral: Scripture, Tradition, Reason and Experience as a Model of Evangelical Theology*, 한국복음문서간행회)을 출판했기 때문이다. 그는 이 책에서 웨슬리가 네 가지 지침 각각에 호소한 증거를 수집했고, 네 가지 지침 중 성경의 수위성을 강조했다. 이보다 더 중요한 이유는, 1988년의 『연합감리교회 장정』에서 개정된 '신학적 과제' 성명서가 채택되었기 때문이다. 이 개정된 성명서는 더 확고히 웨슬리의 사례에 기초해 네 가지 신학 지침을 정립하는 동시에, 그의 독창성이나 독특성에 대한 과도한 주장은 피했다. 또 1972년 판 『장정』보다 성경의 수위성을 더 명확히 했다. 마지막으로는, 교리적 확언과 신학적 탐구 사이의 구별을 강조하고자 했다.[3]

1988년 개정판의 장점이 무엇이든, 그것이 신학 방법에 대한 연

---

3   이러한 수정을 다룬 내용에 대해서는 Langford, *Doctrine and Theology*에 수록된 논문들을 보라.

합감리교인들 사이의 모든 차이를 해결하는 만병통치약이 되지는 못했다. 실제로 이러한 문제들에 대한 논쟁은 지난 몇 년간 다시 활기를 띠었다. 이전과 마찬가지로, 이 논쟁은 웨슬리(또는 감리교인)의 사변형 개념의 강점과 약점이라는 관점에서 광범위하게 전개되고 있다. 현재의 논쟁에 차이가 있다면, 웨슬리의 역사적 선례에 대한 질문보다는 사변형이 현대에 갖는 철학적 또는 신학적 타당성에 초점을 맞추고 있다는 점이다. 이 논쟁의 한쪽 입장은 존 콥(John B. Cobb, Jr.)이 자신의 책 『은총과 책임』(Grace and Responsibility, 기독교대한감리회홍보출판국)에서 잘 대변하고 있다.[4] 현대의 단체들과 사람들이 많은 전통적 기독교 신앙과 실천에 대해 제기한 비평에 매우 민감했던 콥은 (과거의) 성경과 전통에 (현대의) 경험과 이성이 함께할 때의 온전함을 강조하는 사변형의 함의에 관심을 가졌다. 그는 때로 사변형을, 그 구성 요소 각각이 다른 요소에 의해 비판, 수정, 보완되는 '변증법적'(dialectical) 관계로 표현했다. 그러나 때로는 성경과 전통을 판단하는 "비교적 자율적인 이성과 경험"의 특권을 주로 강조하면서, 네 가지 요소를 서로 대립적인 관계로 두는 듯하다. 이 모든 것에서 그가 밝힌 의도는 다음과 같이 분명하다. "나는 웨슬리를 새롭게 연구해야 한다고 요구하는 사람들 대부분은 웨슬리의 사상을 오늘날 단순히 반복할 수 있다고 생각하지 않는다는 사실을 발견했다. 오히려 그들은 웨슬리가 시작한 운동이 앞으로 나아갈 공통의 토대를 찾기 위해 그의 사역과 우리 시대에 갖는 그의 사상의 적절성을 재평가할 필요가

---

4   John B. Cobb, Jr., *Grace and Responsibility: A Wesleyan Theology for Today* (Nashville: Abingdon Press, 1995), 특히 155-76을 보라. 여기서 언급한 내용의 출처는 162, 173-75, 179 페이지다.

있다고 바르게 생각한다. … 그런 노력을 할 때가 왔다."

콥과 다른 사람들의 이러한 강조에 대한 가장 날카로운 반응은
윌리엄 아브라함(William J. Abraham)의 『교리적 기억상실에서 깨어나기』
(*Waking from Doctrinal Amnesia*)[5]에서 나왔다. 흥미롭게도 아브라함은,
사변형의 명시적 목표가 신학적 성찰에서 성경, 전통, 이성, 경험의
상호의존성을 강조하는 것이었음에도, 현대 사회에서 그러한 용어
사용의 필연적 결과는 이성과 경험이 성경과 전통보다 우위에 있게
된 것이라는 콥의 말을 인정한다. 이로 인해 아브라함은 연합감리교
인들은 "성급하게 급조해낸 성경과 전통 … 이성과 경험 사이의 강제
결혼"인 사변형을 폐기해야 한다고 주장하게 되었다. 그 이유는 부분
적으로 사변형의 명시적 목적은 제쳐 놓고, 사변형을 마치 "그중 하나
에서 원하던 것을 얻지 못하면, 얻을 때까지 하나하나 다른 것을 시도
해보라"라는 식의 방법론인 양 오해할 수 있기 때문이다. 그러나 그
가 가장 깊이 우려한 점은, 사변형에 대한 강조가 교리적 표준과 신학
적 성찰의 기준 사이의 혼동을 계속 일으킨다는 것이 확실하다는 부
분이다. 그는 연합감리교인들이 실제로 어떤 교리를 믿고 있는지가
아닌, 어떤 방식으로 신학을 "하는지"에서 자신의 정체성을 찾으려는
경향에 대해 한탄한다. 그 결과 "우리가 교리적으로 너무 무관심하고
무지하게 되어 교회가 바른 지식이 결핍된 상태가 되었다"는 것이다.

콥과 아브라함의 비교에서 드러나는 사변형에 대한 새로운 논란
은, 옥스퍼드에서 있었던 첫 번째 대화에 참가했던 사람들의 관심을

---

5   William J. Abraham, *Waking from Doctrinal Amnesia: The Healing of Doctrine in The
     United Methodist Church* (Nashville: Abingdon Press, 1995), 특히 56-65를 보라. 여
     기서 언급한 내용의 출처는 63, 61, 45, 104 페이지다.

다시 불러일으켰다. 이에 우리는 현대 신학에 전문성을 지닌 새로운 집필자 두 명을 대화에 초대했는데, 그들은 자신의 전문성을 웨슬리 연구에 대한 관심에 접목했다. 작업의 초기에 우리는 사변형에 관한 논의의 일반적인 구조와 대립적 요소에 대해 공통된 우려를 가지고 있음을 확신하게 되었다. 한편으로, 우리는 사변형이라는 개념 자체가 본질적으로 잘못되었거나 웨슬리적이지 않다고 주장하는 사람들에게 동의할 수 없었다. 다른 한편으로, 우리는 사변형을 가장 강력히 옹호하는 사람들 중 일부는 우리가 생각하기에 웨슬리의 가르침과도 다르고 오늘의 교회가 직면한 도전을 해결하는 데도 (그 중요성만큼이나) 부적합한 성경, 전통, 이성, 경험에 대한 개념을 옹호하고 있음을 발견했다. 대화를 계속 진행해 가면서 우리는 성경, 전통, 이성, 경험에 대한 웨슬리 자신의 개념과 용법을 새롭게 재고하는 것이 이 현재의 논의에 가장 적절하고 도움이 되는 기여를 할 수 있다는 가능성에 흥미를 갖게 되었다.

이로 인해 우리는 이러한 재검토를 가장 잘 할 수 있는 방법을 질문하게 되었다. 우리가 즉시 합의한 것 중 하나는, 현재의 논의가 완강한 논적들이 서로 이기기 위해 겨루는 '논쟁'에 너무 치우쳐 있다는 점이었다. 이에 대한 분명한 대안은 상호 이해와 (이상적으로는) 합의 도출까지를 목표로 하는 진정한 대화였다. 전통적인 메소디스트 용어로 말하면, 이 대안은 신학 방법의 문제에 대해 '협의'하는 것이다. 우리는 우리의 초기 대화가 그러한 협의의 싹을 틔우기 위한 시도였다는 것을 알았고, 지난 1년 동안은 이 과정을 더 깊은 수준으로 이끌기 위해 최선을 다했다. 솔직히 말해, 우리의 경험은 (웨슬리가 항상 주장했던 것처럼) 이 '협의'라는 '은혜의 방편'의 유익을 맛볼 수 있게 해주었을 뿐 아니라, 실제 협의의 필요성을 우리에게 상기시키는 데도 가치가 있었다는 것이 입증되었다. 강의 일정, 가정 생활, 출판 마감일 등의 현실은, 더 큰 감리교인들의 협의 사항 중 우리가 발견한 공통 분모를 나누려는 공동 저술 작업에 대한 본래의 이상을 점차적으로 약화시켰다. 비록 그 이상은 포기했어도 우리는 여전히 우리가 더 큰 진행 중인 대화에 기여할 가치가 있는 무엇인가를 가지고 있음을 확신했다. 우리 각자는 우리가 누릴 수 있었던 협의의 수준에 따라 정보를 얻고 다듬고 풍성하게 할 수 있었던 더 큰 논의의 특정 요소들에 대해 스스로의 신념과 관점을 갖게 되었다. 여전히 몇 가지 차이점이 남아 있음에도, 우리는 우리의 협의의 결과물을 더 큰 메소디스트 공동체(그리고 다른 이해 당사자들)에 제공하기로 결정했는데, 이는 현재 이루어지고 있는 더 많은 논쟁을 대화로 바꿀 수 있기를 바랐기 때문이다.

실질적으로 이것은 우리 각자가 이 책의 한 장을 책임지는 것을 의미했다. 곧 스테픈 건터(Stephen Gunter)는 "사변형과 '중도주의'", 스콧 존스(Scott Jones)는 "규범으로서의 성경", 테드 캠벨(Ted Campbell)은 "해석으로서의 전통", 레베카 마일스(Rebekah Miles)는 "도구로서의 이성", 랜디 매덕스(Randy Maddox)는 "확증으로서의 경험"을 각각 맡았다. 우리 각자는 자신이 맡은 장의 초안을 작성해 다른 사람들에게 보냄으로 (여전히 서로 간에 차이가 있는 영역을 밝히는 것을 포함해) 그들의 반응과 제안을 요청했다. 서론과 결론은 공동으로 집필하되, 스테픈이 초안과 최종본을 담당하기로 했다. 이는 그가 우리의 모임 시간을

조율하고, 계속 작업하도록 독려하며, 책 전체를 편집하는 책임을 맡
았기 때문이다.

   마지막으로, 집필 방식에 대해 한마디하자면, 비록 이 책의 집필
진 모두가 각자의 학문적 영역에서 활동하고 있지만, 우리는 학문적
신학서를 쓰려 하지 않았다. 이 책은 '교회의 신학'(ecclesial theology),
곧 교회에 의한, 교회를 위한 신학의 하나의 실천으로, 과거나 현직의
목회자와 선교사, 그리고 미래의 목회자, 선교사, 교사들을 양성하는
교사들이 집필했다. 우리는 교구, 연회, 총회 차원에서 연합감리교회
와 깊이 연관된 사람들로서 우리 교단과 웨슬리안 전통에 속한 목사,
감독, 신학대학 교수, 신학생, 행정 담당자, 평신도 모두들 위해 이 책
을 저술했다. 이 책은 비록 특정한 신학적 주제에 관한 것이지만, 오
늘날의 연합감리교인들을 위한 사변형의 의미와 해석과 용법이라는
매우 실질적인 문제를 다룬다. 우리는 이 중요한 문제에 대한 대화를
풍성하고도 새롭게 하기를 바라면서, 독자에게 웨슬리와 사변형에
대한 우리의 '협의'의 결과물을 나누고자 한다.

W. 스테픈 건터
W. Stephen Gunter

1

사변형과 '중도주의'

Chapter One: The Quadrilateral and the 'Middle Way'

존 웨슬리가 영국 국교회 목사였고 평생 목사로 살았다는 사실은 잘 알려져 있다. 그러나 역사적으로 영국 국교회 정체성이 지니는 신학적 함의가 무엇인지는 충분히 알려진 바가 없다. 그 신학적 함의를 따로 떼내 정확히 정의하기는 어렵지만, 웨슬리 이전 영국 국교회의 핵심 인물들은 훌륭한 신학적 기준의 윤곽을 제시했다. 많은 웨슬리안이 이 윤곽이 존 웨슬리에게서 [또는 수십 년 전 앨버트 아우틀러(Albert Outler)가 제시한 '웨슬리의 사변형'에서] 시작되었다고 생각하지만, 사실은 웨슬리보다 두 세기 앞서 생겨났다. 이는 우리가 진리의 네 가지 원천, 특히 성경과 전통과 이성을 활용해 온 것이 메소디즘보다 훨씬 오래된 신학적 전통과 연결될 수 있음을 의미한다. 그것을 살펴보려면 존 웨슬리의 영국 국교회주의가 무엇을 의미하는지 명확히 하는 것이 중요하다. 그 함의를 간략하게라도 이해하지 못하면 앞으로 다룰 역사적 논의가 지금 다루는 신학적 문제와 무관해 보일 수 있다.

영국 국교회 소속이었던 웨슬리는 성경의 권위에 대해 18세기 비국교회 복음주의자들, 특히 청교도의 후예인 18세기 국교회 반대자들(Dissenters)과는 상당히 다른 관점을 가졌다. 우리는 그들 모두가 성경의 권위를 인정하면서도, 권위의 특정 요소에 대해서는 견해를 달리했음을 살펴볼 것이다. 지나치게 단순화하는 위험이 있지만, 국교회 반대자들은 그들의 청교도 조상들처럼 성경이 모든 것에 대해 권위를 가졌다고 주장한 반면, 영국 국교회 복음주의자들은 성경이 구원이라는 특별한 지식에 대해 권위가 있음을 강조했다고 할 수 있다. 즉, 성경은 우리가 구원을 얻기 위해 반드시 알아야 할 모든 것을 우리에게 알려준다는 점에서 권위가 있다는 것이다.

영국 국교회 복음주의자들은 '전통'을 바라보는 관점에서 청교도들과 더 큰 시각 차이를 보인다. 영국 국교도들은 기독교 전통 전체를 높이 평가했고, 특히 웨슬리 시대에는 첫 5세기까지의 초기 기독교 전통을 높이 평가한 반면, 청교도 전통은 종교개혁 이후 생겨난 기독교 정체성을 중시하는 성향을 뚜렷이 나타냈다. 이 흐름에서는 루터보다 칼빈의 신학적 영향력이 더 강했다. 결국 청교도 전통에 내재된 칼빈주의적 관점은 영국 국교회 신학의 영구한 특징이 되었지만, 웨슬리 시대에 이르러서는 충실한 칼빈주의자가 되지 않아도 충실한 영국 국교회 신자가 될 수 있는 충분한 여지가 생기게 되었다. 웨슬리는 바로 이러한 신학적 입장을 취했고, 그로 인해 청교도적 유산과는 매우 다른 신학적 특징을 나타낸다. 우리는 역사적으로 영국 국교회 내에서 형성된 상당히 다른 신앙과 신학의 두 가지 흐름을 살펴보고 있다.

이처럼 서로 다른 신학적 흐름이 나타나고 발전하는 과정을 고찰하면서 우리는 매우 친숙한 이름들을 만나게 될 것이다. 즉, 헨리 8세(King Henry VIII), 메리 여왕(Queen Mary), 엘리자베스 1세(Queen Elizabeth I) 같은 왕족과, 울지(Wolsey), 크랜머(Cranmer), 파커(Parker), 주얼(Jewel), 후커(Hooker), 틸럿슨(Tillotson), 앤드루스(Andrewes), 테일러(Taylor)와 같은 추기경, 대주교, 주교들이다. 현대 사회에서는 엘리자베스 2세(Queen Elizabeth II)나 찰스 왕세자(Prince Charles)가 캔터베리 대주교에게 지대한 신학적 영향을 미치는 일은 상상도 할 수 없다. 그러나 곧 살펴보겠지만, 중세 후기의 세계는 지금과 매우 달랐다. 왕들은 힘이 매우 막강해서 영국 국교회 신학의 형성에까지 상당한 영향을 끼쳤고, 종종 결정적 역할을 했다.

영국의 군주제와 중도주의

영국 국교회 신학의 특징을 설명하는 데는 '중도주의'(via media)[1]라는 용어를 사용하는 것이 매우 일반적이며, 이 점에서 우리는 '무엇과 무엇 사이의 중도를 말하는가?'라는 의문을 갖게 된다. 영국 국교회의 신학적 정체성이 서로 반대되는 두 전통인 전통적 로마 가톨릭주의와 개신교의 청교도주의 또는 개혁주의 사이에서 형성된 것은 사실이기 때문에 이러한 의문을 갖는 데는 역사적 근거가 있다. 영국 국교회 정체성은 엘리자베스 1세 여왕 시대에 근본적으로 형성되었기 때문에, 그것을 종종 '엘리자베스 합의'(Elizabethan Settlement)로 부르곤 한다. 우리는 그것이 어떻게 도출되었는지에 관심을 돌리기 전에 왜 그런 '합의'가 필요했는지 먼저 살펴보아야 한다. 또한 엘리자베스 1세가 진지한 종교적 견해를 거의 또는 전혀 갖지 않은 여성이었다는 널리 퍼져 있는 가정도 재고할 필요가 있다.[2]

---

1   언어학적으로 여성형 'medius'는 '~의 중간'이라는 뜻이므로, 'via media'는 '중도의 길' 또는 '중도주의'로 번역하는 것이 적절하다.

2   리처드 하이첸레이터(Richard Heitzenrater)같이 세심한 역사가조차도 최근 저술에서 이렇게 설명한다. "엘리자베스는 정치적 수완과 종교적 성향(또는 그로 인한 결함)으로 엘리자베스 합의를 이끌어냈다." "그 과정에서 엘리자베스를 움직인 것은, 그녀의 강한 종교적 성향보다는 정치적 통찰력이었다. 그녀는 철저히 … 정

영국의 모략은 헨리 8세(1509~1547)가 1502년에 죽은 자신의 형 아서(Arthur)의 아내, 아라곤의 캐서린(Catherine of Aragon)과 결혼했다가 이혼을 추진하면서 시작되었는데, 결국 이혼은 성립되었다.[3] 캐서린은 헨리에게 다섯 명의 자녀를 낳아주었지만, 딸 메리 외에는 모두 유아기에 죽고 말았다. 캐서린이 40세가 되자 아들을 낳지 못할 것이 점점 분명해졌고, 더구나 헨리는 앤 볼린(Anne Boleyn)을 사랑하게 되었다. 로마 가톨릭교회에서는 이혼 후 재혼을 하려면 이전의 결혼이 무효임을 선언하는 교황의 특별허가를 받을 것을 요구했다. 그러나 캐서린은 다섯 명의 자녀를 낳았고 충실한 결혼생활을 했기에, 전 요크 대주교였던 토머스 울지(Thomas Wolsey)가 중재의 노력을 기울였음에도 특별허가는 이루어지지 않았다. 교황은 헨리 8세가 성례와 관련해 루터의 주장을 반대했다는 이유로 '신앙의 수호자'(영국 국왕은 지금도 이 칭호를 가지고 있음)라는 칭호를 부여했고, 헨리가 결혼을 무효로 하는 데 필요한 것은 단지 교황에게서 캐서린과의 이혼을 허락받는 것뿐이었다. 과거에도 왕실의 결혼을 무효화한 선례들이 있었으나, 캐서린은 신성로마제국 황제 카를 5세의 이모였기 때문에 교황 클레멘트 7세는 정치적인 이유로 이혼을 허락할 수 없었다.

1531년까지 헨리는 절망적이었다. 1년 전 그는 추기경 울지를, 외세(교황 및 표면상 구실이었던 카를 5세)의 명령을 따라 교황 존신죄(Praemunire, 교황이 국왕보다 우월하다고 보는 죄-역주)를 저질렀다는 이

<hr />

치적이었다." 참고. *Wesley and the People Called Methodists* (Nashville: Abingdon Press, 1995), 6, 8.

3   이 시기를 가장 훌륭하게 압축적으로 정리한 역사 논문집은 J. R. H. Moorman, *A History of the Church in England* (New York: Morehouse Barlow, 1973)일 것이다.

유로 추방했다. 울지의 후임으로 토머스 크롬웰(Thomas Cromwell)을 임명한 후에도 헨리는 여전히 남아 있는 고위 성직자들을 처리해야 했다. 왕은 울지를 교황의 특사로 받아들인 것을 이유로 그들 모두를 교황 존신죄를 저지른 혐의로 일괄 기소한 뒤, 두 가지를 조건으로 구제받을 길을 열어주었다. 곧 10만 파운드의 벌금을 내는 것과, 헨리 8세를 '영국 국교회의 수호자이자 유일 최고의 통치자'로 인정하는 것이었다. 10만 파운드의 벌금을 내는 것이 주교와 대주교들에게 크게 어려운 일은 아니었으나, 교황을 모욕하고 사실상 암암리에 '로마 가톨릭교회와 관계를 끊는 것'은 전혀 다른 문제였다는 사실이 중요하다. 결국 성직자들은 타협해 헨리 8세를 '유일한 수호자, 유일한 최고의 통치자, 그리스도의 법이 허락하는 한 영국 국교회 최고의 수장'으로 인정했다. 헨리는 성직자들로 그들이 저지르지 않은 범죄의 책임을 인정하게 만들어, 국왕을 영국 국교회 조직의 핵심으로 받아들이게 했다. 헨리 8세는 이제 모든 면에서 주권자가 되었기 때문에 이혼 문제에 전력을 기울일 수 있었다.

헨리는 결국 캐서린과 이혼하고 앤 볼린과 결혼해 딸 엘리자베스 공주를 낳았다. 앤 여왕이 아들을 낳는 데 실패하자, 헨리는 그녀를 처형한 후 캐서린 파(Catherine Parr)와 다시 결혼했고, 그녀는 그가 갈망했던 아들을 낳아주었다(이는 저자의 실수로 보인다. 에드워드 6세는 여섯 번째 부인 캐서린 파가 아닌 세 번째 부인 제인 시무어가 낳았다-역주). 에드워드 6세는 창백하고 병약했으며, 아홉 살이라는 어린 나이에 왕위에 올랐기에, 주변의 개혁적 성향의 기회주의자들에게 휘둘릴 수밖에 없었다. 헨리는 거의 모든 면에서 자기 뜻대로 했지만, 사실상 영국 국교회는 예전에서든 신학에서든 그의 모략 이전 수십 년 동안에 비해 거의 달라진 것이 없었다. 그럼에도 그는 변화의 계기를 마련했고, 그의 자녀와 그가 뽑은 고위 성직자들은 영국 국교회의 예전과 신학을 바꾸는 데 결정적 역할을 감당했다. 동일한 왕의 세 아내가 각각 앞으로 영국을 통치할 아이를 낳았다. 역사적인 교회의 정체성 전환 위에 왕가의 이러한 복잡한 관계가 더해져 '중도주의'로 알려지게 된 전통이 매우 흥미진진하게 시작된다.

1547년 헨리 8세가 사망했을 때, 영국의 교회들은 과거와 다를 바 없어 보였고, 그 안에서 행하던 예배 역시 새롭게 생겨난 급진적 종교개혁 집단들의 예배 외에는 교구민들이 당시와 과거 500년간 서구 기독교 세계의 다른 교회에서 드리던 예배와 사실상 동일했다. 그럼에도 예전(liturgy)의 개혁은 시작되고 있었다. 14년 전인 1533년 헨리는 충직하고 협조적인 토머스 크랜머를 캔터베리 대주교로 임명했다. 헨리는 크랜머가 개혁주의 신학과 예전 개혁을 지지한다는 사실을 알지 못했으나, 헨리가 죽은 후에는 그것이 매우 명확하게 드러났다. 크랜머의 가장 큰 공헌은 『공동기도서』(Book of Common Prayer, 영국 국교회의 공식 예배서-역주)의 연속 판을 만든 것이다.

심지어 헨리 8세가 살아 있는 동안에도 크랜머는 여러 혁신을 계획하고 있었는데, 헨리의 죽음과 소년 왕 에드워드 6세의 왕위 계승으로 열린 기회를 통해 그 혁신이 널리 확산되었다. 우선 교회의 오래된 예배 형식은 너무 복잡했고, 무엇을 읽고 언제 암송해야 하는지에 대한 많은 규칙이 뒤엉켜 있어, 크랜머 자신의 말에 따르면, "많은 경우 무엇을 읽어야 하는지 규정을 살피는 과정이, 찾아서 읽는 일 자

체보다 더 힘들었다."⁴ 많은 사람이 규정을 더 간소화해야 할 필요를
느끼고 있었다. 두 번째 혁신되어야 할 사항은 예배 시 회중의 참여
를 확대하는 것이었다. 중세 후기 평신도들은 점점 예배 참여자가 아
닌 의식을 관람하는 구경꾼의 위치로 전락했기 때문이다. 이는 세 번
째 혁신을 필요로 했는데, 곧 내국어로 된 예배 의식을 만드는 것이었
다. 외국어로 된 의식은 참여자들이 이해할 수 없었기 때문이다. 네
번째 혁신 과제는 성찬을 집례할 때 빵만이 아니라 빵과 잔 모두를 평
신도에게 분배했던 초기 기독교의 관례를 회복하는 것이었다. 마지
막으로 필요한 혁신은, 교훈적인 설교와 정기적인 성경 읽기를 통해
신자들을 더 깊이 교화하는 것이었다.⁵ 이러한 혁신에 대한 요구는
『공동기도서』(1549, 1552, 1553)의 연속 판을 통해 점점 더 분명해졌다.
1552년 크랜머는 일련의 신학 선언문을 작성했는데, 이는 궁극적으
로 1571년에 영국 국교회 39개 신조가 되었고, 『공동기도서』에도 여
전히 수록되어 있다. (비록 알아볼 수 있을 정도로 칼빈주의 색채를 띠고 있
음에도) 역사적 가톨릭 신앙을 확언하는 이 선언문들은 영국 국교회에
교리적 기틀을 제공하기 위한 것으로, 이는 이후 '중도주의'를 특징짓
는 신학적 기준을 형성하는 역할을 했다.⁶

　39개 신조의 신학 선언은 역사적이고 보편적인(catholic) 기독교와

4　참고. Preface to the Book of Common Prayer (1549년 판), "Concerning the
　　Service of the Church."

5　나는 Moorman, "Liturgical Innovations," 187 이하를 읽고 이러한 혁신의 필요성에
　　대해 명확히 이해하게 되었다.

6　특히 E. J. Bicknell, *A Theological Introduction to the Thirty-nine Articles* (London:
　　Longmans, Green and Co., 1944), 12-17을 보라.

의 신학적 일치를 공표한 것으로 여겨졌고, 19세기 후반까지 성직자들은 이 신조에 공식적으로 서명해야 했다. 영국 국교회의 신학적 정체성을 밝히는 일에서 이같이 좋은 출발을 한 후에는, 교회법을 개혁해 교회의 법적 지위를 밝히려는 유사한 노력이 뒤따랐으나 좌절되고 말았다. 1553년 7월 6일, 젊은 에드워드 왕이 15세의 나이로 사망하면서, 더 이상의 개혁이 갑자기 중단된 것이다. 헨리 8세 치하에서는 영국 국교회의 '형성'이 시작되었고, 그의 외아들이 다스리는 동안에는 영국 국교회의 '개혁'이 첫발을 내디뎠다.

상속에서의 남성 우선주의 원칙으로 인해 헨리의 세 자녀 중 가장 먼저 왕위에 오른 사람은 막내였다. 에드워드는 미성년자였고 자신의 힘으로 통치할 수 없었기 때문에, 개혁은 그의 고문들에 의해 빠르게 뿌리를 내렸다. 에드워드 사후에는 아라곤의 캐서린이 낳은 헨리의 장녀 메리가 왕위를 계승했다. 당시의 추세를 뒤집기 위해 태어나면서부터 준비된 단 한 사람이 있었다면 그것이 메리 여왕이었다. 메리는 37세에 왕위에 올랐는데, 그 이전까지 그녀는 성인 시절 전체를 은둔으로 보냈다. 모친과 함께 성에서 쫓겨나 경멸과 연민의 대상이 되었기 때문이다. 고풍스러운 초상화에서 메리 여왕이 굳게 앙다문 입술을 한, 엄하고 가혹하며 단호한 여성으로 그려진 것도 놀랄 일이 아니다. 메리는 자신의 어린 시절로 시간을 되돌리기로 결심했는데, 이는 곧 영국이 로마 가톨릭주의로 회귀하는 것을 뜻한다. 메리의 5년간의 통치(1553~1558)는 우리가 살펴보려는 영국 국교회 신학의 정체성에 직접적 영향을 끼치지는 않았으나, 그녀의 명령으로 발생한 사건들은 이복자매 엘리자베스가 왕위를 계승했을 때 대중의 사고방식에 큰 영향을 주었다.

메리는 스페인계 혼혈일 뿐 아니라, 충성스러운 로마 가톨릭 신자이기도 했다. 정치적으로나 교회적으로 에드워드 6세를 이끌었던 런던의 '실세'들은 그녀가 왕위를 계승하는 것을 두려워해 레이디 그레이(Lady Grey)를 여왕으로 세웠으나, 그 시도는 (9일 만에-역주) 실패하고 말았다. 합법적 왕위 계승자였던 메리가 런던에 입성하자, 대중의 정서는 정의가 승리한 것으로 여겼고, 기쁨의 눈물과 축하의 노래로 그녀를 환영했다. 영국인들이 종교개혁과 공동기도서, 유물과 성지가 없는 교회를 경험하는 것은 겨우 몇 년으로 끝나고 말았다. 16세기 평신도들은 오늘의 회중에 비해 예전과 신학의 세부적인 내용에 훨씬 관심이 적었고, 단지 자신들에게 익숙한 이전 방식으로 되돌아간 것에 크게 만족했다.

보수적이어서 과거의 것을 보존하기 원했던 국민 정서를 감안하면, 메리 여왕은 영국 국교회를 로마 가톨릭교회로 복귀시키는 일에 성공할 가능성이 충분했다. 그러나 그녀는 두 가지를 심각하게 잘못 계산했다. 그중 하나는 그녀가 통제할 수 있는 것이었지만, 다른 하나는 전혀 통제할 수 없는 것이었다. 그녀는 다수의 교회 지도자의 정서가 깊고도 강하게 종교개혁을 지지하는 것에 대해서는 어쩔 도리가 없었지만, 단지 그것뿐이었다면 극복하지 못할 어려움은 아니었을 것이다. 종교개혁에 대한 그들의 충성이 대단했음에도 여왕은 한 가지 결정을 내렸는데 그것이 치명적 실수가 되고 말았다.

1554년 1월 12일, 웨스트민스터 대성당에서는 부분적으로 스페인 혈통이면서 로마 가톨릭에 절대적으로 충성했던 메리와 그녀의 스페인계 친족 스페인 왕자 필립(Philip)의 혼인 조약이 체결되었다. 이 사실이 알려지자마자 영국 사람들은 큰 경각심을 갖게 되었다. 지중해 정치 무대에서의 끊임없는 쟁투는 섬나라 사람들에게 별로 영향을 미치지 않았고 관심의 대상도 아니었으며, 영국인들은 스페인 사람들에게 이용당하기를 바라지 않았다. 그러나 메리는 군주였으며 그녀의 아버지를 닮아 한 번 자기 뜻을 밝힌 후에는 결코 요동하지 않았다. 결혼은 계획대로 1554년 7월 25일에 이루어졌고, 예상대로 로마 교회로 복귀하기 위한 여러 조치가 즉시 취해졌다.

　　로마 가톨릭 교회와의 화해는 의회의 두 가지 법령 제정에 의해 이루어졌다.[7] 첫 번째는 이단을 처벌하는 오래된 법률들을 복원해, 메리의 정책에 저항할 경우 매우 값비싼 대가를 치러야 했다. 두 번째는 1528년 이후에 제정된 모든 교회법을 무효화하되, 단 하나 수도원 해산 명령은 예외로 두었다. 16세기에 영국인들은 이미 실용적이고 실리적인 성향을 보여주고 있었다. 그들은 교황과 타협했기 때문이다. 의회는 로마 교회가 신자들의 재산, 곧 교회와 수도원의 토지와 비품을 몰수해 나누어줌으로 그들이 얻게 된 부를 되찾지 않기로 한다면, 지난 30년 동안의 모든 교회법을 철회하는 데 동의했다. 이 협정은 의회 의원들의 사리사욕을 노골적으로 보호해 준 것이었다.

　　메리 여왕의 통치 기간에 있었던 일들에 대한 이런 간략한 정리는, 새로 생겨난 영국 국교회의 신학적 정체성을 형성한 주요 인물들

7　이 문서들과 사건에 대한 상세한 묘사는 Henry Gee and William J. Hardy, eds., *Documents Illustrative of English Church History* (London: Macmillan, 1921), 384-415를 보라.

에 대한 논의의 배경이 된다. 메리 여왕의 결정으로 가장 중요한 신학자들은 극도로 위태로운 처지에 놓였고, 박해와 재앙의 무대가 마련되었다. 1554년 이후 크랜머 대주교, 휴 라티머(Hugh Latimer) 주교, 니콜라스 리들리(Nicholas Ridley) 주교는 모두 옥스퍼드 감옥에 감금되었다. 소년 왕 에드워드가 통치하는 동안 미신을 근절하고 건전한 학문을 진작하기 위한 운동에 앞장섰던 라티머는 크랜머 및 다른 저술가들과 함께 성경, 칭의, 믿음, 선행에 대한 12편의 교훈적 설교 시리즈를 저술했다. 라티머가 화형을 당한 1555년 10월 16일, 영국 국교회는 설교를 통한 성경적 가르침이 교회에 반드시 필요하다는 명제에 전념한 한 지도자를 잃고 말았다. 같은 날 화형당한 리들리는 미신의 상징이자 어둠의 통로로 여겼던 유물을 파괴하는 일에서 특별한 기쁨을 느꼈던 개신교주의의 용감한 투사였다.

라티머와 리들리 두 사람은 약식 재판을 받았지만, 당시에 더 유명했던 크랜머에 대해서는 그렇게 재빨리 재판을 끝낼 수 없었다. 메리 여왕은 작은 등불을 처리하는 일은 별로 상관하지 않았으나, 크랜머가 화형당하는 모습까지 보고 싶지는 않았다. 또 만약 크랜머가 개신교 입장을 철회하도록 설득하는 데 성공한다면 그것이 기념비적인 업적이 될 것임을 알았다. 그리고 실제로 크랜머는 거의 굴복해 공식적인 철회를 준비하기도 했다.[8] 처음에 그는 자신의 뚜렷한 개신교적 입장 몇 가지를 철회한다는 성명서를 작성했다. 그러나 마지막 진술에서 크랜머는 자신이 이 성명서를 작성한 것은 두려움과 생명을 보

8　이 일에 대해서는 John Strype, *Ecclesiastical Memorials, Relating Chiefly to Religion*…, 3 vols. (London: Printed for John Wyatt, 1721), 3:232 이하를 보라.

존하려는 헛된 시도 때문이었음을 시인했다. 크랜머는 자기 목숨을 구하기 위해 신앙을 버리기에는 너무 고결한 사람이었고, 단지 개신 교적 입장을 철회하는 것으로 간단히 해결하기에는 문제가 너무 복잡했다.

그가 1533년에 헨리 8세가 제안한 캔터베리 대주교의 지위를 수락하기로 한 것은 마지못해 한 일이었다. 크랜머는 학자이자 신학자였고, 정치가로서의 역할은 단지 부수적인 것이었기 때문이다. 그에게는 헨리와 에드워드의 통치 기간에 일어나고 있었던 변화를 지지하는 것이 아주 자연스러운 일이었다. 그는 왕에게 충성하라는 요구를 받아들였는데, 그들이 통치하는 기간에 발생한 교회와 신학의 변화는 자신의 양심에 위배되지 않았기 때문이다. 그러나 메리 여왕이 즉위하면서 군주에 대한 충성은 크게 문제가 되었는데 그녀의 교회, 신학, 정치에 관한 신념이 자신과 너무나 달랐기 때문이다. 65세의 나이에 일생의 과업이 완성되어 존경받아 마땅했던 이 노인은, 편안한 여생을 보내는 것과 화형으로 끔찍하고 고통스럽게 죽는 것 사이에서 너무나 힘든 선택을 강요받았다. 그러나 그에게는 양심의 명령이 육체의 생존 본능보다 더 강했다. 스미스필드(Smithfield)의 화형대에서 죽는 날 크랜머는 철회 성명서에 서명했던 자신의 손을 먼저 화염에 집어넣었고, 전해오는 말에 의하면 "이 손이 죄를 지었소"라고 외쳤다.

메리의 통치는 모든 면에서 실패했다. 그녀는 일종의 소명의식을 가지고 왕위에 올랐고 하나님의 섭리에 부합하는 옳은 일을 하고자 노력했다. 그녀의 실패는 확신이 부족해서가 아니라 시간이 부족했

기 때문이다. 너무나 많은 사람이 교리와 교회의 문제에서 이미 종교
개혁적인 것에 익숙해져 있었기에 그들의 생각을 바꾸기는 쉽지 않
았다. 종교개혁의 신학적 원리와 실천적 예전의 경험이 이미 너무나
많은 사람의 마음에 깊이 뿌리내렸고, 종교개혁적인 것이 진실한 것
이라는 정서는 스미스필드의 화염 속에서 죽어가면서도 끝까지 종교
개혁 사상을 철회하지 않았던 신앙고백적 순교자들에 의해 더 강화되
었을 뿐이었다. 1558년 11월 17일에 메리가 사망하고 바로 몇 시간 뒤
크랜머를 대신해 캔터베리 대주교가 된 레지널드 폴(Reginald Pole) 역
시 사망한 일은, 많은 사람에게 하나님의 섭리적 사건으로 여겨졌다.

　헨리와 앤 볼린 사이에서 태어난 엘리자베스가 왕위에 올랐을
때, 그녀의 왕위의 합법성은 그녀의 아버지가 아라곤의 캐서린과 이
혼한 후 자신의 어머니와 결혼한 것이 합법적이었는지에 달려 있었
다. 따라서 문제는 개신교 개혁을 지속할 것인지의 여부가 아니라, 엘
리자베스 여왕이 어떻게 영국 국민들에게 더 이상의 충격을 주지 않
고 개혁을 지속할 것인지에 있었다. 그녀는 이전의 아버지와 이복 자
매처럼 정치적 음모와 이중성을 지닌 여성이었을까, 아니면 그들과
달랐을까?

영국 국교회 신학자들과 중도주의 신학

지금까지 영국 종교개혁의 도화선이 된 사건과 결정들을 대략적으
로 살펴보았지만, 이 사건들을 가장 크게 뒷받침한 신학적 요소가 무
엇인지 분명히 하는 것은 중요하다. 가장 중요한 것은 크랜머가 『공

동기도서』를 만들고, 또 다른 사람들과 함께 『영국 국교회 설교집』
(*Homilies*)을 집필한 일이다. 이 공식 문서들에 담긴 모든 의미를 더 자
세히 설명하는 일은 다른 사람들이 감당해야 할 몫이었으나, 심지어
엘리자베스가 왕위에 오르기 전에도, 영국 국민들은 일반 대중이 경
험하고 이해한 성경적 가르침(특히 성경적 설교)과 예전, 역사적 신학
교리에 대한 확언, 그리고 그 이상의 많은 것이 로마 가톨릭의 흑암과
미신을 떨쳐내고 영국 국교회를 기독교 초기의 사도적 교회와의 연
속성 안에 두기 위한 조처였음을 분명히 알았다. 그러나 '엘리자베스
합의'를 진척시키기 전에 의회가 풀어야 할 몇 가지 문제가 있었다.
이제 스물다섯밖에 안 된 이 가녀린 어린 여성을 신뢰하는 사람은 별
로 없었으나, 1558년에 그녀가 왕위에 오르자 사람들은 자연히 기대
를 갖게 되었다.

영국은 종교적으로 세 그룹으로 나뉘어 있었다. 일단은 메리 여
왕을 지지했던 로마 가톨릭 성향의 사람들이 있었는데, 그들에게는
여전히 힘과 영향력이 있었다. 교구 성직자 중 그들을 추종하는 사람
은 매우 많았지만, 그중 많은 사람은 자신이 속한 지역의 주교가 개
신교 쪽인지 가톨릭 쪽인지와 관계없이 주교에게 충성했다. 반대편
그룹에는 생계를 박탈당하고 강제로 추방당한 많은 성직자가 있었
다. 그들은 영국을 탈출하는 개신교 성향의 성직자들과 연대하고자
준비하면서도, 만약 새 여왕이 종교개혁을 지지하는 것으로 밝혀지
면 즉시 돌아올 준비가 되어 있었다. 그 두 그룹 사이에는 로마(교황)
에 대한 예속도, 제네바(존 칼빈)에 대한 복종도 원하지 않는 '중간 그
룹'이 있었는데, 그들은 영국 국교회가 모든 핵심적인 것에서 진정으

로 '가톨릭적'이면서도 중세 시대 내내 만연했던 미신과 남용을 제거하기를 바랐다.

엘리자베스 재위 후 첫 번째 의회는 1559년 1월에 소집되어 지극히 중요한 두 개의 법령인 수장령(Act of Supremacy)과 통일령(Act of Uniformity)을 통과시켰는데, 이 두 법령이 '엘리자베스 합의'의 법적 토대가 된다. 엘리자베스 합의는 교회에 대해서는『공동기도서』, 새로운 국교회 설교집, 국교회 신조를 중심으로 한다. 수장령은 헨리 시대에 제정된 로마를 반대하는 법률과, 에드워드 시대에 제정된 떡과 잔 모두를 평신도에게 분배하기로 한 성찬에 관한 법령을 부활시켰다. 엘리자베스 시대의 정서를 보여주는 다른 중요한 선언들 중에는, 헨리 시대에 국왕이 영국 국교회의 "수장"(supreme head)이라고 선언한 문구를 "영국 국교회와 국가의 최고 통치자"(supreme governor of both Church and State)⁹라는 문구로 수정한 것도 포함된다. 의회가 통일령을 통과시킨 것은 엘리자베스가 꼭 그렇게 하기를 바랐다기보다 런던의 특정 개신교 진영의 압력 때문이었다. 통일령은 사실상 1552년의『공동기도서』를 부활시켰는데, 이를 거역할 경우 엄중한 처벌이 내려졌다.¹⁰ 그 후 즉시 일련의 국왕령(Royal Injunctions)이 뒤따랐는데,¹¹ 이들은 에드워드 시대의 명령과 유사하면서도 정규 설교와 교리문답에 대한 규정이 추가된 점에서 의미심장하게 크랜머 시대의 영국 국교회

9　J. R. Tanner, ed., *Tudor Constitutional Documents, A.D. 1485-1603* (Cambridge: Cambridge University Press, 1930), 130-35에서 발췌한 Gee and Hardy, *Documents*, 442-58.

10　Gee and Hardy, *Documents*, 458-67; Tanner, *Tudor Constitutional Documents*, 135-39.

11　Gee and Hardy, *Documents*, 417-42.

설교집과 신학적 선언들로 되돌아간 것이다.

대부분의 역사가는 엘리자베스 합의나 엘리자베스 자신의 동기가 정치적이었기에, 제정된 법률이 대체로 타협적이고 편의주의적인 특징을 지닌 것으로 생각한다. 엘리자베스 여왕이 정치와 사회와 교회를 우선적으로 안정시키기를 바랐다는 점에 대해서는 의심의 여지가 없으나, 영적이고 신학적인 신념에 의해서도 강한 동기를 부여받았다는 점 역시 믿을 만한 충분한 이유가 있다. 그 신념은 아마도 그녀가 매튜 파커(Matthew Parker)를 캔터베리 대주교로 임명한 것에서 가장 잘 드러날 것이다. 파커는 매우 주저하며 이 직위를 받아들였고, 메리의 박해에서 살아남은 네 명의 주교, 곧 이전에 바스(Bath)와 웰스(Wells)의 주교였던 발로(Barlow), 커버데일(Coverdale), 치체스터(Chicester)의 스코리(Scory), 그리고 베드포드(Bedford)의 부주교 호지킨스(Hodgkins)에 의해 축성되었다. 그렇게 사도적 계승은 보존되었고, 새 주교에 의해 뜻을 같이하는 다른 주교들이 축성됨으로 공석이었던 주교 관구들이 채워졌다.

파커가 캔터베리 대주교가 되면서, 엘리자베스의 '합의'는 가톨릭 성향의 무리와 청교도 성향의 무리를 저지하게 위해 대충 만들어낸 위태로운 타협 그 이상의 것임이 곧 분명해졌다. 엘리자베스와 파커를 이끈 신학적 발상은 '포괄성'(comprehensiveness)이라는 개념이었고, 그 뚜렷한 특징은 건설적인 방향으로 교리를 정립하는 것이었다. 두 사람은 모두 '자신들의 교회'가 교리적으로 성경과 초기 기독교의 권위에 굳게 기초하고 있다고 생각했고, 또 초기 기독교 교회와 영국 국교회 사이에는 끊어진 적이 없는 연속성이 있다고 주장했다. 파커는 1564년에 (앞서 언급한 국왕령의 제정자인) 윌리엄 세실(William Cecil) 경에게 프랑스 대사 및 쿠탕스(Coutances)의 주교와 함께 나눈 대화를 언급하며 다음과 같은 편지를 보냈다. "간단히 말하면 그들은 … 우리가 자신들과 신앙적으로 매우 가까이 있다고 공언했습니다. 나는 그들이 사도적 교리와 초기 기독교 교회의 순수한 시대에 토대를 둔 우리에게 더 가까이 오기를 바란다고 … 답했습니다."[12] 파커의 지도력 아래 영국 국교회는, 랜슬럿 앤드루스(Lancelot Andrewes) 주교가 자주 말한 것처럼, '가장 좋았던 시기'의 교회가 지녔던 보편적 신앙(Catholic faith)을 되찾고 있다는 확신을 점점 더 갖게 되었다.

우리는 캔터베리 대주교가 영적이고 신학적인 원칙에 따라 움직였을 것이라고 생각하는 경향이 있다. 하지만 여왕은 어떠했을까? 사람들은 대체로 엘리자베스가 종교 문제는 가볍게 여기면서, 자신의 왕국의 평화와 질서를 유지하는 것을 최고의 목표로 삼았다고 생각한다. 그러나 더 세밀하고 빈틈없는 역사 연구는, 여왕이 타고난 정치가로서 교회와 신앙에 대해서는 냉정하고 무관심해서 이해타산에만 능했다는 생각을 재고하게 한다. 그녀의 깊은 종교적 성향이 주교들과 대주교를 선택하는 일에서 정치적 지혜를 발휘하도록 뒷받침했을 가능성은 없는가?

영어 외에도 프랑스어, (그녀가 가장 좋아했던) 이탈리아어, 그리스어로 쓴 엘리자베스의 기도문과 신앙시들은, 그녀가 다른 사람들을 대표해 행사한 책임의 막중함을 깊이 인식하면서 겸손히 은혜를 구

---

12 Henry R. McAdoo, *The Unity of Anglicanism: Catholic and Reformed* (Wilton, CT: Morehouse, 1983), 10에서 재인용.

한 사람이었음을 잘 보여준다. 우리는 엘리자베스가 교회를 위해 드린 기도에서 "내가 돌보는 당신의 교회"(Thy Church, My Care)라는 문구가 자주 반복되는 것을 볼 수 있다. 여왕은 하나님께서 자신에게 은혜를 부어주셔서 "교회를 보살피게" 하심으로 "오직 당신의 이름을 높이고 당신의 교회에 유익이 되는 일만 할 수 있게" 해주시기를 반복해서 간구한다. 이러한 내용은 그녀가 지성만이 아닌 마음의 종교를 가지고 있었다는 것을 알게 한다. 정치적인 목적이 있었던 것이 분명하더라도, 엘리자베스의 합의로 알려진 시기를 오직 정치적 편의에 따라 일련의 결정과 의회의 법 제정을 행한 것으로 해석하는 것은 전적으로 잘못되었거나 부적절하다.[13]

그러나 엘리자베스와 그녀가 임명한 대주교가 영적이고 신학적인 동기를 지녔음을 인정한다는 것이, 그들이 영국 국교회를 세워 나가면서 직면한 어려움을 쉽게 해결할 수 있었다는 뜻은 아니다. 로마 가톨릭과 청교도 양측은 정치적으로나 종교적으로 여왕과 파커를 격렬히 반대했다고 해도 과언이 아니다. 로마 가톨릭의 위협은 신학적이면서도 정치적인 양면성을 지녔으나, 초기부터 늘 정치적 이슈를 전면에 내세웠다. 1568년 교황 비오 5세(Pius V)는 스코틀랜드의 메리 여왕(헨리 8세의 첫째 딸인 메리 여왕과 혼동하지 말아야 함)과 서로에게 도움이 되는 협력관계를 형성했다.

메리는 그 해에 영국에 들어와, 많은 노력으로 북부 지역의 로마 가톨릭주의자들을 자기 편으로 결집시켰다. 어떤 사람들은 메리

---

13   참고. J. P. Hodges, *The Nature of The Lion: Elizabeth I and Our Anglican Heritage* (London: Faith Press, 1962).

가 왕위 계승 자격에서 엘리자베스보다 더 뛰어나다고 생각했다. 엘
리자베스는 로마 교회가 헨리 8세와의 결혼을 결코 승인하지 않았던
앤 볼린의 딸이었다면, 메리는 헨리 7세의 딸 마거릿(Margaret)이 스
코틀랜드의 제임스 4세와 결혼해 낳은, 헨리 7세의 직계 후손이었기
때문이다. 많은 사람이 스코틀랜드 여왕을 적법한 영국 왕위 계승자
로 여겼을 뿐 아니라, 메리 자신도 그렇게 인정받는 것을 일생의 야
망으로 여겼다. 1569년 11월, 메리는 이 야망을 이루기 위해, 엘리자
베스를 폐위하고 자신을 왕좌에 오르게 해 영국에 '참된 가톨릭 종
교'를 복원하려는 목적으로 북부에서 반란을 일으킨 웨스트모어랜
드(Westmoreland)와 노섬벌랜드(Northumberland)의 백작들의 도움을 받
았다.

　　반군은 더럼(Durham) 대성당에 진입해 영국 국교회의 『공동기도
서』를 발로 짓밟고 로마식 미사를 집전했다. 로마의 도움에도 이 북
부 반란은 신속하고 잔혹하게 진압되었다. 그러나 로마는 이 실패를
엘리자베스에 대한 적개심과, 그녀와 파커가 영국을 장악해 가는 방
식에 대한 불신이 널리 퍼져 있다는 것으로 해석했다. 로마에서는
그 자리에 없는 엘리자베스에 대한 정식 '재판'이 열렸다. 그녀는 유
죄판결을 받고 파문되어 폐위되었으며, 모든 국민은 그녀에 대한 충
성 맹세에서 면제되었다. 이 판결은 교황의 칙서 '레그난스 인 엑첼시
스'(*Regnans in excelsis*, '하늘 높은 곳에서 다스리시는'이라는 시작 문구가 칙서
의 명칭이 됨-역주)[14]로 구체화되었고, 그 사본은 영국으로 밀반입되어

14　칙서의 핵심 문구는 G. W. Prothero, ed., *Select Statutes and Other Constitutional Documents Illustrative of the Reigns of Elizabeth and James I*, 4th ed. (Oxford: Clarendon Press, 1913), 195-96에 수록되어 있다. 영어 번역본은 Tanner, *Tudor*

런던 주교의 성문에 붙여졌다.

로마에 계속 충성하기를 원했던 사람들에게 교황의 칙서는 크나큰 재앙과도 같았다. 지금까지 그들은 조용히 지내면서 자신들의 신앙을 따라 살아가는 것이 허락되었고, 약간의 세금만 내면 영국 국교회 교구 교회에서 예배를 드리지 않아도 되는 권리를 인정받았다. 그런데 갑자기 어떤 경고도 없이, 말 그대로 하룻밤 사이에 그들은 로마 교황을 택할지, 영국 여왕을 택할지 선택해야 하는 위치에 놓이게 되었다. 칙서의 내용은 다음과 같이 매우 분명했다. "우리는 모든 귀족과 신하와 국민, 그리고 앞서 말한 다른 모든 사람에게 그녀와 그녀의 명령, 지시, 법률에 복종하지 말 것을 지시하고 명령한다." 칙서에 불순종해 파문을 당할 것인지, 칙서를 따르다 죽임을 당할 것인지 양자택일하라는 것이었다. 1570년의 교황의 칙서는 영국이 로마와 최종적으로 결별했음을 의미하고, 이 결별은 영국 국교회가 로마에 맞서 공식적으로 자기 정체성을 규정할 수밖에 없게 만들었다. 스스로를 신학적으로 정의하는 일의 첫 걸음은 존 주얼(John Jewel) 주교에게 맡겨졌지만, 그 구체적인 신학적 특징을 살펴보기 전에 우리는 엘리자베스가 정반대 편에서 직면한 반대, 곧 청교도와의 투쟁에 대해서도 고찰해 볼 필요가 있다.

영국 국교회와 청교도의 성경에 관한 논쟁

지금까지 살펴본 대로 로마 가톨릭 교도들은 영국 국교회를 '타도'하

Constitutional Documents, 143-46에서 볼 수 있다.

고 교황의 권위를 회복시키기 원했으나, 청교도들은 전혀 다른 생각을 가지고 있었다. 청교도들은 새롭게 생겨난 영국 국교회를 그들이 마땅하다고 생각하는 방향으로 개혁하고자 했다. 그들의 활동에는 특별히 정치적인 요소가 없었고, 비록 많은 청교도 지도자가 (메리 여왕 시대에 많은 사람이 피신해 있었던) 칼빈의 제네바와 긴밀한 소통을 유지했음에도, 외세에 의해 움직인다는 의심은 전혀 받지 않았으며, 청교도들도 여왕 자신에 대해서는 어떤 적대감도 보이지 않았다. 토머스 카트라이트(Thomas Cartwright)의 사례를 따라 여왕에 대한 그들의 반대는 전적으로 영적이고 신학적인 이유에 의한 것이었기 때문에, 그들은 정치적 혐의로 재판을 받거나 감옥에 갇히지는 않았다. 나아가 청교도 지도자들이 정부나 영국 국교회에서 권력과 책임성 있는 중요한 위치를 차지하지 못하게 막을 수 있는 것은 아무것도 없었다. 청교도들은 엘리자베스 합의에 반대하면서, 『공동기도서』에 대해 "교황의 똥 무더기에서 골라내 짜깁기한 불완전한 책"[15]으로 교황의 악취가 풍긴다고 간단히 평가했다.

청교도들은 영국 국교회가 로마 가톨릭주의로 오염되어 있고, 더 근본적으로는 '성경에 충실하지 않다'고 확신했다. 청교도들이 이렇게 반대할 수 있었던 원동력이 된 것은, 제네바의 영향과 존 녹스(John Knox)가 스코틀랜드에 이미 정착시킨 완전한 칼빈주의 체제였다. 이는 주교제도가 폐지되고 총회(assembly)와 당회(church-session)에 의한 장로정치제도로 대체되며, 개신교 예전(liturgy) 관행에 더 부합하

---

15 "An Admonition to Parliament" (1572)에 나오는 내용으로, W. H. Frere, *The English Church in the Reigns of Elizabeth and James I (1558-1625)* (London and New York: Macmillan, 1904), 179에서 재인용.

는 형식의 예배를 드리고, 평신도 지도자들의 권한이 확대되며, 정교한 예복과 결혼식 반지, 기타 장식과 기념식들이 금지됨을 의미한다. 달리 말해, 청교도들은 실질적으로 영국 국교회의 전통적 예전(그리고 일부 신학적 요소)의 중지를 요구한 것이다. 그리고 그들이 그처럼 전면적이고 본질적인 변화를 기대하게 된 근본적 토대는 성경의 권위였다. 영국 국교회 제도는 성경적이지 않다고 여겨졌기에, 청교도들은 성경적 제도를 회복하기로 계획했다.

구원과 성경의 중심적 권위

청교도들에게 응답하는 책임은 최종적으로 존 주얼의 제자 리처드 후커(Richard Hooker)에게 돌아갔는데, 그는 이전에도 로마 가톨릭 교회와 구별되는 영국 국교회의 정체성을 정립하라는 파커 대주교의 첫 번째 지시를 수행했던 인물이다. 그래서 스승과 그의 제자들은 로마 가톨릭주의와 청교도적 개신교주의 사이의 '중도적 노선'으로서의 영국 국교회의 신학적 특징을 옹호하고 규명하는 작업에 착수했다. 헨리 8세와 에드워드 6세 재위 기간에 나타나기 시작한 신학적 특징은 사라지지 않았고 오히려 주의 깊게 기억되어 새로운 작업의 기반이 되었다. 그중에서도 가장 중요한 기반이 된 것은, 초기의 사도적 교회와 일치하는 신학의 선언, 그런 교리를 정립하는 일에서의 성경의 중심적 권위, 그리고 이 두 가지를 평신도들의 마음과 생각에 살아 있게 하는 설교의 가치였다.

주얼 주교가 새로 생겨난 영국 국교회를 로마 교회로부터 구별하

는 중요한 책무를 받아들였을 때, 그가 주로 강조한 것은 "성경에 있
는 하나님 말씀의 수위성"이었다. 신구약성경은 "하나님께서 자신의
뜻을 우리에게 계시하신 하늘의 음성"으로, 구원에 필요한 모든 것을
담고 있는 성경만이 인간의 불안정한 마음을 진정시킬 수 있다. 구원
의 문제에서 성경이 최고의 권위라는 사실과 밀접하게 연결되어 있는
것은, "모든 성경은 … 하나님의 교회가 기반한 토대로서 … 교회가
비틀거리고 잘못을 저지르는지 아닌지를 판단하고, 또 교회의 모든
교리에 대해 책임을 묻는 확실하고도 오류가 없는 기준"[16]이라는 확신
이다. 일찍이 토머스 크랜머가 강조한 것과도 일치하는 이 주장은, 무
미건조한 권위주의를 말하는 것이 아니라, 온전한 마음과 경건한 삶
에 대한 지극히 중요한 성경의 요구를 반영한 것이다. 크랜머는 1539
년에 출판한 『대성경』(The Great Bible) 서문에서 성경은 "가장 소중한 보
석이자 이 땅에 남은 가장 거룩한 유물"[17]이며, "육체가 숨을 쉬는 것
만큼이나 사람의 영혼의 생명에 반드시 필요하다"[18]고 말했다. 여기서
크랜머의 핵심은 사람들이 성경에 통달(master)해야 한다는 것이 아니
라, 하나님께서 성경을 통해 사람을 다스리신다(master)는 것이다. 크
랜머의 결론은, 사람은 성경을 연구할 때 하나님을 두려워하는 마음
으로 임해야 하고, "다음으로 자기 자신을 개혁하려는 확고하고도 견
실한 목적을 가져야 하며", 나아가 "가장 생생하고도 효과적인 가르침

16   John Jewel, *An Apology of the Church of England*, ed. John Booty (Ithaca, NY: Cornell University Press for the Folger Shakespeare Library, 1963), 30.

17   The Great Bible (1539), 서문, 4. 요시오 테레사와(Yoshio Teresawa)가 서론을 덧붙인 *The Great Bible: A Facsimile of the 1539 Edition* (Tokyo: Elpis Co., Ltd., 1991), xxix에 수록됨.

18   같은 책, 5; *Facsimile Edition*, xxx.

의 형태와 방식"인 모범적인 삶을 살아야 한다는 것이다.[19]

파커 대주교가 영국 국교회주의의 공식 입장을 개진할 사람으로 주얼 주교를 택했을 때, 그는 자신이 선택한 사람을 잘 알고 있었고, 한 명의 주교가 작성한 문구를 다른 유명한 종교개혁 성향의 주교들이 가르쳐온 것과 최대한 조화시키는 것이 얼마나 중요한지를 알았다. 헨리의 통치가 끝나갈 무렵 소신에 따라 자기 직을 내려놓은 라티머는 당대의 가장 유명한 설교자였으며, 그의 설교는 매우 일상적인 언어로 전하는 생생한 이야기로 가득했다.[20] 라티머는 기록된 설교보다 구두 설교의 중요성을 부각했다. 아마도 그의 가장 유명한 설교는 "쟁기 이야기"(Of the Plough)일 것이다. 사람들의 말에 따르면, 이 설교는 '씨 뿌리는 비유'(마 13:1-43-역주)를 훌륭하게 적용해 하나님의 말씀을 씨앗으로, 듣는 사람을 땅으로, 설교자를 쟁기질하는 사람으로 비유한다. "하나님께서는 자신의 교구민들을 올바른 신앙으로 이끄시기 위해 바쁘게 일하십니다. … 그들이 무엇을 잘못하고 있는지 말씀해 죄를 버리게 하심으로 그들에게서 잡초를 제거하시고, 그들의 돌같이 굳은 마음을 깨뜨려 유연하고 부드러운 마음을 갖게 하심으로 그들이 받은 교훈에 적합하게 하십니다."[21] 초기 영국 국교회 설교자들의 주된 관심은 청중의 구원 문제였고, 라티머는 그것을 다음과 같이 훌륭하게 표현했다. "이 설교의 직무는 하나님께서 우리 모두를 구

---

19   같은 책, 6; *Facsimile Edition*, xxxi.

20   참고. *The Sermons and Remains of Hugh Latimer*, ed. by G. E. Corrie for the Parker Society, 2 vols. (Cambridge: Cambridge University Press, 1844-45).

21   Latimer, *Sermons*, 1:61-62. "쟁기 이야기"는 1548년 1월 18일 런던에서 설교한 것이다.

원하시기 위해 지정하신 유일하고도 일반적인 방법입니다."[22]

본래 루터와 칼빈 같은 관료후원적 종교개혁가들의 중요한 특징이었던 설교에 대한 이러한 강조는 새롭게 시작하는 영국 국교회 전통에 깊이 뿌리내렸다. 엘리자베스가 임명한 캔터베리 대주교로서 파커의 뒤를 이은 에드먼드 그린들(Edmund Grindal)은 주해 설교(exegetical preaching)의 필요성을 깊이 확신했다. 그는 목회자들이 성경을 강해하고 적용하는 법을 발전시키기 위해 가졌던 모임인 '설교 연구회'[프로페사잉(prophesying), 츠빙글리가 개신교 설교자 훈련을 위해 고안한 '프로페차이'(prophezei)의 이름을 그대로 가져온 것이다. 제네바에서는 칼빈이 주도한 '콩그레가시옹'(Congrégations)이라는 목회자 설교 연구 모임이 있었다-역쥐들을 중지시키라는 엘리자베스 여왕의 명령에 순종하지 않음으로 여왕의 분노를 사 (캔터베리 대주교직을 박탈당하고-역주) 가택 연금을 당했다. 그는 여왕의 요구를 거절하고 반박하면서, 출판된 영국 국교회 설교집이 구두 설교를 대신하기에 적합하지 않음을 피력했다. 그리고 효과적인 구두 설교를 대체할 수 있는 것은 아무것도 없다는 사실을 다음과 같이 표현했다. "복음서는 경건한 설교자를 '충성되고 지혜 있는 종'(마 24:45-역주)이라 칭합니다. … 설교자는 시대, 장소, 청중에 따라 설교를 달리 적용할 수 있기에, 출판된 설교집보다 구술 설교가 더 큰 애정과 설득력으로 청중의 마음을 움직입니다."[23]

---

22 같은 책, 1:306.

23 Edmund Grindal, *The Remains of Edmund Grindal, Successively Bishop of London and Arshbishop of York and Canterbury*, ed. by William Nicholson for the Parker Society (Cambridge: Cambridge University Press, 1843), 382. "여왕에게 보낸 편지"(Letter to the Queen)는 1576년 12월 20일 자로 되어 있다.

존 주얼이 영국 국교회를 로마 가톨릭과 구분 짓기 위해 펜을 들었을 때, 출판된 설교와 구두 설교를 통해 교리와 실천에서 오직 성경만이 근본적 권위임을 강조한 것은, 영국 국교회 지도자 대다수가 가졌던 신념을 반영한 것이다. 영국 국교회주의가 견고한 성경적 토대를 강조한 것에 대해 곧바로 제기된 문제는, 성경의 '자의적 해석'과 '오용'을 어떻게 막거나 억제할 수 있는가 하는 것이었다. 그것에 대한 안전장치가 전통이라는 것이 밝혀졌는데, 그것은 특정한 의미를 담은 전통, 곧 (그레고리 1세 이후) 로마 교황의 권위가 확립되기 전 기독교 역사 첫 5세기 동안의 '초기 기독교 전통'이다.

이같이 성경과 초기 기독교 교회를 연결 짓는 일은 영국에 개신교적 기독교를 세우는 일에 매우 중요했고, 이 특징적 성향은 영국 국교회의 공식적 가르침과 예전뿐 아니라 주얼과 같은 국교회 변증가들에게서 일관되게 나타났다. 이는 주얼이 일찍이 자신의 계획을 설명한 『영국 국교회 변증』(*An Apology of the Church of England*)의 다음 문구에도 나타난다. "우리는 하나님의 거룩한 복음과 초기 기독교 주교들, 그리고 초기 기독교 교회가 우리의 정당성을 옹호한다는 것과, 우리가 정당한 이유 없이 이들[로마 가톨릭 교회]을 떠난 것이 아니라, 오히려 사도들과 초기의 보편교회의 교부들에게로 돌아간 것임을 분명히 보여주려 한다."[24] 주얼은 자신의 주장을 결론 지으면서 언어 유희를 사용해 영국 국교회는 새로운 것을 '시작하는'(innovator) 것이 아니라, 과거에 이미 있었던 것을 '쇄신할'(renovate) 뿐이라고 말한다. "우리 국교회는 사도들과 초기 보편교회의 주교들, 교부들 ⋯ 아직 우상

---

24 Jewel, *Apology*, 17.

숭배로 얼룩지지 않은 순결한 처녀와 같았던 초기 기독교 교회와 최대한 가깝다. … 우리의 교리뿐 아니라 성례와 예배 형식도 그들의 관습과 규례를 따른 것이다."[25] 호튼 데이비스(Horton Davies)는 "영국 국교회는 첫 5~6세기의 아직 나뉘지 않은 교회에서 얻을 수 있는 유용한 지침이 많았을 뿐 아니라 … 그들이 교부들을 연구하는 데 힘쓴 것은, 영국 국교회의 확고한 의도가 초기 기독교로의 쇄신(renovation)이었다는 사실에 대한 증거가 된다"[26]라는 말로 영국 국교회와 초기 기독교의 관계를 훌륭하게 요약한다.

크랜머로부터 주얼, 이후의 후커, 앤드루스, 제레미 테일러는 모두 영국 국교회를 초기 기독교 전통과 연결 짓는 일에 지속적으로 마음을 쏟았으나, 초기 기독교의 권위에 맹목적으로 비굴하게 복종한 것은 아니었다. 성경을 전통 아래에 두려 한 것은 더더욱 아니다. 예를 들어, 라티머 주교는 초기 기독교 교사들의 의견을 존중하면서도, 자신을 그들 아래 예속시키지 않았음을 다음의 말에서 알 수 있다. "초기 기독교 교사들은 우리가 하나님께 감사드릴 큰 이유가 되지만, 나는 그들의 모든 것을 허용하지는 않는다. 그들은 지금 우리가 믿고 있는 신앙의 많은 내용을 기쁨으로 정리했고, 우리는 많은 면에서 그들의 가르침을 확고히 지켜왔다. … 그럼에도 나는 사람들이 그들에게 맹세하거나 그들이 말하는 것이면 무엇이든 머리 위로 손을 뻗어 받들 정도로 빠지게 하지는 않을 것이다."[27] 크랜머가 임명한 주임신

---

25 같은 책, 120-21.

26 Horton Davies, *Worship and Theology in England, Volume 1: From Cranmer to Hooker, 1534-1603* (Princeton: Princeton University Press, 1970), 17.

27 Latimer, *Sermons*, 1:218.

부 토머스 베콘(Thomas Becon)도 같은 생각을 가지고 있었다. 만약 초기 기독교 지도자가 '그리스도의 가르침'에서 벗어난다면, 베콘은 그들이 얼마나 훌륭하고, 얼마나 초기의 인물이며, 얼마나 경건했는지에 대해 상관하지 않았다. "그리스도는 복음서에서 '나는 진리다'라고 말씀하셨지, '나는 전통(custom)이다'라고 하지 않으셨기" 때문이다.[28] 요컨대, 영국 국교회 신학자들은 교부들이 성경을 최고의 권위로 삼아 성경에 충실한 경우에만 교부들에게 충실했다. 달리 말해, 로마 가톨릭 교회가 영국 국교회적 이단으로 여긴 것을 영국 국교회는 초기 기독교적 정통이라고 믿었다.

이 시점에서 성경의 권위에 대한 영국 국교회와 청교도 사이의 갈등에 대해 질문을 던지는 것은 꽤 유익할 것이다. 양자 모두 성경의 권위를 인정하지 않았는가? 물론 인정했다. 그러나 영국 국교회와 로마 가톨릭의 갈등이 성경과 전통의 상호작용에 대한 것이었다면, 청교도와 영국 국교회의 차이는 '성경'(Scripture)과 '성경'(scripture) 사이에 있었다. 영국 국교회와 청교도들은 모두 성경의 첫 글자를 대문자(Scripture)로 표기해 왔지만, 나는 소문자와 대문자를 구분하는 방법으로 영국 국교회와 청교도들이 성경의 권위를 이해하는 방식에 큰 차이가 있었음을 말하고자 한다.

청교도들은 영국 국교회 신조가 성경의 수위성을 수용하고 있음을 인정하면서도, 동시에 영국 국교회가 예배 형식에서든 교회 질서에서든 성경을 따르지 않고 있음을 동일하게 확신했다. 청교도들의

---

28 Thomas Becon, *Prayers and Other Pieces of Thomas Becon*, ed. by John Ayre for the Parker Society (Cambridge: Cambridge University Press, 1844), 390.

'순수한 신앙'에 따르면, 영국 국교회는 로마 가톨릭의 잘못된 전통과 부가물이 너무 많이 뒤섞여 있었다. 영국 국교회와 청교도 신앙의 차이점은 둘 사이의 대조에서 가장 잘 드러난다. 영국 국교도는 교리에 대한 믿음과 윤리적 행위에서 성경의 규범적 권위를 강조했다면, 청교도들은 대체로 성경이 교리와 윤리에 대한 권위를 넘어 교회 생활과 개인 생활의 모든 측면을 다루며, 특히 예전과 행정 모두에서 교회의 삶을 지도한다고 주장했다. 엘리자베스 시대 청교도들을 대표한 토머스 카트라이트는 "하나님의 말씀은 교회에 관한 모든 것, 아니 인간의 삶의 모든 부분에 대한 지시를 담고 있다"[29]고 주장했다. 이후의 청교도 신학에서 이 강조점은 더 명제적 형태를 취한다. 윌리엄 에임스(William Ames)는 여러 판으로 출판되어 큰 영향을 끼친 것이 입증된 자신의 한 저술에서 이를 공식화했다. "성경에는 구원에 필요한 모든 것뿐 아니라, 교회의 지도와 교훈에 필요한 것들을 담고 있다. … 그러므로 성경은 신앙과 도덕에 대한 부분적이지 않은 온전한 규칙이다. 그리고 만약 성경에 나오지 않는다면, 하나님의 교회는 그 어떤 것도 특정 전통이나 다른 권위에 의거해 모든 곳에서 지속적으로 지켜야 할 필요가 없다."[30] 돌이켜 생각해 보면, 영국 국교회는 성경이 명

---

29 John Whitgift, *The Defence of the Answer to the Admonition Against the Reply of T. C.* [drawn from Cartwright's *Admonition*, ¶14, §3], in *The Works of John Whitgift*, ed. by John Ayre for the Parker Society, 3 vols. (Cambridge: Cambridge University Press, 1851-53), 1:190에서 재인용.

30 1623년 암스테르담에서 출판된 에임스의 *Medulla theologica*는 에임스가 레이텐 (Leyden) 상인들의 아들들을 대상으로 한 강의의 결실이었다. 그 후 이 책은 라틴어로는 12쇄나 출판되었고, 1638년에서 1643년까지 영어로는 3쇄를 찍었다. 역사에 대한 개론적 설명을 덧붙인 최고의 현대 영어 번역본은 John D. Eusden, *The Marrow of Theology, William Ames, 1576-1633* (Boston: Pilgrim Press, 1968)이다.

시적으로 배제하지 않는 전통을 활용한 반면, 청교도들은 성경에서 긍정적으로 언급하는 것만 지키기 원했다고 조심스럽게 그 차이를 표현할 수 있을 것이다. 역사적 사실의 요점은, 영국 국교도들은 선명하게 기술된 청교도들의 견해에 응답할 필요를 느꼈는데, 그 일을 리처드 후커가 자신의 『교회 체제의 법에 관하여』(Laws of Ecclesiastical Polity, 성공회출판사)에서 했다는 것이다. 후커의 중심축은 구원론적인 것으로, 그는 일찍이 다음과 같이 말했다. "이러한 원칙들 중 하나는 성경의 불가침의 권위로 … 성경은 하나님께서 우리에게 구원에 필요한 것으로 요구하시는 모든 의무를 알려준다."[31]

성경의 적용 범위에 대해 성경이 모든 면에서 권위가 있다고 믿는 관점이 지닌 차이의 중요성은 아무리 강조해도 지나치지 않다. 이 관점의 차이는 심오한 실천적 함의를 지닌 것이었고, 후커는 그것을 잘 알고 있었다. 성경은 교리와 구원에 필요한 모든 것을 확립하는 일에서만 권위가 있고 규범적인가, 아니면 신학적 또는 윤리적 문제를 넘어 법적, 정치적, 군사적, 경제적, 교회적, 조직적 문제에서도 포괄적이고 절대적인 권위를 지니는가? 후커는 이 성경의 중심축 문제를 직접적으로 다루었다. "지금까지 우리와 논쟁해 온 사람들이 거룩한 성경의 있는 그대로의 명령을 죽을 수밖에 없는 사람의 행위에 관한 모든 선과 악의 유일한 규칙으로 삼는 것이 얼마나 이치에 맞는 일인지 숙고하게 하라. 하나님의 말씀은 진실하고, 하나님의 말씀은 완전하

---

31 Richard Hooker, *Of the Laws of Ecclesiastical Polity*, I. xiv. 1. 기본적으로 제1권 14장은 구원론을 중심축으로 한다. 사용 가능한 가장 좋은 판은 *The Folger Library Edition of the Works of Richard Hooker*, Georges Edelin et al., eds., 5 vols. (Cambridge, MA: The Belknap Press of Harvard University Press, 1977)이다.

며, 하나님의 말씀은 그 주신 목적을 이루기에 충분하다. … 우리는
하나님께서 그분의 목적을 이루시는 데 필요한 어떤 것을 말씀에서
빠뜨리셔서, 그 대신 우리가 고안해 낸 무엇으로 그분의 의도를 이루
게 하셨다고 생각하지 않는다."[32] 하나님은 성경을 통해 신자들의 구
원에 필요한 모든 것을 제공하셨다. 이것이 하나님의 목적이고, 하나
님의 목적이 곧 성경의 목적이다.

지금까지 영국 국교회의 '중도주의'라는 새로운 정체성을 다룬 우
리의 논의에는 성경과 전통이라는 오직 두 가지 주요 요소가 있었고,
그 아래 새로운 하위 요소로 광범위한 사람들이 경험하는 예전에 대
한 강조가 있었다. 후커는 자신의 국교회 변증서를 저술하면서 이 하
위 요소 외에 또 다른 주된 요소를 추가한다. 그 요소는 이성(reason)
으로, 이전 변증서에서는 '법'의 개념과 용법을 통해 암시적으로만 다
루었던 것이다.[33] 후커가 자기 스스로에 대해, 자신은 새로운 신학을
만드는 것이 아니라 성경에 들어있고, 초기 기독교 교회가 수세기 동
안 명확히 정의를 내렸으며, 영국 국교회 신조가 인정하는 신학을 해
설하고 적용한다고 생각했음을 기억하는 것은 매우 중요하다. 후커
가 정말로 다룬 것은 신학의 내용보다 방법이라고 말하는 것은 너무
방법론적이고 기계적인 강조가 될 수 있으나, 후커의 본질적 목표가
'중도주의'를 구별 짓고 정의하는 뚜렷한 신학적 기준을 만드는 것이
라고 주장한다면 지나친 주장이 될 위험이 있다. 토머스 크랜머가 이

---

32 같은 책, II. viii. 5.

33 후커의 '법'에 관한 논의는 Henry R. McAdoo, *The Spirit of Anglicanism: A Survey of
Anglican Theological Methodology in the Seventeenth Century* (New York: Charles
Scribner's Sons, 1965), 6 이하를 보라.

미 시작한 영국 국교회 정체성을 정의하는 과정의 정점에 있는 것이 후커의 변증서이고, 영국 국교회 정체성을 식별하는 특징이 된 것이 관점의 포괄성이기 때문이다.

앞서 언급했듯, 청교도와 영국 국교도 사이의 의견 차이의 핵심은 권위의 정의에 있다. 후커는 '권위의 원천이 무엇인가?'라는 질문으로 이 딜레마를 해결하고자 했다. 그의 대답은 '법'으로, 그가 생각하기에 법은 원천적으로 심겨져 있는 지침과도 같은 것이다. 법은 우주를 다스리는 내재적 이성이자 내적인 원리로, 올바른 목적을 달성함으로 스스로를 표현한다.[34]

후커가 변증서를 집필할 때 취한 접근법은 이해하기 난해함에도 분명한 논리와 양식이 있다. 우리의 논의를 위해 그의 복잡한 논리를 설명할 필요는 없다. 그 자신이 무엇을 권위 문제의 핵심으로 여겼는지『교회 체제의 법에 관하여』에 잘 정리해 놓았고, 또 그는 청교도들이 성경이 명령하고 있지 않는 방식으로 성경을 사용하고 있음을 지적함으로 사실상 성경을 사용해 성경을 절대적 권위의 위치에 둔 청교도들을 반박하기 때문이다.[35] 그의 요점은 성경이 정치와 예전 같은 영역에서까지 절대적으로 권위가 있다고 해석하기로 결정한 것은 미심쩍은 내용을 지나치게 사실로 단정하는 태도라는 것이다. 청교도들은 제네바의 정치 형태를 선택했고, 칼빈과 함께 '제네바의 제도'가 성경을 가장 잘 반영하므로 성경의 권위가 자신들의 교회 정치 제도

---

34 Hooker, *Laws*, l, viii, 4-11.
35 같은 책, 서문, VII. 3.

의 선택을 승인한다고 주장했다.[36]

청교도들이 후커와 다르게 법을 정의한다는 사실은 곧 명백해졌다. 그들은 성경을 명제적 진리로 여긴 것과 유사하게, 법을 권위를 지닌 규칙으로 여겼다. 그러나 후커의 입장은 달랐다. 법은 일련의 공표라기보다 모든 것이 "스스로의 완전함으로 나아가게"[37] 하는 특징적 행동 양식이다. 우리가 이에 대해 어느 정도 표현은 다르게 할 수 있지만, '일관성의 원리'(principle of coherence)를 적용하면 그 의미는 동일하다. 후커에게 이 일련의 원칙은 계층적인 것으로, 하나님은 창조세계 전체에 "하나님께서 모든 피조물에게 부여하신 다양한 조건에 따라 각 피조물들이 지키도록 정하신 것"을 알려주시는 제일의 영원한 원칙 또는 법이시다.[38]

후커의 말에서 '스스로의 완전함' '조건' '부여하다' 등의 문구가 창조세계와 각 존재 사이의 역동적 상호작용을 의미한다는 사실을 알아차리는 것은 매우 중요하다. 법이라는 결과물은 한 번 확정된 후에는 결코 변하지 않는 구체적 사실의 집합이 아니라, 양식과 의미를 지닌 역동적 체계다. 양식과 의미가 즉시 자명하게 드러나지 않을 수는 있으나, 인간의 이성은 그것을 찾아낼 수 있다. 이런 방식으로 각 개인이나 개인들이 모인 집단의 이성은 세상의 질서를 관리하는 포괄적 이성이 존재함을 알아차릴 수 있다.

이 자연스러운 과정은 성경의 권위와 분리되지 않고 밀접하게 결

---

36 같은 책, 서문, II. 7-10.

37 같은 책, I. iii. 5.

38 같은 책, I. iii. I.

부되어 있다. 그는 "따라서 자연과 성경은 그렇게 온전하게 일하고, 또 각자 분리되어서가 아니라 둘이 함께할 때 완벽하기에, 영원한 행복을 위해 이 둘이 모든 면에서 우리 지성에 제공하는 것 이상의 지식은 필요하지 않다는 사실로 충분하다"[39]고 말한다.

이렇게 성경의 권위는 창조 질서라는 더 넓은 맥락에 놓인다. 성경의 권위와 창조세계 사이에는 연속성이 있지만, '하나님의 법'은 논리적으로나 존재론적으로 성경보다 앞선다. 이것이 후커가 기본적으로 사용한 방법으로, 그는 교회법에 대한 문제를 더 넓은 맥락에 두었고, 그렇게 하지 않으면 달리 해결책이 없다고 믿었다. "그러므로 이 모든 것이 어디로 향하는지 어느 누구도 이상하게 느끼지 않게 하기 위해 이 모든 것의 취지와 목적을 밝히면 … 그것은 사람들에게 정의롭고 합리적인 법이 왜 그렇게 큰 힘을 갖는지 가르치고 … 현재 논란이 되고 있는 법을 제일의 근본적 원인과 연결 지어 이해하는 방법을 알려주는 것이다."[40] 후커에게 그 근본적 원인은 하나님으로, 최초의 법은 창조세계의 기본 구조에 기록되어 있다. 후커와 그 이후 '중도주의'를 만들어간 사람들에게, 교황의 권위든 성경의 권위든 혹은 그 이외의 것이든 권위에 관해서는 모든 것에 질문을 제기하고 또 답해야 한다는 것은 이러한 포괄적인 기준틀 안에서다.

후커의 방법은 그 자신이 표현한 몇 문장에 그 핵심이 잘 나타나 있다.

---

39   같은 책, I.xiv.I.

40   같은 책, I.xvi.1. 고전 철학과 중세 신학에 익숙한 사람에게는 후커의 개념적 틀을 뒷받침한 것이 아리스토텔레스와 아퀴나스의 철학적 가정이라는 점이 분명하게 보일 것이다.

어떤 종류의 문제에서든 첫 번째로는 성경이 명백히 전하는 것에 대한 신뢰와 순종이 있어야 한다. 그다음으로 사람은 무엇에서든 이성에 따라 결론을 내리는 것이 마땅하다. 그다음 뒤따르는 것이 교회의 가르침이다. 교회가 그 권위에 의해 옳고 선하다고 생각하고 정의한 것은 이성과도 조화를 이루어 다른 모든 열등한 판단을 압도해야 한다.[41]

후커의 논리가 지닌 상대적인 강점과 약점, 그리고 이것이 현대의 논의에 어떻게 유익하거나 그렇지 않은지 살펴보는 일은 흥미롭지만, 우리는 원론적으로 후커가 끼친 가장 영속적인 기여가 무엇인지를 언급하는 것으로 만족할 수밖에 없다. 즉, 신학의 방법이라는 문제는 '이성의 자유'와 불가분으로 연결되어 있고, 또 가시적 교회와도 필연적으로 연결되어 있다. 후커의 작업이 이후 웨슬리가 알았던 영국 국교회주의의 형성에 지대한 영향을 끼쳤을 뿐 아니라, 4세기를 건너뛰어 우리의 현대적 논의에도 관계하는 것은 바로 이 점에서다.

이성의 자유와 오늘의 교회

우리는 현재까지 적어도 반세기 동안 너무 많은 곳에서 '이성의 자유'와 가시적 교회를 분리하는 경향이 있었다. 추론할 일이 생기면 사적인 추론이 정도를 벗어나곤 하는데, 이는 부분적으로 우리가 생각하는 이성 개념이 후커와 웨슬리가 가졌던 개념보다 훨씬 더 개인주의적이기 때문일 것이다. 두루뭉술한 설명이지만, 위험을 감수하고 내

---

41 같은 책, V. viii. 2.

생각을 말하자면, 많은 사람이 교회를 학술적으로 설명할 때를 제외하고 신학적 토론에서 '이성의 자유' 행사할 때는 가시적 교회를 거의 또는 전혀 신중하게 고려하지 않는다. 전문적인 신학자들은 가시적 교회를 신학적 대화의 파트너로 삼아야 한다는 생각을 무시할 뿐 아니라 때로 터무니없게 여기기 때문에 상황은 더 악화된다. 그러나 이는 양날의 검이다. 가시적 교회의 관계자들이 학계를 대화로 이끄는 필수적인 노력을 주도적으로 기울이지 않자, 강단과 성찬대의 거리, 곧 이론과 실천 사이의 그릇된 치명적 분리는 점점 더 심각해지고 있다.

후커의 시대에는 비록 가시적 교회로부터 '이성의 자유'를 지키려는 사람이 많았지만, 그 둘은 서로 분리되지 않았다. 후커의 천재성은 그 둘 모두를 함께 유지하기 위해 애쓴 데 있다. 그리고 그렇게 함으로 그는 '중도주의'로 알려지게 된 것을 이끌어갈 영구적 방향을 설정했다. 그러나, 중도주의로 서로 반대되는 정치적 대안 사이의 타협을 의미한다면 그것은 진정한 중도주의가 아니다. 오히려 그것은 새롭고 다른 방법이다. 중도주의란 신학적 방법의 하나로, 신학적 사고를 일상생활과 연결해 기독교 신학의 권위 있는 기록된 원천과 가시적 교회(전통과 이성)의 관계가 살아 있게 함으로, 은혜로 그 각각을 허락하신 하나님의 현실을 경험하게 하려는 것이다.

현대 메소디즘은 이 신학적 기준틀에서 하나의 공식을 도출했다. 우리가 그것을 사변형화해 성경, 전통, 이성, 경험이라는 공식으로 만들 때 그 각각이 마치 동일한 권위를 지닌 것처럼 생각한다면, 무심결에 그 사이의 역동적 관계를 잘못 포착하고 또 매우 빈약한 것으로 만들 것이다. 우리가 스스로 빠지기 쉬운 이런 딜레마를 피하기 위해 우리는 사변형의 형태를 재검토하고, 영국 국교회 신학의 틀을 만든 사람들과 이후 메소디즘을 일으킨 영국 국교도들의 역동적이고 적절한 이해로 돌아가야 한다. 우리는 성경이라는 규범에서 시작할 것인데, 이는 성경이 일차적 권위이기 때문이다. 전통은 (초기 수세기 동안의 전통이 특히 중요하다) 교회를 지도하는데, 무엇보다 성경을 교리적으로 해석하는 방법을 지도한다. 이성, 곧 개인의 이성과 특히 공동체의 이성은 하나님께서 창조 질서 안에서 활동하시는 방식을 밝힌다. 그리고 경험, 특히 교회의 의식과 예배에서 경험하는 기독교는 신자의 머리와 가슴에 그리스도를 통한 하나님의 구원 사역이 활기 넘치게 한다.

메소디스트 신앙을 가진 우리가 이러한 신학의 방법을 직접적으로 계승하게 된 것은 존 웨슬리를 통해서다. 그래서 우리는 다음 장들에서 웨슬리가 성경, 이성, 전통, 경험의 역동적 관계 내에서 어떻게 신학을 구성했는지 살펴볼 것이다. 웨슬리가 현재나 미래 세대를 위해 생명력 있는 신학을 만들어 나가는 일에 최종적 권위는 아니지만, '메소디스트들이라 불리는 사람들'인 우리는 명확성과 연속성을 가지고 우리가 가고 있는 방향을 분명하게 하기 위해 우리의 신학이 '어디서 비롯되었는지' 주의 깊게 검토할 필요가 있다.

스콧 J. 존스
Scott J. Jones

2

HOLY BIBLE

규범으로서의
성경

Chapter Two: The Rule of Scripture

언젠가 한 신학대학원 학생이 자신이 왜 연합감리교회에 가입하게
되었는지 나에게 말해주었다. "나는 대학을 다니고 있었고, 웨슬리
파운데이션(Wesley Foundation, 연합감리교회가 후원하는 대학 캠퍼스 사역
단체-역주)의 캠퍼스 사역자를 알게 되었습니다. 그는 자신이 속한 교
단보다 감리교인들이 훨씬 낫다고 말했는데, 그 이유는 믿고 싶은 것
을 다 믿으면서도 맥주를 마실 수 있기 때문이라는 것이었습니다. 내
게는 그 점이 아주 좋아 보였습니다." 캠퍼스 '사역자'가 감리교의 정
체성에 대해 이런 시각을 가졌음을 주목하는 것이 중요하다. 나는 우
리 교회를 탐방 중인 예비 신자들이 "연합감리교회 신자들은 성경을
믿습니까?"라고 물은 적이 여러 번 있었던 것을 기억한다. 그들은 친
구들에게서 우리 교회에 가지 말라는 충고를 들어왔는데, 우리가 성
경의 권위를 받아들이지 않는다는 이유에서다.

　　이들은 적어도 감리교인이 성경을 대하는 태도가 어떤 것인지 물
어보아야 할 상당한 이유가 있었고, 그 이유는 멀리서 찾을 필요도 없
었다. 많은 감리교회에서 우리 아이들은 오랫동안 아브라함, 모세, 막
달라 마리아, 바울이 누구인지도 모른 채 연합감리교회 주일학교와
학생회를 졸업했다. 성경에서 고린도전서를 찾으라고 하면, 그들은
목차부터 찾는다. 많은 장년 성도가 구약과 신약이 어떤 관계인지 전
혀 이해하지 못한 채 '성경공부 제자훈련'을 시작한다. 신학대학원에

서는 입학하는 학생 대다수가 성경에 대해 최소한의 기초지식조차 부족하다는 것이 일반적인 인식이고, 이는 새로운 문제나 최근의 문제가 아니다.

거의 50년 전에 쓰인 〈라이프〉(Life) 잡지를 보면 "감리교는 조직은 오래 되었지만 신학의 역사는 짧다"[1]는 글을 읽을 수 있다. 지난 반세기 동안 상황이 개선되었는가? 아마도 아닐 것이다. 감리교인이 전국적인 남성 운동과 어떻게 더 긴밀하게 협력할 수 있는지를 설명하는 1996년 판 〈연합감리교회신문〉(United Methodist Reporter) 사설은 다음과 같이 적고 있다. "성경, 전통, 경험, 이성이라는 웨슬리의 사변형은 교회 성장에 중요한 역할을 한다. … 만약 감리교 지도자들이 전통과 이성에 더 열린 마음을 갖고, 성경에만 의존하려는 태도를 줄인다면 … 주류 개신교인과 로마 가톨릭 교도에게도 사역을 확장할 수 있을 것이다." 그리고 사설은 이 영향력 있는 운동이 그들 모두를 아우를 때 "'성경적 연합'의 힘을 보여주기 위한 그 헌신이 함께 노력할 가치가 있음을 입증"하게 될 것이라고 결론짓는다.[2]

존 웨슬리가 이 글을 읽었다면 아마 경악했을 것이다. '메소디스트들이라 불리는 사람들' 중 성경을 모르는 사람이 대다수에, 메소디스트 공식 출판물 편집자들이 메소디스트들이 성경을 덜 사용해야 하고, 심지어 성경만 의존하려는 태도를 줄여야 한다고 제안하는 것을 본다면, 그는 매우 혼란스러워하면서 자신이 가장 두려워했던 일이

---

1   Colin W. Williams, *John Wesley's Theology Today* (New York and Nashville: Abingdon Press, 1960), 5에서 재인용.

2   "Promise Keepers, UMC Can Learn from One Another," *The United Methodist Reporter* (1996년 11월 8일), 2에 나오는 사설 분석을 보라.

현실이 되었다고 말했을 것이다. 그는 죽음이 가까웠을 때 쓴 "메소디
즘에 대한 생각"(Thoughts Upon Methodism)에서 이렇게 말한다.

> 나는 메소디스트라 불리는 사람들이 유럽이나 미국에서 더는 존재하지
> 않게 되는 것은 두렵지 않다. 그러나 그들이 능력 없이 종교의 형식만 갖
> 추고 단지 죽은 종파로만 존재하게 되는 것은 두렵다. 처음 시작할 때 가
> 졌던 교리와 정신과 규율을 굳게 붙들지 않는다면 그들은 반드시 그렇
> 게 될 것이다.[3]

메소디스트 교리에 대해 말할 때, 웨슬리는 그 모든 교리가 성경
에 기초해 있다고 생각했고, 그것이 무엇을 의미하는지에 대해 분명
히 이해하고 있었다.

연합감리교회 교리는 공식적으로 여전히 성경의 권위를 주장한
다. 연합감리교회 신자들은 우리가 믿고 있는 것의 개요를 서술한 기
본 문서들을 공식적으로 부인하거나 수정하지 않았다. 1996년 판『연
합감리교회 장정』(The Book of Discipline)은 웨슬리의 설교집, 신약성경
주석, 연합신도회의 규칙, 신조, 신앙고백이 교단 헌법의 제한 규정으
로 보호받고 있음을 분명히 한다.[4]

이 모든 문서는 우리가 공식적인 가르침에서 성경의 권위를 인정
하고 있음을 강력히 증거한다. 따라서 연합감리교인들이 성경을 가
지고 실제로 무엇을 하든(또는 하지 않든), 우리의 공식 교리는 성경의
권위의 중요성을 말한다. 그러나 오늘날 총회의 신학성명은 성경에

---

3 John Wesley, "Thoughts Upon Methodism," §1, *Works* 9:527.
4 1996년 판『연합감리교회 장정』, I. 2. II에 수록된 헌법과 26-27페이지에 있는 해석
   을 보라.

대한 연합감리교회의 이해가 복잡함을 암시한다. "우리의 신학적 과
제"(Our Theological Task)⁵는 연합감리교회 신학을 형성하는 네 가지 근
원과 규범을 성경, 이성, 전통, 경험으로 말한다. 이 네 가지는, 최근
학계에서 제목이 적절한지에 대해 논란이 불거졌으나, 비공식적으로
'웨슬리의 사변형'으로 알려져 있다.⁶ 더 최근에 연합감리교회 소속 학
자들은 성경의 참된 역할이 무엇인지에 대해 논쟁을 벌였다.⁷

성경과 중도주의

종교개혁 표어 '오직 말씀으로'(*sola scriptura*)에는 힘, 명료함, 단순함이
있다. 그 힘은 하나님의 계시의 말씀보다 교회, 후대의 전통, 그외 다
른 어떤 것의 권위를 우위에 두는 주장에 대항한다. 그 명료함은 우
리가 진지하게 기독교 신앙과 실천 전체의 토대를 성경에 두고 있음
을 사람들에게 보여준다. 그 단순함은 진리에 대한 우리의 주장의 근
거가 무엇인지 모든 그리스도인이 이해할 수 있게 한다. 우리는 "예

5   *The Book of Discipline*, 1996, 61.

6   Thomas A. Langford, ed., *Doctrine and Theology in The United Methodist Church*
(Nashville: Kingswood Books, 1991)에 수록된 Albert C. Outler, "The Wesleyan
Quadrilateral-In John Wesley," 75-88, 그리고 Ted Campbell, "The 'Wesleyan
Quadrilateral': The Story of a Modern Methodist Myth," 154-61을 보라. 또한 Scott
Jones, *John Wesley's Conception and Use of Scripture* (Nashville: Kingswood Books,
1995), 62-64를 보라.

7   특히 John B. Cobb, Jr., *Grace and Responsibility: A Wesleyan Theology for Today*
(Nashville: Abingdon Press, 1995)와 William J. Abraham, *Waking from Doctrinal
Amnesia: The Healing of Doctrine in The United Methodist Church* (Nashville:
Abingdon Press, 1995)를 보라.

수 사랑하심을 성경에서 배웠네"(새찬송가 563장-역주)라는 가사의 의
미를 알고 노래한다.

　　존 웨슬리는 이를 알았고 그 뜻에 전적으로 동의했다. 자신이 가
르친 가장 논란이 많은 교리들에 이의가 제기되면, 그는 자신의 주장
의 주된 근거인 성경에 호소했다. 그는 자신의 『표준설교집』 서문의
유명한 구절에서 자신을 "한 책의 사람"(homo unius libri)으로 불렀다.[8]
41년 후에도 그는 메소디즘이 시작된 경위와 성경에 대한 변함없는
헌신을 설명하기 위해 다시 이 문구를 사용한다.

> 네 명의 젊은이가 함께하기로 한 그 시작부터 그들 각각은 '한 책의 사람'
> 이었다. 하나님은 그들에게 자신의 말이 그들의 발에 등이 되고, 그들의
> 모든 길에 빛이 되게 하라고 말씀하셨다. 그들은 단 하나의 규칙 곧 하나
> 님의 말씀만을 자신의 성품과 말과 행동을 판단하는 기준으로 삼았다.
> 그리고 한 마음으로 오직 성경적 그리스도인이 되기로 결심했다. 그들
> 은 이 일로 인해 지속적으로 비난을 받았다. 어떤 사람은 그들을 조롱해
> '성경 고집쟁이들'(Bible-bigots)로 불렀고, 어떤 사람은 좀벌레가 옷을
> 갉아먹듯 그들이 성경을 갉아먹는다며 '성경 좀벌레들'(Bible-moths)이
> 라 불렀다. 실제로 그들은 지금까지도 하나님의 말씀대로 생각하고 말하
> 기 위해 끊임없이 노력하고 있다.[9]

　　웨슬리의 성경관에 대한 올바른 이해는 무엇보다 오직 성경만이
기독교 신앙과 실천을 위한 권위라는 강력한 선언에서 시작되어야 한
다. 이 점에서 웨슬리는 확고하다. 모든 일을 판단하는 최고 법정 역

8　　Works 1:105에 수록된 1746년 판 Sermons on Several Occasions의 서문을 보라.
9　　"On God's Vineyard," §I. 1, Works 3:504.

할을 하는 것은 언제나 성경이다.

웨슬리는 이 점에 대해 확고하지만 그의 입장은 단순하지 않다. 그의 입장을 이해할 수 있는 첫 번째 단서는 "한 책의 사람"이라는 문구다. 웨슬리는 (『표준설교집』 서문에서-역주) 자신을 "한 책의 사람"이라고 칭한 뒤 다섯 번째 문단에서 곧바로 헬라어로 호메로스(Homer)의 『일리아드』(Iliad)를 인용한다! 그의 글들을 분석해 보면, 그가 성경만이 아닌 다른 많은 자료에도 얼마나 정통해 있었는지가 드러난다. 200주년 기념판 웨슬리 전집은 그가 활용한 많은 비성경적 자료에 대한 탁월한 정보를 제공한다. 그중에는 당대의 문학, 그리스와 로마의 고전 문학, 기독교 문학에 해당하는 매우 다양한 자료가 들어있다. 한 대표적인 웨슬리의 글은 당대와 고전 문학을 통틀어 일반 자료에서 50개의 글을 인용한다.[10] 그중 서른 개는 밀턴(Milton)이나 알렉산더 포프(Alexander Pope)와 같은 17, 18세기 영국 작가를 인용한 것이고, 스무 개는 베르길리우스(Virgil), 호라티우스(Horace), 플라톤(Plato) 같은 고전 작가를 인용한 것이다.[11]

웨슬리는 이런 자료를 사용해 자신의 성경적 논증을 더 확고히 할

---

10   이 글에 대한 논의는 Jones, 129, 224-25를 보라.

11   그가 사용한 출처는 (빈도순으로 나열하면) 밀턴, 찰스 웨슬리, 베르길리우스, 호라티우스, 매튜 프라이어(Matthew Prior), 알렉산더 포프, 아이작 왓츠(Isaac Watts), 플라톤, 디오게네스 라에르티오스(Diogenes Laertius), 조지 허버트(George Herbert), 오비디우스(Ovid), 쿠인틸리아누스(Quintillian), 토마스 오트웨이(Thomas Otway), 키케로(Cicero), 호메로스, 세네카(Seneca), 하드리아누스(Hadrian), 제임스 톰슨(James Thomson), 새뮤얼 웨슬리(Samuel Wesley), 새뮤얼 웨슬리 주니어(Samuel Wesley, Jr.), 수에토니우스(Suetonius), 루크레티우스(Lucretius), 루키우스 안나이우스 플로루스(L. Annaeus Florus), 존 드라이든(John Dryden) 등이다.

뿐 아니라 분명하게 이성, 경험, 영국 국교회, 초기 기독교 교회에 호소한다. 연합감리교회는 현대에 기독교 전통이 지닌 중요성과 복잡한 특징을 잘 알기 때문에, 전통을 논의할 때 일반적으로 마지막 두 가지 모두를 포함시킨다. 따라서 사변형이라는 용어는 감리교인들이 신학적 권위의 원천을 어떻게 이해하는지 간략히 설명할 때 쓰인다. 그러나 웨슬리를 바르게 설명하려면, 사변형이라는 말을 네 가지 각기 다른 권위의 단일 원천 개념으로 이해해야 한다. 가장 중요한 것은 성경인데, 성경은 언제나 다른 세 가지의 빛 안에서 해석되기 때문이다. 웨슬리는 네 가지 용어를 상호 의존적인 것으로 이해했다. 올바르게 사용된 이성은 성경의 권위를 증언하고, 성경은 언제나 이치에 맞아야 한다. 모든 기독교 전통이 권위를 지니는 것은 아니며 그리스도인들이 성경에 충실했을 경우 그 부분만 권위를 갖는다. 경험은 성경이 목표로 하는 것이 이루어졌을 경우에만 신학적 논의에 포함될 수 있다. 따라서 사변형의 어떤 요소로 다른 요소를 부정하거나, 특히 어떤 요소를 성경의 권위를 무효화하는 데 사용한다면, 그것은 철저히 비웨슬리적인 것이다.

몇 년 전 연합감리교회의 한 지도자가 한 말이 신문 기사에 인용되었는데, 그는 "나는 사변형을 통해 동성애 문제를 살펴보았는데, 성경은 3대 1로 졌다"고 말했다. 웨슬리의 유산을 그렇게 오용하는 것은 두 가지 심각한 잘못을 저지르는 것이다. 첫째, 그것은 성경의 수위성을 간과하는 것이다. 웨슬리는 성경 이외의 다른 어떤 권위로, 심지어 다른 세 가지를 모두 합치더라도 성경의 명백한 의미를 반박할 수 있다고는 상상조차 할 수 없었다. 만약 특정한 문제를 판단할 때 사변

형의 각 요소 중 무엇을 중시할 것인지 '투표'로 결정한다면, 웨슬리는
성경에 충분한 표를 할당해 다른 세 가지 표를 모두 모은 것보다 성경
적 관점이 더 중요하게 여겨지게 했을 것이다. 사변형에서 더 중요한
것이 무엇인지 투표로 정하려는 태도의 두 번째 잘못은, 그렇게 함으
로써 드러내려 했던 그 원칙 자체, 곧 성경의 수위성 아래 네 가지 권
위의 원천이 지닌 상호의존성을 훼손하는 것이다.

성경의 유일한 권위

웨슬리는 기독교의 권위에 명백히 호소할 때 성경을 가장 많이 언급
한다. 그 방식은 여러가지다. 웨슬리는 자신의 성경 해석 규칙을 따
라 때때로 이사야 8:20의 문구를 사용해 성경을 "율법과 증거의 말
씀"으로 언급한다. 그는 "메소디스트의 원리에 대한 더 자세한 해
설"(Principles of a Methodist Farther Explained)에서 하나님께 대한 올바른
태도를 가진 사람들에 대해 이렇게 말한다.

> 이 사람들은 하나님의 뜻을 나타내는 어떤 외적인 기적도 필요로 하지
> 않는다. 그들은 분명한 규칙인 기록된 말씀을 가지고 있기 때문이다. …
> 이로써 그들은 '율법과 증거의 말씀'에 부합하는 모든 교리를 형성할 수
> 있다. 그리고 무엇이든 말씀과 일치한다면 그들은 기적으로 입증되는 것
> 을 보려고 기다리지 않고 받아들인다. 그러나 말씀과 반대되는 것은 무
> 엇이든 거부하며, 어떤 기적도 말씀과 반대되는 것을 받아들이게 하지
> 는 못한다. [12]

---

12 "The Principles of a Methodist Farther Explained," §V. 4, *Works* 9:219.

이 글은 메소디스트들의 실천을 비이성적이고 광신적인 믿음에
근거한 것이라고 여긴 사람들에 대해 메소디즘을 옹호하기 위해 쓴
것이다. 웨슬리는 메소디스트들의 실천은 오직 성경에 기초하고 있
으며, 그 이상도 이하도 아니라고 주장한다. 또 "믿음에 대하여(1)"라
는 설교에서는 이것이 모든 개신교인에게 동일하게 해당하는 원리라
고 말한다.[13]

글을 쓸 때 웨슬리는 다른 어떤 것보다도 성경을 훨씬 더 많이 인
용했다. 한 대표적인 글에서는 성경을 2,181회 인용하기도 했다.[14] 같
은 글에서 초기 기독교 교회의 문헌은 겨우 14회밖에 언급하지 않았
다. 그는 내용에서나 횟수에서나 성경을 다른 자료보다 훨씬 많이 사
용했다.

웨슬리의 저술의 특징은 성경을 직접적으로 인용하거나 넌지시
언급하는 것이다. 그는 종종 독자들에게 자신의 메시지가 성경에 토
대를 두었음을 이해시키기 위해 많은 성경 구절을 연결 지어 언급하
곤 한다. 그의 저술에서는 최소한 하나라도 성경 구절을 언급하지 않
은 페이지가 거의 없다. 예를 들어, 그의 설교 "그리스도인의 완전"의
마지막 문단은 이렇게 되어 있다.

그러므로 사랑하는 여러분, 율법과 선지서가 약속하고, 복음서에서
우리의 복되신 주님과 사도들이 확증한 예언의 말씀을 가진 우리는
'하나님을 두려워하는 가운데서 거룩함을 온전히 이루어 육과 영의 온갖

---

13 "On Faith (Hebrews 11:6)," §I.8, *Works* 3:496. 유사한 내용이 *Popery Calmly Considered*, Jackson 10:141에 나온다.

14 각주 10에서 언급한 글과 동일하다.

더러운 것에서 우리를 깨끗하게' 해야 합니다. 우리는 하나님께서 우리
로 '그분의 안식에 들어가게 하신다는 약속', 곧 안식에 들어가 자기의 일
을 쉬게 하신다는 많은 약속이 있음에도 '우리 가운데 혹 그 안식에 미치
지 못할 자가 있을까 두려워해야' 합니다. '오직 한 일 즉 뒤에 있는 것을
잊어버리고 앞에 있는 것을 잡으려고 푯대를 향하여 그리스도 예수 안에
서 하나님이 위에서 부르신 부름의 상을 위하여 달려갑시다.' 하나님께
밤낮으로 부르짖어 '썩어짐의 종노릇 한 데서 해방되어 하나님의 자녀들
의 영광의 자유에 이르도록' 합시다. [15]

여기서 웨슬리는 고린도후서 7:1, 히브리서 4:1, 10, 빌립보서 3:13-14,
로마서 8:21을 사용한다. 이 문단에 사용된 149개의 영어 단어 중 104
개는 성경 구절에 있는 것이다. 『이성적이며 종교적인 사람들에게 보
내는 진지한 호소』(An Earnest Appeal to Men of Reason and Religion)의 제63
단락에서도 이와 유사하게 한 문단 내에서 10개의 성경 구절을 연속
적으로 사용한다. [16]

그가 성경을 사용한 방법은 본문 해설, 주제 해설, 정의 해설, 사례
제시, 의미 해설 등 다섯 가지 범주로 분류할 수 있다. 첫째, 본문 해설
은 성경에 근거한 설교를 직접 했거나 읽었거나 들어본 사람이면 누
구에게나 익숙하다. 웨슬리의 151개 설교 중 많은 것이 순전히 첫머리
에 인쇄된 성경 본문에 대한 해설이다. '산상설교'를 다룬 열세 편의 설
교는 모두 확실히 성경 본문에 바탕을 두고 있다. 그러나 다른 설교들
은 성경 본문을 단지 설교의 시작점으로만 활용한다. 예를 들어, 설교

15   §II. 30, *Works* 2:121. 성경 본문 출처는 200주년 기념판 웨슬리 전집을 참고하라.
16   *Works* 11:71.

"은총의 수단"의 성경 본문은 말라기 3:7의 "너희가 나의 규례를 떠나 지키지 아니하였도다"라는 말씀이다. 설교는 "그러나 '복음으로 생명 과 썩지 아니할 것이 드러난'(딤후 1:10) 지금 어떤 '규례'가 존재하기는 합니까?"라는 질문으로 시작하면서 '규례'라는 단어를 사용한다. 성경 본문과의 연결점은 그것뿐이다. 설교는 거기서 시작해 하나님이 우 리에게 그의 은혜를 전달하기 위해 정하신 수단들을 제시하는 다른 성경 구절을 다룬다. 이 설교는 성경에 근거해 있지만, 제시된 성경 본문에 근거해 있지는 않다.

둘째, 성경은 때때로 어떤 것을 설명하는 수단이 되기도 한다. 웨 슬리는 특정한 관점을 주장할 때 그것을 입증하기 위해 성경의 본문 이나 사례를 가져오곤 했다. 예를 들어, 그는 그리스도인의 완전 교 리를 설명하면서 성경의 한 구절을 인용한다. 라빙턴(Lavington) 주교 에게 보낸 편지에서, 웨슬리는 자신이 회심을 "즉시 완전한 사람이 되 는 것"으로 정의했다고 말하는 그의 주장을 다음과 같이 반박한다.

> 사람은 일반적으로 개종한 뒤 오랜 시간이 지나서야 완전에 이릅니다.
> 사도 바울이 편지를 보낸 에베소 교회 교인들 대부분은 이미 회심한 상
> 태였을 것입니다. 그러나 그들은 '온전한 사람을 이루어 그리스도의 장
> 성한 분량이 충만한 데까지 이르지는' 못했습니다.[17]

여기서 에베소서 4:13은 회심과 온전함이 그리스도인의 삶의 서로 다 른 단계에 해당한다는 웨슬리의 입장을 뒷받침한다. 인용한 성경 본 문이 그가 이끌어낸 결론의 타당성을 보증하는 것이다.

---

17 §19, *Works* 11:369.

셋째, 성경은 권위 있는 사전의 역할을 하기도 한다. 신학 논의에서 중요한 용어들은 성경이 그 용어를 사용하는 방식에 따라 정의가 내려진다. 종종 성경에서의 용어 사용은, 용어의 정의 문제를 해결하는 데 충분하다. 웨슬리가 성경에서 이끌어낸 가장 결정적인 정의 중에는 신앙에 대한 정의가 있다. 그는 신앙을 정의하기 위해 최소한 12회 이상 히브리서 11:1을 인용한다.[18] 그 대표적인 것이 설교 "성경적 구원의 길"에 나오는 다음의 내용이다.

> 사도들은 일반적으로 신앙을 '엘렝코스 프라그마톤 우 블레포메논'(ἔλεγχος πραγμάτων οὐ Βλεπομένων), 곧 "보이지 않는 것들의 증거"로서 눈으로 볼 수 없고 다른 외적 감각으로도 인식할 수 없는 것들에 대한 신적 증거와 확신으로 정의했습니다.[19]

다른 곳에서처럼 여기서도 웨슬리는 용어를 바르게 정의하기 위해 성경을 사용한다. 명확한 성경적 정의만 발견하면, 그것을 어떤 개념으로 이해해야 하는지의 문제는 종종 자연히 해결되곤 한다. 웨슬리는 다양한 성경 본문을 사용할 수 있었기 때문에 용어를 지나치게 단순하게 정의 내리지 않았다. 예를 들어, 그는 이 히브리서의 정의를 확장해 신앙의 다른 개념을 아우를 수 있었다.

> 일반적으로 신앙은 과거의 것이든, 미래의 것이든, 영적인 것이든 우리

---

18 설교집 제4권의 색인에 히브리서 11:1이 26회 나온다. 이 중 8회는 '신앙'을 분명히 정의한다. 200주년 기념판 전집 제11권은 "이성적이며 종교적인 사람들에게 보내는 진지한 호소"와 "이성적이며 종교적인 사람들에게 보내는 추가적 호소", 그리고 관련된 편지들을 수록하고 있는데, 그중 히브리서 11:1을 다루는 9회 중 4회는 신앙을 명시적으로 정의한다.

19 §II. 1, *Works* 2:160.

의 신체의 감각으로 발견할 수 없는 보이지 않는 것에 대한 신적이고 초
자연적인 '엘렝코스'(ἔλεγχοο, 증거 또는 확신)다. 칭의의 신앙은 '하나님
이 그리스도 안에서 세상과 자신을 화해시키셨다'는 사실뿐 아니라, 그
리스도께서 '나를 사랑하시고 나를 위해 자신을 주셨다'는 사실에 대한
신적인 증거와 확신이다.[20]

성경의 다른 구절들은 보이지 않는 세계의 일들에 대한 신뢰와 확신
도 신앙으로 묘사한다.

넷째, 웨슬리의 저술에서 성경은 이야기, 등장인물, 사건을 예로
들거나 암시적으로 언급할 수 있는 이야기 창고 역할을 한다. 그는
"이성적이며 종교적인 사람들에게 보내는 진지한 호소"에서 이렇게
적었다.

> 우리는 통상적인 곳에서만 복음을 전해야 한다는 규정에 매이지 않고,
> 산이든 평지든 강가든(이 모든 일에는 충분한 선례가 있다) 감옥이든, 또
> 는 유스도의 집이든 두란노 서원이든 문이 열리는 곳이면 어디서든 복
> 음을 선포한다.[21]

여기서 웨슬리는 바울이 유대인들의 반대를 받아 고린도에 있는 유
스도의 집이나 에베소에 있는 두란노 서원에서 이방인들에게 설교한
이야기를 언급한다. 그것을 자세히 설명하기보다는 단지 자신의 야
외 설교에 대한 선례로만 다룬 것이다. 이런 이야기는 성경을 잘 아는
그의 청중에게 익숙했을 것이고, 그것을 언급한 것만으로도 그는 자

---

20 *A Farther Appeal to Men of Reason and Religion*, Part I (1745), §I. 4, *Works* 11:106-7
　　에서는 고린도전서 5:19과 갈라디아서 2:20을 인용한다.
21 같은 책, §70, *Works* 11:75. 여기서는 사도행전 18:7과 19:9을 언급한다.

신의 주장을 하는 데 충분했을 것이다.

다섯째, 성경은 의미를 변질시키지 않고 쉽게 다른 말로 바꾸어 주장할 수 있는 단어와 문구를 제공하는 원천이 된다. 나는 이를 성경의 의미론적 활용이라 부르는데, 그 이유는 출처의 권위를 활용하되 용어만 달리하기 때문이다. 성경의 의미론적 활용은 성경의 권위를 당연한 전제로 여긴다. 성경적 용어를 이렇게 활용하는 경우, 말로 자주 표현되지 않는 어떤 통찰을 더해주는 일이 일어나곤 한다. 웨슬리의 설교와 저술에서 가장 흔히 드러나는 성경 사용법이 이것이다. 웨슬리의 어떤 글에는 총 2,181개의 성경 구절이 나오는데, 그중 76퍼센트나 되는 1,664개의 구절이 이 '의미론적' 해설에 해당한다. 웨슬리가 설교 "성경적 구원의 길"에서 성화를 설명하는 방법을 살펴보자.

> 우리가 '거듭날'[22] 때 성화의 점진적인 역사는 시작됩니다. 우리는 '성령으로' 육체와 우리의 악한 본성에서 나오는 '육체의 행실을 죽일' 수 있습니다.[23] 그래서 우리가 죄에 대해 점점 더 죽으면 죽을수록 하나님을 향해서는 점점 더 살아나게 됩니다. 우리는 '악은 어떤 모양이라도 버리고',[24] '기회 있는 대로 모든 이에게'[25] '선한 일을 열심히 하며',[26] 주의 모든 규례대로 흠 없이 행하는[27] 가운데 영과 진리로 하나님을 예배하고,[28] 자기 십

---

22   요 3:3.
23   참고. 롬 8:13.
24   살전 5:22.
25   딛 2:14.
26   참고. 갈 6:10.
27   참고. 눅 1:6.
28   요한복음 4:23-24을 보라.

자기를 지고[29] 하나님과 멀어지게 하는 모든 향락에서 자기를 부인하면
서 은혜에서 은혜로 나아갑니다.[30]

여기서 웨슬리는 여덟 개의 다른 성경 구절을 의미론적으로 사용했
다. 이 중 다섯 구절은 따옴표를 사용했지만, 세 구절은 그렇게 하지
않았다. 여덟 개 중 어느 것도 성경 구절임을 나타내는 말을 덧붙여
소개하지 않았고, 단지 응당 그렇게 알 것으로 전제한다. 의미론적 사
용에서 웨슬리는 자신의 주장을 말하기 위해 성경의 용어와 구절을
사용한다. 같은 내용을 다른 용어로 전하면서도, 무언중에 성경적 권
위에 대한 언급을 생략했을 뿐이다. 중요한 것은, 성경의 '완전성'에
대한 웨슬리의 감각과 그것이 그의 '신앙의 유비'(analogy of faith, 신앙
을 통해 각각의 성경 본문이 다른 본문을 상호 조명하게 하고, 또 각 본문이 성
경 전체를 보는 관점을 열어주게 하는 유추적 사고를 뜻함-역주)에 끼친 포괄
적인 영향은, 성경의 의미론적 사용이 단지 증거 본문 찾기가 되지 않
게 막아준다는 점이다.

이 다섯 가지 성경 활용법은 웨슬리가 성경의 권위에 호소한 방
식을 잘 보여준다. 각 방법에서 웨슬리는 자신의 주장을 서로 다른 방
식으로 입증하기 위해 성경을 사용한다. 본문 해설 방법은 그가 설교
의 형태로 신학 논문을 쓰기로 한 것에 따른 필연적 결과다. 각 설교
에서 성경은 웨슬리의 글의 시작점이 된다. 때로 성경은 설교의 내용
의 시작점이 되기도 하는데, 그의 설교 중 다수는 성경의 특정 본문을
매우 진지하게 받아들이면서 그것이 어떻게 사실일 수 있는지 설명하

---

29 참고. 마 16:24.
30 §I.8, *Works* 2:160. 각주 22-29의 성경 출처는 200주년 기념판 웨슬리 전집이다.

려고 노력하기 때문이다. 주제 해설 방법은 성경의 다른 본문을 설명하거나 어떤 결론을 정당화하기 위해 성경의 권위를 사용한다. 또 정의 해설 방법에서 웨슬리는 문제를 논의하는 데 결정적인 올바른 정의의 원천으로서 성경에 호소한다. 사례 제시 방법에서는 자신의 행위의 정당한 근거로서 자신이 성경과 초기 기독교 교회의 선례를 따랐음을 나타낸다. 의미 해설은 웨슬리가 자신의 주장이나 관점에 포괄적 권위를 부여하는 방법이 된다. 성경 말씀은 어떤 비성경적 용어보다도 무게가 있기 때문이다.

성경이 적어도 두 가지 방법, 즉 원천과 규범으로서의 권위를 지닌다는 사실에 유의하는 것은 중요하다. 원천으로서의 성경은, 기독교 교리의 기본적인 가르침을 얻는 곳이 성경임을 뜻한다. 규범으로서의 성경은, 어떤 가르침이나 행위가 특별히 기독교적인지 아닌지에 대한 논의에서 성경이 최고 법원 역할을 한다는 사실을 의미한다. 웨슬리에게 성경은 두 가지 모두의 기능을 수행한다. 우리가 하나님의 메시지가 실제로 어떤 것인지를 배우는 곳은 근원으로서의 성경이다. 그는 헨리 벤(Henry Venn)에게 보낸 편지에서 이렇게 말했다.

> 나는 내가 아는 모든 성경을 믿고 확신할 준비가 되어 있습니다. 내가 만약 이단이라면 나는 성경을 읽어 그렇게 된 것입니다. 내가 가진 모든 생각은 성경에서 비롯된 것이고, 믿음으로 의롭다 하심을 받는다는 것을 배운 것 외에는 사람에게서 도움받은 것이 거의 없습니다.[31]

---

31 Telford 4:216에 수록된 1763년 6월 22일 자 편지. 여기서 "몇 명의 남성에게서 받은 작은 도움"은 1738년 2~4월에 모라비아교도들과 대화한 것을 지칭한다.

2장 | 규범으로서의 성경   81

여기서 웨슬리가 말하려는 요점은 성경이 우리가 가진 기독교 교리의 원천이라는 것이다.

그러나 기독교의 가르침의 원천으로서 성경의 기능은 그것이 다가 아니다. 웨슬리는 그리스도인은 성경 전체의 메시지를 온전히 숙고해야 한다고 말한다. 만약 성경이 무엇인가를 명확히 가르친다면, 그 메시지가 받아들이기 '수월하든' 아니든, 반드시 믿어야 할 것의 목록에 올리기에 충분할 것이다. 교리의 원천으로서의 성경은 사람이 자기 원하는 대로 골라도 되는 시장이 아니다. 그와 반대로, 웨슬리는 자주 목회자는 성경이 부여한 메시지를 전할 의무를 가진 전달자임을 강조했다. 설교 "그리스도인의 완전"에서 그는 다음과 같이 묻는다.

> 그러나 그리스도인의 완전을 가르치는 표현을 하나님의 말씀에서 찾을 수 없습니까? 만약 찾을 수 있다면, 설령 모든 사람이 불쾌해하더라도 하나님의 사자가 무슨 권위로 그 말씀을 제쳐 놓을 수 있겠습니까? 우리는 그리스도를 그같이 배우지 않았습니다. 또 우리는 마귀에게 자리를 양보해서는 안 됩니다. 우리는 하나님이 말씀하신 것이면 사람이 들으려 하든 말든, 그들이 감수하려 하든 말든 그것을 말해야 합니다. 그리스도의 어떤 사역자라도 그렇게 '꺼리지 않고 하나님의 뜻을 다 그들에게 전했을' 때 그는 '모든 사람의 피에 대하여 깨끗'할 수 있기 때문입니다.[32]

여기서 웨슬리는 성경이 신앙적 진리를 찾는 데 유용한 원천일 뿐 아니라 그리스도인이 반드시 가르쳐야 할 의무가 있는 원천이라고 말하고 있다. 기독교의 신앙이나 실천에 관한 어려운 문제가 있을 때 웨슬

---

32 "Christian Perfection," §2, *Works* 2:99-100. 비슷한 내용이 "The Law Established by Faith, II," §I. 5, *Works* 2:37에도 나온다.

리는 문제를 해결하는 권위로서 성경을 의지했다. 그리스도인이 믿는 바를 입증하는 것은 경험이나 기적이 아닌 성경이기 때문이다. 한 편지에서 그는 이렇게 적었다.

> 나는 기적으로 우리의 교리를 증명하라는 이 모든 일반적 요구가 두 가지 실수에서 비롯되었다고 생각합니다. (1) 우리가 설교하는 것이 성경으로 입증될 수 없다고 가정하는 실수입니다(만약 그렇다면 우리가 무슨 증인을 더 필요로 하겠습니까? 율법과 증거의 말씀을 살펴봅시다!) (2) 성경으로 증명할 수 없는 교리라도 기적으로 증명할 수 있다고 상상하는 실수입니다. 나는 그렇게 생각하지 않습니다. 나는 기록된 말씀을 내 신앙의 온전하고도 유일한 규범으로 받아들입니다.[33]

그리스도인이 의지해야 할 권위에 대해 웨슬리는 오직 성경만이 유일한 권위임을 자주 주장했다. 그리스도인 공동체를 위한 권위의 다른 원천은 성경이라는 단일한 중심적 권위와 본질적으로 연관된 것으로 보아야 한다. 그렇다면 우리의 신앙의 규범은 오직 성경뿐이다.

웨슬리가 남긴 자료를 통해 그가 자신의 입장을 정당화하기 위해 성경에 자주 호소한 방식을 살펴보는 일은 매우 유익하다. 그가 가르친 것 중 가장 논란의 여지가 많은 확신의 교리와 그리스도인의 완전 교리 이 두 가지는 주로 그의 성경 해석에 기초해 있다. 그의 설교 형식의 신학 논문 "성령의 증거(2)"[34]를 살펴보자. 성경 본문은 로마서 8:16의 "성령이 친히 우리의 영과 더불어 우리가 하나님의 자녀인 것을 증언하시나니"라는 말씀이다. 웨슬리의 논지는 그 구절을 왜 메소

---

33   Letter to "John Smith" (1745년 9월 28일), §5, *Works* 26:155.
34   *Works* 1:285-98.

디스트들이 지난 29년간 설교하고 가르쳐온 방식으로 이해해야 하는
지에 대한 해설로 이루어져 있다. 그는 헬라어 '마르투리아'(μαρτυρία)
라는 용어의 정의가 '증언' '증거' '기록'임을 밝힘으로 설교를 시작한
다. 그리고 성령의 증거가 있는지 없는지에 대해서는 논란이 있을 수
없으며, 모든 사람이 성령의 증거가 있다는 데 동의한다고 말한다. 문
제는 성령의 직접 증거가 있는지, 아니면 단순히 (우리 자신을 살펴 스
스로가 구원받았음을 확인할 수 있게 하는-역주) 우리 영의 간접 증거만 있
는지에 있다. 그의 가장 근본적인 주장은, "본문의 가장 명백하고 자
연스러운 의미"는 성령의 직접 증거를 말하고 있다는 것이다.[35] 다음
으로 그는 본문의 맥락, 병행 구절을 살피고, 성경의 다양한 요소가
어떻게 서로 조화를 이루는지를 논리적으로 고찰한다. 웨슬리는 여
러 근거를 들어 자신의 교리를 옹호하지만, 그 주장의 기초는 성경의
가르침이다.

그리스도인의 완전에 대한 가르침도 마찬가지다. 그는 성경이
'완전'이라는 용어를 사용하고 있기에 그 용어를 포기할 수 없다고 말
한다.[36] 그러나 그보다 더 중요한 점은, 그는 성경 전체가 사람들을 하
나님께서 요구하시는 거룩함으로 이끈다고 이해했다는 사실이다. 많
은 사람이 그리스도인의 완전에 대한 웨슬리의 주장이 비현실적이라
며 공격할 때, 웨슬리의 대답은 언제나 성경으로 시작해 성경이 그리
스도인의 완전을 요구하고 있음을 보여주는 것이었다. 웨슬리가 설
교에 가장 많이 인용한 성경 구절 아홉 개 중 일곱 개는 성화의 교리에

---

35 §III. 1, *Works* 1:288.

36 "Christian Perfection," *Works* 2:99-124를 보라.

관한 것이다.[37] 성경이 거룩함을 가르친다면, 모든 그리스도인의 마땅한 의무는 그 가르침을 따르는 것이다.

성경의 권위에 대한 이론적 근거

성경이 권위를 지니는 이유에 대한 웨슬리의 가르침은 계시, 영감, 성경의 무오성이라는 서로 긴밀하게 연결된 주제에 대한 논의를 통해 가장 잘 이해할 수 있다. 계시에 대한 웨슬리의 가장 명확한 진술은 『신약성경주해』에서 찾을 수 있는데, 그는 서문에서 이렇게 말한다.

> 일반적으로 성경에 관해 첫 족장들을 인도하셨던 살아 계신 하나님의 말씀은 모세 시대에 기록되도록 위임되었음을 알 수 있다. 그리고 이어지는 여러 세대에 걸쳐 영감을 받은 다른 선지자의 글들이 여기에 덧붙여졌다. 그 후 하나님의 아들이 설교한 것과 성령께서 사도들을 통해 말씀하신 것을 사도들과 복음서 기자들이 기록했다.[38]

이 단락에는 세 가지 흥미로운 점이 있다. 첫째, 이 모든 설명은 요한 알브레히트 벵겔(Johann Albrecht Bengel)의 『신약성경주석』에서 그대로 가져온 것이다. 웨슬리는 자신이 『신약성경주해』에서 다른 자료를 차용했음을 인정하면서도, 그것을 메소디스트 설교의 표준으로 삼음으로 그 내용에 대해 전적으로 책임을 졌다. 우리는 계시의 과정에 대한 웨슬리의 견해가 독특하게 그만의 것이 아니라는 것을 알아

---

37 Jones, 156를 보라.
38 *Notes*, Preface, §10.

도 놀라지 않는다. 사실 그 견해는 17세기와 18세기, 그리고 그 이전 대부분의 기독교 전통이 널리 받아들인 견해였다.

둘째, 이 견해는 말씀 자체의 신적 기원을 강조한다. 성경의 내용은 하나님이 모세에게 하신 말씀, 예수님이 지상에서 하신 말씀, 성령이 사도들에게 하신 말씀이다. 그 말씀이 이후에는 기록되었다. 성경은 궁극적으로 하나님이 저자이시기 때문에, 하나님이 말씀하고자 하신 것을 신뢰할 수 있도록 전달한다.

성경의 신적 기원에 대한 웨슬리의 강조는 그의 세 번째 입장, 곧 하나님께서 성경의 기록 과정에서 인간 대리인을 사용하셨다는 주장에 의해 조정된다. 기독교 역사에서 이 과정은 다양한 방식으로 이해되어 왔고, 웨슬리는 성경에서 계시가 어떻게 작용한다고 믿는지에 대해 완전한 진술을 한 적이 없다. 분명한 것은 웨슬리가 계시에 대해 엄격한 '구술 이론'을 주장하지 않았다는 사실이다. 그는 하나님께서 인간의 고귀함에 부합하는 방식으로 계시의 과정에서 인간을 사용하셨다고 믿었다. 이는 메시지가 전달되는 방식에 사람의 개성과 관심사, 관점이 반영됨을 의미한다. 그러나 성경을 형성한 신적 또는 인간적 요인의 조합에서, 강조점은 분명 하나님께서 최종 결과물의 신뢰성을 보장하신다는 사실에 있다.

계시에 대한 웨슬리의 가르침의 논리적 귀결은 성경은 영감을 받아 기록되었다는 것이다. 선지자, 사도, 복음서 기자들은 영감을 받은 개인들이며, 그들이 기록한 글 역시 영감을 받은 것이다. 『신약성경 주해』 서문에서 그는 이렇게 말한다.

우리는 성경의 언어가 가장 쉬우면서도 최고의 깊이가 있음을 알 수 있다. 인간의 평점심에서 나오는 그 어떤 고상한 표현도 성경 앞에서는 아무것도 아닌 것이 된다. 이는 하나님이 인간이 아닌 하나님으로서 말씀하시기 때문이다. 그분의 생각은 매우 깊고, 그분의 말씀에는 한없는 덕이 있다. 그분의 메시지를 전하는 사람들의 언어 역시 최고로 정확하다. 그들에게 주어진 말씀은 그들의 마음에 주어진 인상과 정확히 상응하기 때문이다. 이런 이유로 루터는 "신학이란 오직 성령의 언어의 문법"이라고 말한다.[39]

웨슬리가 이해하기로, 성경은 하나님의 말씀이다. 인간이 본문을 기록했고, 때때로 그들의 무지가 본문에 문제를 일으켰다는 것을 그가 알았다 해도,[40] 성경 전체는 영감을 받아 기록되었다. 성경의 저자는 하나님이시다. 그는 "성경의 신적 영감에 대한 명확하고 간결한 증명"(Clear and Concise Demonstration of the Divine Inspiration of the Holy Scriptures)에서 논리적으로 정교하게 이를 주장한다. 이 간결한 논의에서 웨슬리는 성경이 "선한 사람이나 선한 천사, 악한 사람이나 악한 천사, 그렇지 않으면 하나님"에 의해 만들어졌을 것이라고 말한다.[41] 그 후 그는 선한 사람에 대해서는 하나님께서 그들에게 말씀하신 것에 대해 거짓말할 가능성을 배제한다. 그렇다면 '성경이 신적 영감에 의해 주어졌다'는 결론을 피할 수 없게 된다.

이 글은 성경의 영감에 대한 웨슬리의 견해가 확고함을 보여준

---

39   *Notes*, Preface, §12.

40   사도행전 15:7에 대한 해설과 디모데전서 서문 등 이것이 사실임을 논의하는 내용은 Jones, 19-21, 138-39를 보라.

41   Jackson 11:484.

다. 웨슬리가 성경의 영감을 간단한 세 가지 논증으로 정리할 수 있었던 것은, 성경의 영감을 매우 기본적이고 분명한 것으로 간주했기 때문임이 확실하다. 오늘날의 표현으로 바꾸면, 그는 이렇게 말하는 것이다. "보세요. 성경은 진실을 말하거나 거짓을 말하거나 둘 중 하나입니다. 만약 거짓을 말한다면, 책 전체를 쓸모없는 것으로 내던져 버리십시오. 만약 진실을 말한다면, 성경이 공언하는 대로 하나님의 기록된 말씀으로 받아들이십시오." 현대의 더 다양한 이론의 견지에서 보면 웨슬리의 관점은 협소하게 정의된 계시 이해라 할 수 있다. 그것은 하나님의 계시를, 어느 누구도 그 원천을 착각할 수 없는 매우 독특한 의사소통 형태로 가정한다. 논의의 전제는 하나님께서 메시지를 주시면 사람이 그것을 안다는 것이다. 만약 누군가가 "주님이 말씀하십니다"라고 말하며 메시지를 전하면, 그는 메시지의 원천에 대해 진실을 말하거나 거짓을 말하거나 둘 중 하나다. 이 논의에서는 사람들이 자신이 진실을 말하고 있지만 그것이 착각이라고 믿을 가능성은 없다.

웨슬리에게 지금까지의 논의와 연결된 성경의 세 번째 특징은 무오성이다. 계시의 과정에서 성경 본문을 통해 말씀하시는 분이 하나님이심과 말씀 자체가 영감을 받은 것이라는 특징을 고려하면, 성경에 오류가 있을 수 없는 것은 당연하다. 웨슬리는 이렇게 말한다.

아닙니다. 만약 성경에 오류가 있다면, 천 개는 될 것입니다. 만약 그 책에 거짓이 하나라도 있다면, 그 책은 진리의 하나님에게서 비롯된 것이 아닙니다.[42]

---

42 Curnock 6:117.

사람이 성경의 무오함을 확신한다면 그것은 성경을 진지하게 받아들여야 한다는 뜻이다. 웨슬리는 설교 "부에 대하여"에서 부자들은 보통 예수님의 모든 제자가 자기를 부인하고 자기 십자가를 져야 한다고 하신 누가복음 9:23의 예수님의 명령을 무시한다고 말한다. 그는 이렇게 적었다.

> 오, '자신의 소유물 속에서' 안일함을 누리는 자들에게는 이 말씀이 얼마나 지키기 어렵겠습니까! 그렇더라도 성경은 폐할 수 없습니다.[43]

성경이 무오한 것으로 여겨질 때, 지키기 어려운 구절도 하나님의 권위로 인해 받아들이고 따라야 하는 것이 된다. 따라서 무오성은 권위와 연결된다. 만약 성경에 오류가 있다면 청중은 좋아하지 않는 메시지를 제쳐 놓을 수 있다. 무오한 성경만이 메시지의 모든 면에 중요성을 부여한다.

따라서 하나님이 성경의 저자 되심은, 성경에 오류가 없음을 부정적으로 보증할 뿐 아니라, 성경은 확실히 참되고 완전하며 내용에 일관성이 있음을 긍정적으로 보증한다. 동시에 그것은 복음 사역자들에게 성경을 전하는 데 충실해야 할 책임을 부과한다. 성경은 하나님께서 그분의 백성에게 하시는 말씀이기 때문이다. 이 의무는 '완전'과 같이 하나님께서 선택하신 용어를 사용하는 것에까지 확장된다.[44] 목회자는 그리스도인의 완전에 대한 명령을 설교해야 할 의무가 있을 뿐 아니라, 그 용어 자체를 사용해야 한다. 웨슬리는 "우리가 이런 표

---

43 §II.9, *Works* 3:527.

44 "Christian Perfection," §§1-3, *Works* 2:99-100.

현을 제쳐 두어서는 안 되는 이유는, 그것이 사람의 말이 아닌 하나님의 말씀이기 때문입니다"[45]라고 결론짓는다.

웨슬리는 어디에서도 성경에 오류가 있다고 명시적으로 말하지 않았다. 이 점에서 그는 매우 일관성이 있다. 그러나 이러한 무오성 개념에는 다음 두 가지 조건이 내포되어 있음을 유의해야 한다. 첫째, 성경의 어떤 부분은 부조리나 모순을 내포할 수 있다. 이 경우에 해당하는 구절은 해석에 특별한 규칙이 사용된다. 일반적으로 성경을 문자적 의미로 이해하는 것이다. 그러나 문자적으로는 올바른 의미가 될 수 없다면, 풍유적(allegorical) 또는 비유적(metaphorical) 의미가 하나님께서 의도하신 것이다.

둘째, 사람은 성경을 잘못 해석할 가능성이 항상 존재한다. 성경 자체는 오류가 없더라도, 사람은 자신의 해석이 항상 정확할 것이라 자신할 수 없다. 실수할 확률이 높고, 어떤 해석자라도 어디선가는 실수를 할 것이 거의 확실하다.

웨슬리는 성경의 어떤 부분은 쉽게 이해할 수 없음을 인정한다. 그러나 그는 성경의 핵심 메시지는 명확하다고 믿었다. 다른 개신교인들과 마찬가지로 그는 성경을 바르게 해석하는 데 교회의 교도권(magisterium)이 필요하지는 않다고 생각했다. 그러나 그는 성경의 어떤 부분은 다른 부분보다 더 명확하며, 더 모호한 부분을 설명하기 위해서는 더 명확한 부분을 사용해야 함을 알았다.

---

45 §3, *Works* 2:100.

성경의 완전성

웨슬리는 성경이 완전하다고 믿었다. 20세기에 신학 교육을 받은 사람이 볼 때 이 단순한 진술은 최근의 학문이 주장하는 많은 것과 반대된다. 그러나 웨슬리는 하나님이 성경 전체의 저자시라는 점에서 성경을 다음과 같이 설명한다.

> 구약과 신약 성경은 하나님의 진리의 가장 확고하고 고귀한 체계다. 그 모든 부분은 하나님께 합당하고, 모두가 모여 완전함을 이루며, 거기에는 어떤 부족함도 과도함도 없다.[46]

웨슬리는 많은 글에서 "성경 전체" 또는 "성경의 일반적 취지"를 언급한다. 웨슬리의 생각에 성경은 내적으로 논리와 일관성을 지닌 하나의 문서다. 성경은 본문 전체에 걸쳐 일관된 메시지가 있다.

성경의 완전성은 다양한 방식으로 해석이 가능하다. 예를 들어, 어떤 사람은 한 민족의 역사라는 측면에서 성경의 완전성을 말할 수 있다. 다른 사람은 성경의 완전성을 역사적 정확성이 있을 수도 있지만 그렇지 않을 수도 있는 이야기, 즉 인간에게 많은 의미를 전달하는 이야기라는 측면에서 생각할 수도 있다. 또 어떤 사람은 성경이 전체에 걸쳐 동일한 주제와 이미지를 전달함을 시사해 문학적 관점에서 성경의 완전성을 생각할 수 있다.

웨슬리는 성경의 완전성을 교리적 내용, 특히 구원론의 관점에서 이해했다. 성경은 하나의 문서다. 그 전체를 통해 동일한 메시지를 선

---

46 *Notes*, Preface, §10.

포하기 때문이다. 그는 이 통일된 메시지를 '신앙의 유비'라는 말로 지칭했다. 그는 이 문구를 자신의 글에서 총 11번 사용했는데, 그것을 가장 명확히 진술한 내용은 『신약성경주해』의 로마서 12:6 해설에 나온다. 그는 이렇게 적었다.

> 바울 사도는 "예언이면 믿음의 분수대로"라는 말을 '예언이면 하나님의 말씀대로'라는 의미로 사용했다. 하나님 말씀은 그 일반적 취지, 곧 성경이 전달하고자 하는 가르침의 큰 그림을 따라 원죄, 이신칭의, 현재적이고 내적인 구원(성화를 의미함-역주)에 대해 전해야 한다는 것이다. 이 모든 주제 사이에는 놀라운 유비가 있다. "성도에게 단번에 주신" 믿음의 주요 부분들은 서로 긴밀하고 밀접한 관계가 있다. 따라서 의문이 제기된 모든 구절의 의미를 결정할 때는, 모든 의심스러운 구절은 성경 전체를 관통하는 총괄적 진리에 따라 해석한다는 규칙을 따라야 한다.[47]

이 단락에 나오는 여러 문구는 성경이 어떻게 완전한지에 대한 웨슬리의 이해를 보여준다. 첫째, "가르침의 큰 그림"이라는 문구는, 성경의 서로 다른 모든 부분이 하나의 일관된 메시지를 전하고 있음을 가리킨다. 웨슬리는 구약에서의 하나님의 의도가 신약과 다르다고 믿지 않았고, 신약의 어떤 책도 구원에 관해 성경의 나머지 부분과 근본적으로 다른 메시지를 전달한다고 믿지 않았다.

성경의 한결같은 메시지의 내용은 하나님께서 인간을 구원하시는 방법으로, 그 세 가지 요점은 원죄, 이신칭의, 성화다. 때때로 웨슬리는 성경의 메시지의 요점을 약간 다르게 표현하기도 한다. 설교 "기

---

47 *Notes*, 롬 12:6. 여기서 언급하는 성경은 베드로전서 4:11과 유다서 3이다.

독교의 무능함에 대한 원인들"에서는 성경의 요점을 인간의 타락, 이
신칭의, 신생, 내적이고 외적인 거룩함으로 열거한다.[48] 설교 "그리스
도의 오신 목적"에서는 '참된 기독교'를 더 개괄적으로 인간을 "하나
님의 은혜로만이 아닌 하나님의 형상으로도" 회복시키는 것으로 설
명한다. "즉, 죄에서의 구원만이 아니라 하나님의 충만하심으로 충만
해지는 것이다."[49] 이 모든 것은 웨슬리가 성경 전체가 가르친다고 본
구원 계획의 내용을 신학적으로 구조화한 것이다.[50]

　웨슬리는 로마서 12:6의 "예언이면 믿음의 분수대로"[51]라는 말씀
을, 성경의 각 구절을 해석할 때는 성경 전체의 메시지와 상응하도록
해석해야 한다는 의미로 풀이한다. 따라서 이해하기 어려운 구절을
만나면, 그 구절을 성경의 나머지 전체와 분리해 해석해서는 안 된다.
성경 전체의 내용이 각 구절에 대한 해석의 틀이 되게 해야 한다. 현
대 용어로 성경의 한 구절을 문맥에서 분리해 사용하는 것을 '증빙 본
문 찾기'(proof-texting)라 부른다. 그것에 대한 해결책이 '신앙의 유비'
에 따른 해석인 것이다.

　웨슬리는 예정 교리를 다룰 때 이 방법을 사용한다. 그의 옥스퍼

48　§6, *Works* 4:89.

49　"The End of Christ's Coming," §III. 5, *Works* 2:482.

50　웨슬리의 구원론을 가장 설득력 있게 해설한 작품으로는 "The Scripture Way of
　　Salvation," *Works* 2:153-69를 보라.

51　웨슬리는 이 구절을 "예언이면 신앙의 유비대로"로 번역한다. 영어 성경 중에는 이
　　구절을 이렇게 번역하는 곳이 없다. 예를 들어, AV 성경은 NRSV나 NIV처럼 '믿음
　　의 분수'로 번역한다. 그러나 헬라어 성경에는 '*analogion*'로 되어 있고, 개신교 신학
　　자들은 이 구절에 기초해 "신앙의 유비"를 사용했다. NIV 성경은 대안으로 "신앙의
　　유비에 따라"라는 설명을 덧붙여 이러한 해석의 여지를 남긴다. 더 자세한 논의는
　　Jones, 45-47을 보라.

드 대학교 동료인 조지 휫필드는 예정에 대해 칼빈주의적 견해를 가
진 메소디스트였다. 휫필드는 속죄는 택자들만을 위한 것이고, 특정
한 개인만 구원으로 예정되었다고 주장했다. 그러나 웨슬리 형제는
그리스도는 모든 사람을 위해 죽으셨기에, 모든 사람은 구원의 가능
성이 있다고 주장했다. 1739년에 논쟁이 가열되자, 웨슬리는 설교
"값없이 주시는 은총"을 출판했다. 이 설교에서 그의 다섯 번째 주장
은, 이중예정론이 성경을 스스로와 충돌하게 해 "기독교 계시 전체를
직접적으로 전복시키는 경향이 있다"는 것이다. 하나님이 어떤 사람
은 구원하시고 어떤 사람은 유기하신다는 생각은, "하나님은 사랑이
시라"라고 말씀하는 특정 구절만이 아니라 "성경의 전체의 내용 및
취지"에 위배되기 때문이다.[52] 웨슬리는 다른 성경 구절들도 인용하
는데, 의미심장한 점은 그가 성경 전체를 통해 일부 구절을 특정하
게 해석하는 방식의 오류를 드러낸다는 데 있다. 그는 심지어 이렇
게 단언한다.

> 그것이 이런 의미라고 주장하기보다는 차라리 아무 뜻도 없다고 하는 것
> 이 나을 것입니다. 그 구절이 무엇을 말하든 진리의 하나님께서 거짓말
> 쟁이임을 의미할 수는 없기 때문입니다. 성경의 어떤 구절도 하나님이
> 사랑이 아니시라고 하거나, 그분의 자비가 지으신 모든 피조물에게 미치
> 지 않는다는 것을 의미할 수는 없습니다.[53]

성경 해석의 문제는 특히 말라기 1:2-3의 "내가 야곱을 사랑하였

---

52 "Free Grace," §20, *Works* 3:552.
53 §26, *Works* 3:556.

고 에서는 미워하였으며"라는 구절과, 로마서 8:29-30의 "하나님이 미리 아신 자들을 또한 그 아들의 형상을 본받게 하기 위하여 미리 정하셨으니 이는 그로 많은 형제 중에서 맏아들이 되게 하려 하심이니라 또 미리 정하신 그들을 또한 부르시고 부르신 그들을 또한 의롭다 하시고 의롭다 하신 그들을 또한 영화롭게 하셨느니라"와 같은 구절에 대한 이해에서 특히 두드러진다. 이런 구절이, 하나님이 세상을 사랑하신다는 요한복음 3:16, 그리고 "하나님은 사랑이시다"라고 말씀하는 요한1서 4:16과 어떻게 조화를 이룰 수 있는가?

웨슬리의 대답은, 이런 어려움은 어떤 서로 다른 해석의 가능성이 있는지를 살펴보고, 각각의 해석을 성경 전체의 전반적 취지와 비교해 봄으로써 해결해야 한다는 것이다. 그는 성경 전체가 하나님은 죄인을 구원하시는 사랑의 하나님이심과, 구원은 하나님께서 주시는 믿음을 통해 받을 수 있음을 가리킨다고 주장한다. 따라서 이러한 성경 전체의 주제와 모순되는 해석은 허용되어서는 안 된다. "그것이 이런 의미라고 주장하기보다는 차라리 아무 뜻도 없다고 하는 것이 나을 것입니다."

신앙의 유비는 성경 구절의 의미를 확장할 때도 사용될 수 있다. 마태복음 25장의 열 처녀 비유에서 혼인 잔치에 들어간 사람은 신랑이 더디 옴에도 잘 대비한 사람들이다. 웨슬리는 『신약성경주해』에서 이 비유의 요점을, 신자는 그리스도께서 오실 때까지 신실하게 인내해야 한다는 것이라고 해석한다. 그러나 그는 비유의 더 자세한 세부 사항에 대해서는 신앙의 유비를 사용해 흥미롭게 해석한다. 만약 신실하게 인내하는 것이 등과 함께 충분한 기름을 준비하는 것을 말한

다면, 등과 기름 각각은 무엇을 나타내는가? 웨슬리는 어리석은 처녀
들에게 기름이 부족했다는 것은, "현재를 밝힐 정도의 기름만 있었고,
장래의 부족분까지 대비해 등이 꺼지지 않게 기름을 준비하지 못했
음"을 의미한다고 말한다. 그리고 등만 준비한 것은 믿음으로 해석하
고, 등과 함께 기름까지 준비한 것은 "사랑으로써 역사하는 믿음"으로
해석한다.[54] 비유 그 자체가 명확히 가르치는 것은 주님의 재림에 대
한 바른 준비이지만, 신앙의 유비에 따라 해석하면 이 비유는 신자가
어떻게 준비해야 하는지에 대해서도 알려주고 있는 것이다.

　이것으로 미루어 우리는 웨슬리가 성경 해석에서 개신교 전통에
굳게 서 있다고 결론 내릴 수 있다. 종교개혁자들은 성경을 어떻게 이
해해야 하는지에 대해 최선의 방법을 지시할 어떤 외적 권위도 인정
하지 않고 오직 성경만이 성경의 최고 해석자라는 원칙을 확립했다.
신앙의 유비에 의한 성경 해석이란, 성경의 다양한 부분을 바르게 해
석하기 위해서는 성경의 전반적 메시지와 일치하도록 해석해야 함을
의미한다.[55] 웨슬리는 다른 개신교인들과 함께 성경이 신앙의 규범이
며, 성경의 주된 메시지가 기독교 교리 전반과 성경의 각 부분에 대한
해석 모두를 결정짓는 권위임을 믿었다.

54　*Notes*, 마 25:3. "사랑으로써 역사하는 믿음"은 갈라디아서 5:6을 그대로 인용한 것
이다.
55　그러나 종교개혁자들이 제안한 이 방법은 오래 전부터 사용해 온 방법에 새로운 변
형을 가한 것일 뿐이다. 이레나이우스와 같은 초기 기독교 주석가들도 이미 기독
교의 가르침과 설교의 지침이 되는 "신앙의 규칙"을 언급했다.

웨슬리의 성경 해석 규칙

웨슬리는 성경 해석법에 관한 책을 쓰지는 않았으나, 다양한 글에서 여러 규칙을 제시했다. 웨슬리의 생각을 유사한 것끼리 묶어 요약하면 다음 일곱 가지로 정리할 수 있다.

(1) **하나님의 말씀을 하라.** 웨슬리는 성경을 해석하는 사람은 성경적 사상을 표현할 때 가능한 한 성경적 언어를 사용해야 한다고 말한다. 그는 자신이 '완전'이라는 용어 사용을 고수한 이유에 대해, 성경이 사용한 용어이기 때문이라고 설명했다. 그가 성경을 자주 의미론적으로 사용한 것 역시 이 규칙에 따른 것이다. 사실 웨슬리는 이 규칙을 성경에서 가져왔다(벧전 4:11, "만일 누가 말하려면 하나님의 말씀을 하는 것같이 하고").

(2) **다른 구절과 모순되거나 터무니없는 해석이 아니라면 문자적 의미를 사용하라.** 고대와 중세 시대에는 성경을 네 가지 의미로 해석했는데, 그중 두 가지가 문자적 의미와 풍유적(allegorical) 의미였다. 개신교 해석자들은 진정한 의미를 전달하는 것은 문자적 의미라고 믿어 다른 의미의 사용을 권장하지 않았다. 웨슬리도 이에 동의해 성경 구절 간 명백해 보이는 모순은 문자적 의미를 중시하면 해결할 수 있다고 말한다. 그러나 두 구절이 충돌하거나, 문자적 해석이 터무니없는 뜻이 될 경우에는 풍유적 해석이 가능하다. 웨슬리는 로마서 8:28("우리가 알거니와 하나님을 사랑하는 자 곧 그의 뜻대로 부르심을 입은 자들에게는 모든 것이 합력하여 선을 이루느니라")을 주해하면서 다시 예정이라는 주제를 다루는데, 이 구절은 칼빈주의 입장을 뒷받침하는 데 흔히

사용된다. 그는 이 구절이 무엇을 '작정'하시는 하나님을 묘사한다는 주장은 터무니없다고 생각했다. 그는 이렇게 말한다.

> "그의 뜻대로 부르심을 입은 자들에게는." [하나님의 섭리와 구속 사역은 크고 광대한 것이다. 그래서 우리는 하나님이 섭리와 구속 사역에 대해 깊이 숙고하고 상의하신 후 "그의 뜻의 결정대로" 작정(decree)하셨다고 생각하기 쉽다. 마치 하나님이 세상이 창조되기 오래 전에 세상을 창조하고 다스릴 방법 모두를 협의하신 후, 그분이 작정하신 내용을 메데나 페르시아의 법전보다 더 변경할 수 없도록 문자로 기록해 놓으신 것처럼 생각하는 것이다(책에서는 이 부분을 인용하지 않았으나 인용문의 의미를 더 잘 이해할 수 있도록 앞부분을 좀 더 번역해 덧붙임-역주)]. 그러나 하나님의 이 계획과 작정을 문자적 의미로 이해하는 것은, 영원히 복되신 하나님을 마치 인간의 몸과 감정을 가진 분으로 만드는 것만큼이나 터무니없다.
> 이 구절은 그분의 무오한 지식과 불변하는 지혜에 대해 대중이 이해하기 쉽게 묘사했을 뿐이다.[56]

웨슬리는 이 구절을 그렇게 터무니없게 해석하는 오류는, (자유로운 결단으로 믿어야 한다는 것이 구원의 조건임에도) 하나님이 영원 전부터 모든 사람을 영생으로 예정하셨다고 해석하는 또 다른 오류를 낳는다고 보았다.

(3) **문학적 맥락을 고려해 본문을 해석하라.** 웨슬리는 성경의 한 구절을 제대로 이해하려면 성경의 문학적 맥락에 주의를 기울여야 함을 알고 있었다. 이는 성경 구절을 '증빙 본문 찾기'를 위해 사용해서는 안 되고, 그 구절이 속한 책, 그리고 사실상 성경 전체를 고려해

---

56 *Notes*, 롬 8:28.

야 함을 의미한다.

(4) **신앙의 유비와 병행 구절을 통해 성경으로 성경을 해석하라.**
성경 외의 어떤 외적 권위도 성경의 의미의 판단자가 될 수 없다. 성
경이 스스로를 해석한다. 그러므로 모든 구절은 성경 전체를 참조해
해석해야 한다. 특히 성경 내의 병행 구절을 주의 깊게 고려해야 한
다. 구원을 위해 인간의 행위가 필요한지에 대해 바울 서신과 야고보
서의 갈등을 미해결 상태로 두어서는 안 된다. 그 구절들은 같은 주
제를 다루므로 병행 구절이라 할 수 있다. 그것들은 상호 모순된 것
처럼 보이기 때문에 문제 구절이기도 하다. 에베소서 2:8-9은 "너희는
그 은혜에 의하여 믿음으로 말미암아 구원을 받았으니 이것은 너희
에게서 난 것이 아니요 하나님의 선물이라 행위에서 난 것이 아니니
이는 누구든지 자랑하지 못하게 함이라"라고 기록한다. 반면 야고보
서 2:17은 "이와 같이 행함이 없는 믿음은 그 자체가 죽은 것이라"라
고 말씀한다. 웨슬리는 어떻게 이 두 본문이 실제로는 같은 것을 말하
고 있는지 설명하기 위해 노력을 기울였다. 웨슬리가 성경은 온전하
며 스스로를 해석하는 특징을 가지고 있다고 생각한 것을 감안하면,
모순되게 보이는 것을 조화시키는 일은 반드시 필요하다.

(5) **계명은 '감추어진 약속'(covered promise)이다.** 율법에 대한 웨
슬리의 독특한 가르침은 하나님의 은혜가 우리에게 도덕법을 지킬 능
력을 부여한다는 것이다. 그러므로 그리스도인에게 부과된 모든 계
명은, 하나님께서 신자에게 바라시는 바를 또한 행할 수 있게 하실 것
이라는 약속이기도 하다. 그러므로 웨슬리는 마태복음 5:48("그러므로
하늘에 계신 너희 아버지의 온전하심과 같이 너희도 온전하라")의 헬라어 동

사를 명령형과 미래형 모두로 해석한다. 즉, 신자들은 온전하게 되어
야 할 뿐 아니라, 하나님의 은혜로 그렇게 될 것이다.

(6) 문학적 장치를 바르게 해석하라. 웨슬리는 성경이 문학적 장
치를 사용하며, 그런 경우 문자적 의미는 문학적 장치를 고려해 본래
의 의도에 맞게 이해해야 함을 알았다. 그는 로마서 7:7-25에서 바울
은 자신이 아닌 누군가의 입장에서 사실 자신에게는 해당되지 않는
영적 갈등에 대해 대신 말하고 있다고 생각했다.

(7) 가장 원문에 가까운 본문과 최고의 번역본을 사용하라. 웨슬
리는 성경 원문을 추적하는 문제와 번역의 문제 모두를 잘 알고 있었
다. 당시 현대적 본문 비평의 발전은 초기 단계에 있었지만, 웨슬리는
요한 벵겔에게서 당시의 학문적 비평 방법을 배웠다. 나아가 웨슬리
는 헬라어 실력이 뛰어났기에 특정한 단어나 문구에 대한 최선의 번
역을 토대로 몇 가지 해석적 결정을 내릴 수 있었다. 그는 『신약성경
주해』에서 여러 본문을 새롭게 번역했는데, 이는 대체로 영어 흠정역
성경의 번역을 더 나은 방향으로 개선한 것이다.

오늘날의 성경 해석

웨슬리가 현대에 살았다면 성경을 어떻게 해석할 것인가 하는 문제
에 답하려면 두 가지를 먼저 살펴보아야 한다. 첫째, 그가 달리 생각
할 수 없을 만한 그의 이해의 근본적인 요소는 무엇인가? 둘째, 웨슬
리는 1791년(그의 사망 연도를 말함-역주) 이후 이루어진 엄청난 지식의
증가에 대해 어떻게 생각했을까?

우리는 첫 번째 질문에는 어느 정도 자신 있게 답할 수 있다. 웨슬리에게 성경의 신적 권위는 너무나 근본적이었기에 그가 성경에 대한 입장을 바꾼다는 것은 생각조차 할 수 없다. 성경은 하나님의 말씀을 인간에게 전하므로, 웨슬리는 계속 성경을 최고의 권위로 신뢰했을 것이다.

그런데 성경이 '최고의 권위'라는 말은, 모든 진리는 하나라는 두 번째 원칙으로도 이어진다. 웨슬리는 기독교 신앙의 이성적 특징을 분명히 이해하기 위해 노력했다. 찰스 웨슬리는 "성부, 성자, 성령님 오소서"(Come Father, Son and Holy Ghost)라는 찬송의 유명한 절에서 다음과 같이 적었다.

> 오랫동안 나뉘었던 것을 다시 하나 되게 하소서,
> 지식과 산 경건,
> 배움과 거룩함이 하나가 되어
> 진리와 사랑을 모두가 알게 하소서.[57]

존 웨슬리는 이 가사를 특별히 인용하지는 않았지만, 자신의 글 전반에서 자주 동일한 생각을 드러냈다.[58] 그의 신학 방법론의 특징은, 기독교 신앙의 권위의 모든 부분 사이에 통일성이 있음을 주장한 데서 나타난다. 존 웨슬리에게 사변형은 사실상 네 가지 각기 다른 권위의 원천을 지닌 권위의 단일 원천을 의미한다. 그래서 웨슬리는 성경에만 의존하는 메소디스트 설교자들을 꾸짖었다. 우리는 이에 대해 그

---

57   *Works* 8:644.
58   "An Address to the Clergy," §I. 2, Jackson 10:482-84를 보라.

가 성경으로 모든 세상 지식에 대항하려 한 이후 개신교인들의 편협
한 성경주의 같은 것에 반대했을 것으로 추측할 수 있다.

웨슬리는 또 성경을 특별한 방식으로 해석하는 데 전념했다. 이
후 웨슬리안 중에는 그가 이해한 방식의 신앙의 유비가 왜 성경의 중
심 주제를 바르게 이해하는 것인지 그가 제대로 설명하지 않은 것을
문제시하기도 한다. 그러나 웨슬리의 공적인 사역과 개인적 삶 전체
는 그가 죄, 칭의, 구원이라는 교리적 체계를 성경의 메시지의 중심으
로 확신했음을 보여준다. 성경의 다른 논거에 의해 어쩔 수 없이 수
정해야 하는 경우가 아니라면 그가 성경의 메시지에 대한 근본적 이
해를 수정할 것이라고는 상상하기 어렵다. 내 생각으로는 지난 200
년 동안에는 그렇게 설득력 있는 논거가 새롭게 제기된 적이 없다.

지식의 폭발적 증가에 관한 두 번째 질문은 더 답하기 어렵다. 지
난 200년 동안 기독교 세계관 중 어떤 것은 수많은 새로운 발견과 지
식 형태에 의해 공격을 받아왔다. 17세기와 18세기의 지식 발견의 여
정은 기독교가 없는 독자적 문화를 가능하게 했다. 다윈(Darwin)과 다
른 사람들은, 세계의 나이가 '문자적으로' 해석한 창세기 연대기가 허
용하는 것보다 더 오래됐다는 결론의 기초를 놓았다. 프로이드는 종
교의 기원이 인간의 심리적 동기에 의한 것이 아닌지 의문을 제기했
다. 성서비평학자들은 성경이 어떻게 구성되었는지에 대해 의문을
제기하고, 성경의 다양한 요소가 인간에게서 유래했음을 강조했다.
더 최근에 여성신학자들은 가부장적 문화의 요소가 성경 본문에 깊
이 내재돼 있음을 보여주었다. 이런저런 발견들은 웨슬리 신학의 다
양한 부분의 토대를 이루는 근본적 가정에 도전한다.

웨슬리가 취한 입장이 갖는 한 가지 어려움의 예를 들면, 성경의 영감과 무오성에 대한 그의 신념이 오늘날에는 도전을 받고 있다는 점이다. 그의 "성경의 신적 영감에 대한 명확하고 간결한 증명"은 지나치게 단순하다. 삼단논법은 논리적으로 옳지만(그의 전제를 받아들인다면 같은 결론에 이른다), 그의 전제에 문제가 제기된다. 특히 현대인들은 몇 번이고 진실한 사람들이 "주님이 내게 이렇게 말씀하셨다"라고 말하는 것을 이해한다. 그들은 하나님께서 그들에게 어떤 메시지를 주신 것을 정말로 믿는다. 그럼에도 계시의 과정은 미묘하고, 정직한 인간조차 실수를 저지르기 쉽다. 이처럼 20세기 사람들은 웨슬리가 믿었던 '계시'에 대해 이성적 이해의 가능성의 범위를 축소시켰는데, 이는 웨슬리가 결코 생각하지 못했던 일이다. 더욱이 오늘날 대부분의 학자는 성경 무오성의 구술 이론 개념은 성경의 실제 본문 이해와 완전히 동떨어져, 성경 자체가 영감에 대해 가르치는 것 이상을 주장하는 것이라고 여긴다.

웨슬리라면 이런 변화를 어떻게 받아들였을까? 그는 현대 학문의 길을 따라 현대 성서비평학이 가져온 이득과 손실을 수용했을까, 아니면 그가 이신론자들과 철학자들을 반대했던 것같이 새로운 역사비평학자들을 반대해 성경을 이해하는 자신의 방식을 고수했을까?

웨슬리의 성경 이해에 대한 연구 결과는, 웨슬리가 성경에 대해 가르친 것의 정수는 지난 두 세기 동안의 사건에 의해 근본적으로 바뀌지 않을 것임을 보여준다. 성경에 대한 현대적 접근방식이 웨슬리적인 것으로 간주될 수 있으려면, 다음의 네 가지 특징을 현저히 나타내야 한다.

첫째, 성경의 권위를 강력히 주장해야 한다. 20세기와 21세기에
도 웨슬리안은 "한 책의 사람들"이어야 한다. "우리의 신학적 과제"에
대한 현재 연합감리교회의 성명은, 성경이 다른 어떤 권위보다 최고
의 권위임을 바르게 강조한다. 연합감리교회 신조(Articles of Religion)
와 신앙고백(Confession of Faith)은, 신학적 진리의 판단자는 오직 성
경임을 분명히 밝히고 있다. 그럼에도 성경은 홀로 존재하지 않는다.
성경을 해석하는 데 필수적 요소로 경험, 전통, 이성을 포함시키는 것
은 성경의 근본적 진리를 부정하는 것이 아닌 풍요롭게 하는 것이다.

둘째, 성경 전반의 메시지를 구원의 길로 이해해야 한다. 성경 전
반의 메시지를 달리 주장하는 사람이 있을 수 있고, 그들의 주장도 진
지하게 받아들일 수 있다. 그러나 성경에서 다른 주제를 발견하는 사
람이 실제 그리스도인일 수 있더라도, 구원 이외의 다른 것이 성경의
중심 주제라고 주장하는 것을 웨슬리적인 것이라고 생각하기는 어렵
다. 웨슬리의 성경 접근법의 중심은, 하나님께서 어떻게 개인만이 아
닌 '국가'와 세계까지 구원하시는가 하는 문제다. 웨슬리안 전통이 오
랜 시간 발전되어 온 것을 감안하면, 웨슬리안 중에도 구원을 이해하
는 많은 다양한 관점이 있을 수 있다. 그중 어떤 관점은 성경에 대한
새로운 이해, 곧 성경이 인간의 상태와 칭의, 성화에 대해 말씀한 것
에서 비롯될 수 있다. 이 경우, 웨슬리는 분명히 성경을 최고의 권위
로 삼았다는 점에서, 그들의 관점이 웨슬리적이라면 성경에 대한 새
로운 이해를 수용할 수 있어야 한다. 다른 관점들은 구원의 과정의 다
양한 단계에 대한 웨슬리의 가르침을 서로 다르게 이해한 데서 비롯
될 수 있다. 성화가 점진적인지 순간적인지에 대한 오랜 논쟁은 웨슬

리 자신의 글에 뿌리를 두고 있다. 나아가 현대의 개인주의적 삶의 방식은 오늘날 우리로 웨슬리의 가르침을 수용하는 일에 다소 소극적이게 만든다. 그러나 웨슬리가 만약 현대의 개인주의에 대해 질문을 받는다면, 개인이 공동체에서 분리되어 존재할 수 있다는 것을 결코 인정하지 않았을 것이다. 확실히 그는 여러 방식으로 "그리스도의 복음은 사회적 기독교가 아닌 기독교를 알지 못하며, 사회적 성결이 아닌 성결을 알지 못한다"[59]라고 주장했다. 그러나 지금까지의 주의사항보다 더 중요한 요점이 남아 있다. 곧 웨슬리적인 기독교는 이 모든 주장의 결국에는 언제나 창조주와 피조물의 관계에 초점을 맞추어 하나님의 구원 사역을 강조해야 한다는 것이다.

셋째, 웨슬리적인 기독교는 또한 죄와 칭의와 성화의 교리를 아우르는 구원의 과정을 가르쳐야 한다. 웨슬리는 이러한 교리를 "성경의 전반적인 취지"의 중심으로 여겼다. 성경의 모든 내용이 매끄러운 하나의 가르침을 형성한다는 데 동의해야만 웨슬리적인 것은 아니다. 데이비드 켈시(David Kelsey)는 자신의 『최근 신학에서의 성경의 사용』(The Uses of Scripture in Recent Theology)에서 모든 신학자가 알아야 할 성경의 완전성과 통일성을 구분해, 성경의 통일성을 하나의 연결된 주장으로 이해했다.[60] 성경의 완전성은 성경의 주요 주제이며, 한 권의 책이라 말할 수 있도록 모든 것을 하나로 묶는 요소다. 다른 전통에 속한 그리스도인은 다른 주제를 성경의 주된 주제로 여길 수 있

---

59 "Preface to *Hymns and Sacred Poems*", §5, Jackson 14:321. 또한 "Upon Our Lord's Sermon on the Mount, IV," §I. 1, *Works* 1:533를 보라.

60 David Kelsey, *The Uses of Scripture in Recent Theology* (Philadelphia: Fortress Press, 1975), 106.

겠지만, 웨슬리안은 구원론에 초점을 맞추어 그 중심 주제가 이같이 발전해 가는 과정에 있는 것으로 생각한다.

넷째, 웨슬리의 성경 해석 규칙 중 어떤 것은 웨슬리안 성경 접근법의 필수적 요소로 남아 있다. 하나님의 모든 명령이 감추어진 약속이라는 원리는, 하나님의 은혜가 믿는 자를 거룩하게 변화시킨다는 신학적 이해를 의미한다. 신앙의 유비에 따른 성경 해석은, 결코 성경 전체를 보려 하지 않는 현대 학문의 분석적 경향을 교정하는 데 유익하다. 교회의 강단과 그리스도인 개인의 삶에서 해석되어야 할 것은 전체로서의 성경이기 때문이다. 성경 본문과 언어 문제에서 최고의 학문적 도움을 중시한 웨슬리의 관심은 오늘날에도 여전히 매우 중요하다.

웨슬리안 교단이 지속되는 것이 기독교가 지속되는 데 필수적이지는 않으며, 성경에 대한 웨슬리의 해석 방식만 유일하게 옳은 것은 아니다. 웨슬리는 설교 "관용의 정신"에서 기독교 신학의 많은 부분에 대해 우리가 그리스도 안에서 다른 형제 자매에게서 배울 것이 많음을 인정했다. 그러므로 메소디스트들은 스스로가 단 하나의 진정한 교회가 아닌, 더 크고 보편적인 교회의 일부임을 오래 전부터 알고 있었다. 이를 아는 우리는 "오래된 기독교, 성경의 기독교, 초기 교회의 기독교, 영국 국교회의 기독교"[61]를 가르치고 전하려 했던 웨슬리의 의도에 동의한다. 웨슬리의 가르침에 충실하려는 우리의 태도는 그보다 더 중요한 성경의 하나님 말씀에 대해 충실하려는 태도로 이어져야 한다. 우리가 더 큰 기독교 교회를 위해 기여할 것이 많지만,

---

61 "On Laying the Foundation of the New Chapel," §II. 1, *Works* 3:585.

그중 반드시 해야 할 일은 성경이 최고의 권위라는 가르침을 보존하는 일이다. 성경을 통해 결코 없어서는 안 될 중요한 일이 이루어지기 때문인데, 그것은 바로 하나님이 말씀하시는 일이다.

테드 A. 캠벨
Ted A. Campbell

3

해석으로서의 전통

Chapter Three: The Interpretive Role of Tradition

우리는 전통을 재발견하는 시대에 살고 있다.[1] 매력적인 작은 상점의 스코틀랜드 킬트(스코틀랜드 남성이 전통적으로 착용하는 스커트-역주)와 타탄 체크 무늬 넥타이에서부터 고상한 쇼핑몰의 아프리카 킨테 천 (kinte-cloth) 스카프에 이르기까지, 후기 현대 시대나 포스트모던 시대의 문화는 뿌리의 재발견이라는 비전을 바탕으로 번성해 가는 것으로 보인다. 냉철하게 보면 그중 대부분은 허구로, 새롭게 발견한 조상들의 문화라는 것은 마치 컴퓨터의 중앙 처리 장치처럼 새로 만들어낸 것일 수 있다. 그러나 이처럼 새로 만들어 낸 문화조차도 더 깊은 뿌리를 갈망하는 마음을 외적으로 표출한 것이라 볼 수 있는데, 이는 매우 실제적인 갈망이다. 이 갈망이 실제적인 이유는, 개신교 종교개혁에서 시작해 존 웨슬리 시대에도 지속된 전통에 대한 엄청난 평가절하와 파괴 때문인데, 이런 성향은 다방면에서 여전히 우리에게 남아 있다.

기독교 공동체에서는 최근 수십 년간 더 깊은 문화적 뿌리에 대한 갈망이 감리교, 장로교, 성공회, 루터교, 심지어 침례교나 오순절교단 같은 전통적 교단의 정체성에 대한 새로운 관심으로 표현되었다. 전

---

[1]   이 장은 1987년 옥스퍼드 감리교신학연구소(Oxford Institute of Methodist Theological Studies)라는 웨슬리 연구 단체에서 제공한 논문에 기초한 것이다. 이후 이 논문은 "기독교 전통, 존 웨슬리, 그리고 복음주의"(Christian Tradition, John Wesley, and Evangelicalism)라는 제목으로 *Anglican Theological Review* 74/1 (Winter 1992): 54-67에 수록되었다.

통과 정체성의 재발견을 향한 이런 움직임은 종종 반교단적 정서와
이상하게 맞물려 있다. 말하자면, 현재의 루터교를 지지하는 것이 아
니라 과거에 루터가 지지했던 것을 지지하고, 현대의 장로교를 지지
하는 것이 아니라 과거에 칼빈이 지지했던 것을 지지하는 것이다.[2] 메
소디스트들 역시 현재의 연합감리교회의 구조나 제도와 불편한 긴장
관계에 있는 웨슬리의 비전을 다시 회복하기를 원한다. 이 책을 포함
해 웨슬리의 운동에 관한 광범위한 오늘날의 문헌은, 그러한 웨슬리
안 전통에 대한 후기 현대 또는 탈 현대(postmodern) 시대의 재평가를
나타내는 것으로 해석할 수 있다.[3] 이 장에서 우리는 기독교 '전통'에
대한 웨슬리의 평가를 검토해 볼 것이다. 그리고 그것이 현대 기독교
문화 속에 남아 있는 더 깊은 기독교적 유산을, 성경에 기록된 그리스
도를 통한 하나님의 계시에는 종속되면서도, 이성과 경험이라는 이
차적 권위와 나란히 있는 기독교 신앙의 해석자로서 현명하게 활용
할 수 있도록 제안하는 모델을 살펴볼 것이다.

웨슬리 시대의 전통

웨슬리는 전통이 멸시와 존중을 동시에 받는 시대에 살았다. 한편에
선 18세기 계몽철학자들이 전통, 특히 중세 기독교 시대의 유산을 인
간의 학문 발전에 대한 방해물로 여겨 멸시했다. 다른 한편에선 적어

2   Ted A. Campbell, *Christian Confessions: A Historical Introduction* (Louisville: Westminster/John Knox Press, 1996), 9-10를 보라.
3   Ted A. Campbell, "Is It Just Nostalgia? The Renewal of Wesleyan Studies," *Christian Century* 107/13 (18 April 1990): 396-98를 보라.

3장 | 해석으로서의 전통 111

도 '문예 전성기'[Augustan Age, 로마 황제 아우구스투스의 통치 기간에 로마 문학이 크게 번성했던 것에 비유한 이름으로, 영국 앤(Anne) 여왕의 통치 시기 인 18세기의 첫 반세기(1700~1745)를 지칭한다-역주]의 많은 사람이 고대 의 전통을 존중했고, 조지 왕조 시대(Georgian)의 영국의 건축물을 기 념비적인 것으로 높이 평가했다. 어떤 의미에서 전통과 전통을 대립 시킨 사람들은 철학자들 자신이다. 그들은 고대 그리스와 로마의 '계 몽된' 전통을, 고대 이집트와 메소포타미아, 중세 유럽의 '미신적' 전 통과 대립시켰다.[4]

기독교 전통은 더 특별히 경멸과 존중 모두의 대상이 되었다. 개 신교도들은 일반적으로 로마 가톨릭의 타락한 전통으로 여긴 것을 멸 시했고, 더 급진적 개신교인들은 사도 시대 이후의 모든 전통을 타락 한 것으로 여겨 거부했다. 그럼에도 17세기 후반과 18세기 초반의 많 은 그리스도인은 이후의 타락한 기독교와 대조적으로 '고대 기독교' 또는 '초기 기독교'를 순수한 기독교 신앙에 해당하는 전통으로 여겨 존중했다.

존 웨슬리 역시 그와 유사하게 기독교 전통에 대해 양면적 시각을 나타냈다. 그가 치체스터(Chichester) 주교 존 윌리엄스(John Williams) 의 작품을 수정해 작성한 "로마의 교리문답과 그에 대한 답변"(Roman Catechism, with a Reply Thereunto, 1756)은 가톨릭 전통의 타락에 대한 전 형적 개신교의 관점을 반영하고 있다.[5] 반면 그는 기독교 역사의 특별

---

4   Peter Gay, *The Enlightenment: An Interpretation*, Volume 1: *The Rise of Modern Paganism* (New York and London: W. W. Norton, 1966), 31-126.

5   John Wesley, "A Roman Catechism, with a Reply Thereunto," Jackson 10:86-128; 참고. John Williams, *A Catechism Truly Representing the Doctrines and Practices*

한 순간들에 신약성경의 신앙이 표출되어 왔다고 믿었는데, 그의 '부
흥운동' 사역은 바로 그 신앙을 되살리기 위한 노력이었다. 이처럼 그
는 우리가 기독교 '전통'이라 부르는 것에 대해 나름의 신념을 가지고
있었고, 그것은 그의 신앙과 실천에서 상당한 권위를 지녔다.

그러나 웨슬리는 그리스도인들이 적어도 19세기의 옥스퍼드 운
동(Tractarian movement) 이후 최근 수십 년 동안 사용해 온 특정한 의미
로 '전통'이라는 용어를 사용하지는 않았다. 더 현대적이고 전(全) 기
독교적인(ecumenical) 의미에서 '전통'은, 하나님께서 세상에서 지속적
으로 역사하시는 장소라는 긍정적 의미의 기독교 역사가 취해온 규범
적 이해를 가리킨다. [6] 다시 말해, 우리가 말하려는 '전통'은 규범적 내

---

of the Church of Rome, with an Answer Thereunto (1686); Ted Campbell, "John
Wesley's Conceptions and Uses of Christian Antiquity" (Ph. D. dissertation,
Southern Methodist University, 1984), 130-31.

6   잭슨판 웨슬리 전집 14권의 CD-ROM 버전을 검색해 보면 '전통'이라는 단어가 27
회 나온다. 그중 많은 경우는 '이교 전통'이나 '스코틀랜드 전통'을 언급하고 있다.
또 상당수는 단지 "로마 가톨릭의 교리문답과 그에 대한 답변"(Roman Catechism,
with a Reply Thereunto)에 나오는 로마 가톨릭이라는 인간적 전통을 지칭한다.
웨슬리의 논적이었던 코니어스 미들턴(Conyers Middleton)은 전통이라는 용어
로 초기 기독교의 가르침을 지칭했으나, 웨슬리는 "코니어스 미들턴 박사에게 보
내는 편지"(A Letter to the Reverend Dr. Conyers Middleton, Jackson 9:1-79)에서 단
지 미들턴의 말을 인용할 때만 그 용어를 사용했지, 자신이 말할 때는 사용하지 않
았다. 소위 웨슬리의 사변형은 '전통'을, 1963년에 몬트리올에서 발표된 세계교회
협의회(WCC) 신앙과 직제위원회의 논문 "성경, 전통, 그리고 전통들"(Scripture,
Tradition, and Traditions)이 논의한 방식으로 이해한다. 그 논문은 (대문자 'T'를
사용한) '전통'(Tradition)으로는 "교회의 삶 속에 현존하는, 그리스도 안에서의 하
나님의 계시와 자신을 주심"을 지칭했고, (소문자 't'를 사용한) '전통들'(traditions)
로는 "그리스도 안에 있는 유일한 진리와 실재에 대한 다양한 역사적 형태의 표현
과 현현"으로 이해했다[Hans-Georg Link, ed., Apostolic Faith Today: A Handbook
for Study (Faith and Order Paper no. 124; Geneva: World Council of Churches,
1985), 82에 나오는 World Council of Churches, Faith and Order Commission,
"Scripture, Tradition, and Traditions," 46-47 단락]. 당연히 앨버트 아우틀러는 몬

용을 의미하는 용어이기에, 일반적 기독교 역사와는 구분해야 한다.
전통이라는 용어가 항상 규범적 의미로 사용되지는 않는다. 예를 들
어, 첫 번째 영국 국교회 설교집은 청중에게 "인간의 전통이라는 악취
나는 웅덩이"가 아닌 성경을 의지해야 함을 촉구한다.[7] 웨슬리는 이
런 부정적인 뜻으로 전통이라는 단어를 사용하지 않았다는 점에서,
사변형은 그 자신이 만든 것이 아니며, 사변형 대신 웨슬리가 기독교
권위의 토대로 성경, 초기 기독교, 초기 영국 국교회, 이성, 경험이라
는 5중적 이해를 받아들인 것으로 보아야 한다는 주장도 있다.[8] 우리
가 곧 다루겠지만 웨슬리에게 초기 기독교와 영국 국교회는 기독교
전통의 내용 중 가장 두드러지는 두 요소다. 그러므로 기독교 신앙의
권위로서의 전통에 대한 웨슬리의 이해를 연구하면서 우리는 그가 사
도적 신앙과 일치하는 요소가 있다고 판단한 기독교 공동체의 역사를
어떻게 받아들였는지를 살펴볼 것이다.

　　웨슬리의 기독교 전통 수용에 관한 이 연구는 두 가지 질문에 초
점을 맞출 것이다. 첫째는 웨슬리가 기독교 전통의 권위에 대해 명시
적으로 어떻게 생각했는가 하는 것이고, 둘째는 그가 실제로 전통을

트리올 신앙과 직제 회의에 참석했고, 따라서 '전통'을 웨슬리의 사변형의 일부로
여기게 된 것은 아우틀러가 전(全) 세계 교회와 접촉하면서 얻은 통찰에서 비롯되
었다. 후자의 의미로 '전통'을 사용할 때 염두에 두어야 할 것은, 이는 더 배타적인
정의로서 '전통'을 이전 기독교와 연속성을 지닐 뿐 아니라 어느 정도 중단 없이 계
승된 이전 기독교의 요소로 주장한다는 점이다. 나중에 살펴보겠지만, 웨슬리는
종종 (전자의 의미의) '전통'과 이 후자의 더 제한적 의미의 '전통'을 대립시킨다.

7　"A Fruitful Exhortation to the Reading of the Holy Scripture," Part I; *Certain Sermons or Homilies Appointed to be Read in Churches in the Time of Queen Elizabeth of Famous Memory* (London: SPCK, 1890), 2.

8　Scott J. Jones, *Wesley's Conception and Use of Scripture* (Nashville: Kingswood Books, 1995), 81-94, 169-76, 222-23.

어떻게 사용했는가 하는 것이다. 이 점에서 숙고해 보아야 할 또 다른 질문은, 비록 이 장에서 다루기에는 너무 복잡하지만, 다양한 기독교 전통이 웨슬리에게 끼친 영향, 곧 과거 기독교의 요소들이 웨슬리에게 전해져, 그가 의식했든 못 했든 그의 생각이나 실천에 영향을 끼친 수많은 방식에 관한 것이다. 사실 웨슬리의 신학에 영향을 끼친 전통들에 대한 연구는, 주로 고(故) 앨버트 아우틀러 교수가 웨슬리 연구의 "제2단계"[9]로 지칭한 것을 특징짓는 복합적 기획이 되었다. 비록 이 장에서 그 '영향'을 깊이 살펴보지는 않더라도, 전반적 배경을 개론적으로는 고찰할 필요가 있다.

이 장에서 우리는 웨슬리가 기독교 전통을 초기 기독교 교회와 엘리자베스 시대의 영국 국교회의 순수성에 초점을 두어 이해했음을 말하고자 한다. 나아가 웨슬리는 때로는 (전통을 보다 관습적으로 사용해) 기존 제도를 옹호하기 위해 전통에 호소하기도 했지만, 당시의 교회와 맞서는 더 독특한 방식으로 초기 기독교와 영국 국교회 전통에 의지한 사실을 보여주고자 한다. 후자의 경우인 전통에 대한 '기획적' 사용은, 웨슬리와 다른 복음주의 지도자들이 특정한 의미로는 기독교 전통과의 연속성에 관심을 가졌지만, 중단되지 않은 전통을 찰스 1~2세 시대의(Caroline) 영국 국교도들이나 가톨릭 신자들이 한 것같이 적극적 기준으로 여기지는 않았음을 나타낸다.

웨슬리의 기독교 전통 수용은 그 이전에 초기 기독교 전통의 가치에 대해 한 세기 이상 이어진 논쟁의 관점에서 이해해야 한다. 그

9   Albert C. Outler, "A New Future for Wesley Studies: An Agenda for 'Phase III,'" in M. Douglas Meeks, ed., *The Future of the Methodist Theological Traditions* (Nashville: Abingdon Press, 1985), 38-40.

초기의 사례를 들면, '엘리자베스 합의'에서 두드러진 역할을 한 솔즈베리(Salisbury)의 존 주얼 주교는 아우구스티누스, 암브로시우스, 히에로니무스(Jerome), 키프리아누스(Cyprian)와 그 외 초기 기독교 저술가들을 "하나님 말씀의 해석자"로 간주해야 한다고 주장했다.[10] 주얼의 제자 리처드 후커는 성경, 초기 기독교 전통, 이성, 당시 영국 국교회의 권위라는 서로 밀접하게 연결된 권위에 초점을 맞추어 기독교의 권위에 대한 영국 국교회의 전통적 관점을 제시했다.[11] 윈체스터(Winchester)의 랜설럿 앤드루스 주교는 제임스 1세 재임 기간에 쓴 글에서 기독교의 권위에 대한 영국 국교회의 입장을, "하나의 정경, 두 가지 약속(구약과 신약-역주), 세 개의 신조, 네 개의 공의회, 처음 다섯 세기, 그리고 그 시기의 교부들이 우리의 신앙을 결정한다"[12]라는 말로 요약했다. 16세기 후반과 17세기 영국 국교회 사상에 대한 현대의 연구는 초기 기독교 전통이 그 시기의 신학 논쟁에서 지녔던 중요한 역할에 초점을 맞추고 있다.[13]

---

10 Stanley Lawrence Greenslade, *The English Reformers and the Fathers of the Church* (Oxford: Clarendon Press, 1960), 8-9에서 인용함.

11 Richard Hooker, *Of the Laws of Ecclesiastical Polity*, V.6-9, in *The Folger Library Edition of the Works of Richard Hooker*, Georges Edelin, et al., eds., 5 vols. (Cambridge, MA: The Belknap Press of Harvard University Press, 1977), 2:32-46; 참고. H. R. McAdoo, *The Spirit of Anglicanism: A Survey of Anglican Theological Methodology in the Seventeenth Century* (New York: Charles Scribner's Sons, 1965), 319-20; John K. Luoma, "Who Owns the Fathers? Hooker and Cartwright on the Authority of the Primitive Church," *Sixteenth Century Journal* 8 (1977): 53-58.

12 Lancelot Andrewes, *Opuscula quaedam posthumata*, The Library of Anglo-Catholic Theology (Oxford: John Henry Parker, 1852), 91; 참고. McAdoo, *Spirit of Anglicanism*, 317-20.

13 McAdoo, *Spirit of Anglicanism*의 여러 곳과 Gerald R. Cragg, *Freedom and Authority: A Study of English Thought in the Early Seventeenth Century* (Philadelphia: The

그러나 영국 국교회 내에 처음으로 청교도 세력이 등장하고, 그
후 영국 국교도들과 청교도들이 대립하는 가운데 발생한 영국 혁명
(English Revolution)의 여파로 왕정복고와 명예혁명(Glorious Revolution)
이 일어난 시기에는, 초기 기독교 전통의 권위에 대해 많은 논쟁이 있
었다. 비록 (앞에서 이름을 언급한) 보수적인 영국 국교도들은 칼빈주의
와 가톨릭주의 사이의 중도주의를 확립하기 위해 초기 기독교 전통을
활용하는 것을 옹호했지만, 토머스 카트라이트를 필두로 다수의 신
학자들은 성경이 명확히 가르치지 않는 어떤 교리나 실천을 초기 기
독교 전통이 허가했을지도 모른다는 생각을 거부했다.[14] 17세기 초 소
위 '튜 서클'(Tew Circle, 영국 남부 옥스퍼드서 그레이트 튜의 저택과 런던에
서 모였던 성직자와 문인들의 모임-역주)의 영국 국교도들은 당대의 신학
논쟁에 초기 기독교 저술가들을 이용하는 것에 반대해 위그노교도 신
학자 장 달레(Jean Daillé)의 논문 번역과 출판을 후원했다.[15]

17세기 후반과 18세기 초반에는 영국 국교회를 옹호하기 위해서
가 아닌 갱신하기 위한 본보기로서 초기 기독교를 중시한 영국 국교
도들이 생겨났다. 예를 들어, 윌리엄 케이브(William Cave)는 초기 그
리스도인들의 덕이 자신의 시대에 되살아나기를 바라는 마음으로 그
들의 덕을 가르치기 위해 『초기 기독교』(*Primitive Christianity*)라는 책을

Westminster Press, 1975), 118-24를 보라.

14   Luoma, 48-53.

15   John [또는 Jean] Daillé, *A Treatise concerning the Right Use of the Fathers* (London:
John Martin, 1651; trans. Thomas Smith); "Designe of the whole Work," v-viii를
보라. 이 판에는 '튜 서클'을 대표하는 영국 신학자들의 승인 목록이 제시되어 있다
(ix-x); 참고. McAdoo, 316.

저술했다.[16] 마찬가지로, 윌리엄 베버리지(William Beveridge)와 나다니엘 마샬(Nathaniel Marshall)은 영국 국교회가 초기 기독교 제도를 부활시키기를 희망하면서 초기 기독교 교회의 규범(canon)과 참회 훈련에 관한 정교한 논문을 저술했다.[17]

그렇다면 18세기 초까지 영국 국교도들은 적어도 세 가지 방식으로 초기 기독교 전통을 수용하고 있었다. (1) 거의 대부분의 영국 국교도들과 국교회 반대자들은 상대편의 주장을 논박하기 위해 때때로 초기 기독교 권위자들의 인용문을 사용하곤 했다. 그래서 장 달레와 '튜 서클' 영국 국교도들은 당대의 신학 논쟁에서 초기 기독교의 글 사용에 반대하는 논거로 초기 기독교 저술가들의 글을 인용할 수 있었다! 이러한 초기 기독교 전통의 '논쟁적' 사용은 정경화 이후의 기독교 전통에 반드시 명백한 권위가 부여되지는 않았음을 가리킨다. (2) 보수적인 영국 국교도, 특히 전통적으로 '캐롤라인'(Caroline) 신학자로 불려온 이들은 자신들의 신학과 실천을 옹호하기 위해 초기 기독교의 권위자들을 의존했다. 예를 들어, 조지 불(George Bull)은 『니케아 신앙의 옹호』(Defensio Fidei Nicaenae)에서 니케아 신앙에 대한 영국 국교회의 주장을 옹호했고, 존 피어슨(John Pearson)은 이그나티우

---

16   William Cave, *Primitive Christianity: or, the Religion of the Ancient Christians in the First Ages of the Gospel* (London: Thomas Tegg, 1840), iii.

17   William Beveridge, ΣΥΝΟΔΙΚΟΝ, *sive Pandectae Canonum Ss. Apostolorum et Conciliorum Ecclesia graeca receptorum*, 2 vols. (Oxford: William Wells and Robert Scott, 1672); Beveridge, *Codex Canonum Ecclesiae primitivae vindicatus ac illustratus*, 2 vols. (Oxford: John Henry Parker, 1847); Nathaniel Marshall, *The Penitential Discipline of the Primitive Church* (Oxford: John Henry Parker, 1844).

스 서신 모음집에 호소해 주교 제도를 지지했다.[18] 이는 초기 기독교 전통을 '문화적인 면에서 보수적'으로 사용한 것으로, 그들은 전통을 사용해 과거 기독교 전통과의 중단 없는 연속성을 강조하는 경향이 있었다. (3) 마지막으로 일부 영국 국교도들은 교회 갱신을 위한 다양한 계획을 위해 초기 기독교의 선례에 호소했다. 거기에는 위에서 언급한 케이브, 베비리지, 마셜의 작품, 그 외에도 초기 기독교의 선례를 주장하면서 영국 국교회 체제를 넓게 정의하고자 했던 광교회파(latitudinarian)의 노력이 포함된다.[19] 이는 초기 기독교 전통의 '강령적'(programmatic, 이러이러해야 함을 밝히는 방식의-역주) 사용이라 말할 수 있다. 이어지는 웨슬리의 기독교 전통 사용에 대한 검토에서는 기독교 전통에 대한 '논쟁적', '문화적인 면에서의 보수적', '강령적' 사용이라는 이 구분을 활용할 것이다.

웨슬리가 이해한 전통의 내용과 권위

웨슬리는 현대적 의미에서 '전통'이라는 용어를 사용하지는 않았지

---

18   George Bull, *Defensio Fidei Nicaenae: A Defense of the Nicene Creed, out of the Extant Writings of the Catholick Doctors, who Flourished during the First Three Centuries of the Christian Church*, 2 vols. (Oxford: John Henry Parker, 1851); 참고. Bull, *The Judgment of the Catholic Church on the Necessity of Believing that our Lord Jesus Christ is Very God* (Oxford: John Henry Parker, 1855); John Pearson, Vindiciae Epistolarum S. Ignatii, 2 vols. (Oxford: John Henry Parker, 1852).

19   앞에서 인용한 Cave, Beveridge, Marshall의 글을 보라. 광교회파(Latitudinarians)에 대해서는 Edward Stillingfleet, *The Irenicum: or, Pacificator* (Philadelphia: M. Sorin, 1842)와 Peter King, *An Enquiry into the Constitution, Discipline, Unity, and Worship of the Primitive Church* (New York: P. P. Sandford, 1841)를 보라.

만, 사도 시대 이후 교회 역사의 특정 부분들이 사도적 신앙과 연속성이 있음을 인정했다. 그는 1777년도 설교인 "새 교회의 초석을 놓음에 있어"에서 메소디즘을 "가장 순수한 시대의 기독교"와 동일시할 뿐 아니라, "가장 순수한 시대의 기독교"를 특히 첫 3~4세기 동안의 교회, 그리고 영국 종교개혁과 연결 지었다.[20] 비록 생애 마지막 10년에는 신약성경 시대부터 교회에는 언제나 '불법의 비밀'(참고. 살후 2:7-역주)이 역사해 왔다는 견해를 밝혔지만, 그럼에도 그는 초기 기독교 교회가 특별히 순수했다는 사실을 일관되게 주장했다.[21] 이 점에서 웨슬리는 현대의 교회 일치를 위한 논의에서 말하는 '전통'의 의미에 매우 가까운 개념을 드러냈다.

웨슬리는 자신의 가르침과 실천을 옹호하기 위해 기독교 전통에 광범위하게 호소했다. 예를 들어, 오직 믿음으로 말미암는 칭의를 옹호할 때는 마르틴 루터에게 호소했고,[22] 평신도 설교 제도를 옹호할 때는 도미니크 수도회의 규칙에 호소했다.[23] 그럼에도 그가 기독교 역사에서 사도적 신앙과 특별한 연속성을 지닌 것으로 여긴 두 개의 특히 중요한 전통이 있었다. 그 첫 번째는 물론 4세기 초반까지의 초기 기독교 전통이고, 두 번째는 영국 국교회 전통인데 그중에서도 특히 중요한 것은 '엘리자베스 합의'에서 도출된 문서들이다. 앞에서 언급한 1777년의 설교는 이러한 생각을 명확히 보여준다. 곧 메소디즘이 "성

---

20 "On Laying the Foundation of the New Chapel, near the City Road, London," §II:3, *Sermons* 3:586.

21 "The Mystery of Iniquity" (1783), ¶¶23-28, *Sermons* 2:460-64; "Of Former Times" (1787), ¶¶15-17, *Sermons* 3:449-51.

22 "Salvation by Faith," §III:9, *Sermons* 1:129.

23 *A Farther Appeal to Men of Reason and Religion*, Part III, §III:12, *Works* 11:298.

경의 기독교, 초기 교회의 기독교, 영국 국교회의 기독교"[24]와 연속성
을 지닌다는 것이다. 또 이어진 세 개의 문단에서는 이 각각에 대해
어떻게 생각하는지를 더 자세히 설명했다.[25] 마찬가지로 1789년의 "교
회에서의 분리에 대한 추가적 소고"(Farther Thoughts on Separation from
the Church)에서는 성경, 초기 기독교, 영국 국교회에 호소했다.[26] 기독
교 전통의 내용과 권위에 대한 웨슬리의 생각을 알기 위해서는, 그가
초기 기독교 교회와 엘리자베스 1세 시대의 영국 국교회를 어떻게 이
해했는지를 주의 깊게 살펴보아야 한다.

초기 기독교의 권위

초기 기독교와 그 권위에 대한 웨슬리의 생각은 다양한 관심과 영
향에서 비롯되었다. 그의 부친은 그에게 초기 기독교 저술가들과 그
들을 중시한 보수적인 영국 국교회 신학자들을 연구할 것을 강하게
권고했다.[27] 옥스퍼드 대학교에서 웨슬리는 소위 '사도 규범'(Apostolic
Canons)과 '사도 헌장'(Apostolic Constitutions)의 권위를 강조한 충성서약
거부자들(Nonjurors)의 영향을 받았고, 이를 바탕으로 색다른 예전과
규율 개혁 프로그램을 추진했다. 특별히 1549년 판『공동기도서』를

---

24 "On Laying the Foundation …," §II:1, *Sermons* 3:585.

25 같은 곳, §II:2-4, *Sermons* 3:585-86.

26 "Farther Thoughts on Separation from the Church," ¶¶1-2, Jackson 13:272-74.

27 새뮤얼 웨슬리는 캐롤라인 신학자들을 중요하게 다루는 신학 연구 과정을 제안하는
두 권의 책을 존 웨슬리에게 전해주었는데, 곧 아테네 학회(The Athenian Society)
회장이었던 새뮤얼이 쓴 *The Young Student's Library* (London: John Dutton, 1692)
와, *Advice to a Young Clergyman, in a Letter to Him* (London: C. Rivington, 1735)이
다.

'사용'할 것을 강조해 때로 '사용파'(Usagers)로 불리기도 한 이 충성서 약거부자들을 이끈 사람은 맨체스터의 의사인 토머스 디컨(Thomas Deacon) 박사였는데, 그는 1733년에 비정규적으로 주교로 서임 받았다.[28] 이후 웨슬리는 이 기간 동안 그가 "초기 기독교 전통을 성경에 종속된 규범이 아닌 성경과 동등한 규범으로 만드는" 잘못을 저질렀다고 평가한다.[29] 그럼에도 초기 기독교 시대에 대한 웨슬리의 관심과 호소는 지속적이었는데, 이는 그가 편집한 사도 교부들과 위(僞)마카리우스(pseudo-Macarian)의 설교집, 초기 기독교에 대한 윌리엄 케이브, 클로드 플뢰리(Claude Fleury), 장 프론튜(Jean Fronteau)의 저술들, 그리고 요한 로렌츠 폰 모스하임(Johann Lorenz von Mosheim)의 『교회사 강요』(Institutiones Historiae ecclesiasticae) 요약판 등에서 알 수 있다.[30]

웨슬리는 교회가 사도적 뿌리에 가장 가까웠을 때인 초기 기독교 교회가 가장 순수했으나, 그 후 죄악이 "최고조로 교회에 쏟아져 들어온" 콘스탄티누스 황제 시대에 이르면서 급격한 도덕적 퇴락과 함께

---

28 참고. Thomas Lathbury, *A History of the Non-Jurors* (London: William Pickering, 1845), 309-61; 웨슬리는 옥스퍼드 대학에서 맨체스터 모임의 회원인 존 클레이튼(John Clayton)을 만나 1773년 여름에 그와 함께 맨체스터로 여행을 갔고, 거기서 토머스 디컨을 만났다. 디컨은 자신의 책 *Compleat Collection of Devotions* (London: printed for the author, 1734), 72-74에 웨슬리가 쓴 '정규적' 금식(수요일과 금요일 금식)에 대한 논문의 일부를 수록했다.

29 자필원고의 단편으로, 이는 Curnock 1:419에 나오는 웨슬리의 1738년 1월 24일 자 일지 기록을 확장한 것이 분명하다. 이 원고 단편은 Campbell, 321-23 (Appendix 2)에 수록되어 있다.

30 이 작품들의 웨슬리 판은 Ted A. Campbell, *John Wesley and Christian Antiquity: Religious Vision and Cultural Change* (Nashville: Kingswood Books, 1991), 92-145를 보라.

타락이 본격화되었다고 일관되게 주장했다.[31] 다음 문장은 초기 기독
교 시대에 대한 웨슬리의 정형화된 생각을 잘 보여준다. 웨슬리는 '초
기 기독교 신앙'이 이들의 글에서 잘 드러난다고 말한다.

> [초기 기독교의 신앙은] 로마의 클레멘스(Clemens Romanus), 이그나
> 티우스(Ignatius), 폴리카르포스(Polycarp)의 얼마 남지 않은 작품에서
> 도 나타난다. 테르툴리아누스(Tertullian), 오리게네스(Origen), 알렉산
> 드리아의 클레멘스(Clemens Alexandrinus), 키프리아누스(Cyprian)
> 의 저술에서는 더 자세히 나타나며, 심지어 4세기의 크리소스토모스
> (Chrysostom), 바실리오스(Basil), 시리아의 에프렘(Ephrem Syrus), 마
> 카리우스(Macarius)의 글에서도 발견된다.[32]

이 인용문의 끝부분에서 알 수 있듯, 웨슬리는 순수한 기독교가
"심지어" 콘스탄티누스 이후에도 어떤 곳에서는 지속되었음을 인정
했다. 그리고 콘스탄티누스 이후의 순수한 기독교의 네 가지 사례가
동방의 금욕주의 저술가들이라는 사실은 흥미롭다(그리고 아우구스티
누스의 이름을 찾을 수 없다는 점이 두드러진다).

1737년 이전까지 웨슬리는 초기 기독교가 가르침과 실천에서의
일치를 나타냈을 뿐 아니라, 사도적 교회와의 연속성을 보여주었기
에 권위가 있다고 생각했다. 그는 이 기간에 참된 기독교 교리를 판
단하는 세 가지 기준으로 "고대성(사도 시대로부터 믿어온 교리여야 함-역
주), 보편성(어느 지역의 교회든 동일하게 믿는 것이어야 함-역주), 일치성

---

31   "On Attending the Church Service," ¶14, *Sermons* 3:469-70; *A Letter to the Reverend
     Dr. Conyers Middleton*, ¶¶3-4, Jackson 10:1-2에서도 콘스탄티누스 시대의 교회의
     타락에 대해 묘사한다.

32   "On Laying the Foundation…," §II:3, *Sermons* 3:586.

(모든 신자가 인정하고 믿어온 내용이어야 함-역주)"(*consensus veterum: quod ab omnibus, quod ubique, quod semper creditum*)[33]을 강조한 레랑의 빈켄티우스(Vincent of Lérins)의 『콤모니토리』(*Commonitorium*)에 자주 호소했다. 웨슬리는 "정기적 단식에 관한 논문"의 남아 있는 원고 단편에서, 초기 기독교 교회가 보편적으로 지킨 모든 실천은 사도적 기원을 가진 것이 틀림없으며, 따라서 모든 기독교 공동체에 구속력을 지녀 마땅하다고 주장한다.[34] 초기 기독교의 권위에 대한 이러한 견해는 웨슬리가 맨체스터 충성서약거부자들과 접촉하면서 갖게 된 초기 기독교의 예전과 규율에 대한 관심과도 잘 조화를 이룬다.

웨슬리는 공식적으로 초기 기독교의 일치된 가르침의 중요성을 부인한 적이 없다(이는 그가 1777년에 초기 기독교 교회 '전체'를 언급한 것에 암시되어 있다). 그럼에도 1737년 후반과 1738년 초에 웨슬리의 관심이 바뀌었는데, 이는 그가 '사도 헌장'을 읽고 환멸을 느꼈기 때문이며, 특히 영국 국교회가 초기 기독교에서 일치를 이루었던 가르침과 실천을 제대로 반영하지 못하고 있음을 인식했기 때문이다.[35] 이때부터 웨슬리는 초기 기독교를 기독교의 권위로 언급할 때, 일치된 교리와 실천보다는 초기 그리스도인들의 영적·도덕적 순수성에 더 초점을 둔 것으로 보인다. 1749년 웨슬리는 코니어스 미들턴(Conyers Middleton)에게 쓴 편지에서 자신은 초기 기독교 저술가들을 "매우 존

---

33   웨슬리가 자필원고에서 인용한 내용으로, 이는 1738년 1월 24일 자 일지(Curnock 1:419)의 기록을 확장한 것이 분명하다.

34   이 자필원고 단편은 Campbell, *John Wesley and Christian Antiquity*, 321-23 (Appendix 2)에 수록되어 있다.

35   1737년 9월 13일 자 일지, Curnock 1:274-75, 그리고 9월 20일 자 일지, Curnock 1:276-78.

경"하는데, 그 이유에 대해 "그들이 참된 그리스도인이었기 때문입니
다. ··· 나는 그들의 글을 귀하게 여기는데, 그 글들이 참되고 진정한
기독교를 묘사하며, 기독교 교리에 대한 가장 강력한 증거로 우리를
인도하기 때문입니다"[36]라고 적었다. 초기 기독교가 하나였다는 사실
은 웨슬리가 언급한 많은 미덕 중 하나일 뿐이었고, 그가 편집한 케이
브, 플뢰리, 프론튜의 저술은 모두 초기 기독교의 도덕적 순수성에 대
해 깊이 있게 다룬 글들이었다.[37] 초기 기독교의 권위는 교회의 순결함
에 있었다는 이러한 인식은, 부흥운동 시기에 '구원의 길'과 특히 거룩
한 삶을 설명하려 했던 웨슬리의 일반적 관심과 일치한다.

초기 영국 국교회의 권위

웨슬리가 한결같이 권위 있게 여긴 기독교 전통의 두 번째 원천은
초기 입헌 기간의 영국 국교회다. 영국 교회의 권위에 대한 그의 생각
이 초기 기독교의 권위에 대한 생각과 유사하게 바뀌어 간 점은 주목
할 만하다. 1738년 이전에 웨슬리는, 예를 들어 유럽 개신교 성직자들
이 집례하는 성례전의 유효성을 인정한 사실만 제외하면 주교의 사도
적 계승을 주장하는 등 자신이 가정에서 배운 캐롤라인 신학의 입장
을 나타냈다.[38] 맨체스터 충성서약거부자들의 영향을 받은 기간 동안

---

36 Letter to … Middleton, §VI. III. 12, Jackson 10:79.
37 이 글들에 대한 설명은 Campbell, *John Wesley and Christian Antiquity*, 108-9, 124-29를 보라.
38 이것은 Martin Schmidt, *John Wesley: A Theological Biography*, trans. Norman Goldhawk and Denis Inman, 2 vols. in 3 (Nashville: Abingdon Press, 1963-73), 1:138 각주 6번에 인용된 아우구스트 고틀리프 스팡겐베르크(August Gottlieb Spangenberg)의 발췌본에 나온다.

웨슬리는 혼합 성배(mixed chalice, 포도주에 물을 섞은 것-역주), 성령 청원(epiclesis), 성찬 요소에 대한 예비 축복 등 그들이 특별히 주장한 성찬의 방식(usage)과 함께 에드워드 6세 시대의 '제1기도서'의 예전에 애착을 가졌다.[39] 이 시기에 가졌던 교회에 대한 웨슬리의 성향은 이후 많은 연구자가 그를 '고교회주의자'로 주장하게 되는 기초가 된다.[40]

　1738년 11월, 웨슬리가 독일에서 여름을 지내고 옥스퍼드로 돌아와 "많은 논란이 있었던 이신칭의에 대해 영국 국교회의 교리를 더 주의 깊게 연구하기 시작한 것"[41]은, 영국 국교회를 보는 웨슬리의 시각이 바뀌었다는 증거다. 얼마 후 그는 "『영국 국교회 설교집』에서 발췌한 구원, 신앙, 선행에 관한 교리"(The Doctrine of Salvation, Faith, and Good Works, Extracted from the Homilies of the Church of England)[42]를 출판했다. 이때부터 웨슬리는 자신이 영국 국교회의 신조, 설교집, 공동기도서와 같은 엘리자베스 1세 시대의 종교개혁 입법 문서들에 나타난 영국 국교회의 가르침을 충실히 따르고 있다는 점을 강조했다. 그는 1777년 시티 로드 채플(City Road Chapel)을 건축한 후에 한 설교에서 메소디즘은 "모든 공인된 기록, 통일성 있는 예전, 설교집의 수없이 많은 문구에 나타나 있는 … 영국 국교회의 기독교"와 연속성이 있

39　Frank Baker, *John Wesley and the Church of England* (Nashville: Abingdon Press, 1970), 41.

40　이런 종류의 웨슬리 글 모음집으로는 R. Denny Urlin, *Churchman's Life of Wesley*, rev. Ed. (London: SPCK, 1880)가 있다.

41　1738년 11월 12일 자 일지, Curnock 2:101.

42　Albert C. Outler, *John Wesley*, A Library of Protestant Thought (New York: Oxford University Press, 1964), 121-33를 보라.

다고 주장했다.[43] 마찬가지로 1784년에는 "미국의 형제들에게 보내는 편지"(To Our Brethren in America)에서 영국 국교회가 "세계에게 가장 좋은 국교회"라는 신념을 표현했다.[44]

그렇다면 웨슬리가 영국 국교회의 권위를 분명히 표명할 만큼 그가 (적어도 1738년 이후에) 인정한 권위는, 영국 국교회의 기초 문서의 권위였을 뿐 웨슬리 당시 국교회의 현존하는 권위가 아니었다. 그는 영국 국교회 문서들이 사도적 신앙의 순수성을 나타내고 있다고 믿었기에 영국 국교회의 권위를 초기 기독교의 권위처럼 인정한 것이다. 그는 그 문서들은 "지금 세 나라(메소디즘이 전파된 잉글랜드, 스코틀랜드, 아일랜드를 뜻함-역주) 전역에서 부활하고 있는 초기 기독교의 성경적인 사랑의 종교(메소디즘을 의미함-역주)"[45]와 동일한 신앙을 표현하고 있으며, 영국 국교회는 "세계에서 가장 성경적인 국교회"[46]라고 주장했다.

웨슬리의 기독교 전통 사용

웨슬리가 초기 기독교와 영국 국교회 전통을 실제로 어떻게 사용했는지를 보면, 그가 그 전통들의 권위를 어떻게 인정했는지, 특히 영국 국

43 "On Laying the Foundation … ," §II:4, *Sermons* 3:586.

44 "To our Brethren in America," ¶4, Telford 7:239. 이를 Frank Baker, *John Wesley and the Church of England*, 327에서 인용된 원고에서 웨슬리가 영국 국교회를 "영국 국교회 신조와 설교집에 담긴 교리를 인정하고, 또 공동기도서에 따라 세례와 성만찬과 공중기도를 사용한다고 고백하는 명목상 연합된 사람들의 단체"로 정의한 것과 비교해 보라.

45 "On Laying the Foundation…," §II:4, *Sermons* 3:208과 각주 64번.

46 "Farther Thoughts on Separation from the Church," ¶¶1-2 (Jackson 13:272-74).

교도들이 기독교 전통을 어떻게 사용했는지를 알 수 있다. 다른 사람들처럼 웨슬리도 반대자들을 논박할 때 초기 기독교의 권위자들의 말을 자유자재로 인용하곤 했다. 예를 들어 칼빈주의자들을 상대할 때는 "우리 없이 우리를 창조하신 하나님은 우리 없이 우리를 구원하지 않으실 것입니다"라고 한 아우구스티누스의 격언을 자주 인용했다.[47] 영국 국교회의 글도 마찬가지인데, 예를 들면 버틀러(Butler) 주교를 상대할 때는 영국 국교회의 "구원에 관한 설교"(Homily on Salvation)에 나오는 신앙의 정의를 인용했다.[48]

'현재의 것'(*Status Quo*)에 대한 옹호

그러나 존 웨슬리는 이처럼 부정적이고 산발적인 인용을 뛰어넘어 긍정적이고 건설적인 방식으로 초기 기독교와 영국 국교회 전통의 권위에 호소했다. 그는 종종 현재의 것을 옹호하기 위해 그렇게 했다. 이 점에서 웨슬리는 전통적 캐롤라인 신학자들의 (그리고 가톨릭적) 입장에 가까운데, 그들에게 '전통'은 역사적 교회와 현재 존재하는 제도와 가르침 사이의 연속성을 뜻한다. 예를 들어, 웨슬리는 18세기 초의 [윌리엄 휘스턴(William Whiston) 같은] 신(新) 아리우스파(Neo-Arians)를 상대해 그리스도께서 성부와 동등하심을 주장하면서 아타나시우스(Athanasius)와 니케아-콘스탄티노플 신조(Nicene-

---

47 "On Working Out Our Own Salvation," §III:7 *Sermons* 3:208과 각주 64번.

48 헨리 무어(Henry Moore)가 기록하고, Curnock 2:257에 수록된 존 웨슬리와 조셉 버틀러 주교의 대화; 참고. Frank Baker, "John Wesley and Bishop Joseph Butler: A Fragment of John Wesley's Manuscript Journal, 16th to 14th August 1793," *Proceedings of the Wesley Historical Society* 42 (May 1980): 97.

Constantinopolitan creed)를 인용했다.[49] 영국 국교회 기도서와 신조에 대한 웨슬리의 긍정적 입장은 『북미 메소디스트들을 위한 주일 예배서』(*The Sunday Service of the Methodists in North America*, 1784-글로벌사중복음연구소)에 분명히 나타난다.[50] 초기 기독교와 영국 국교회 전통에 대한 이러한 입장은, 웨슬리 시대에 (신 아리우스파나 급진적인 북미 메소디스트들이 그랬던 것처럼) 당시에 이미 받아들여지고 있던 것을 반대한 사람들에 대한 웨슬리 시대의 보수적인 영국 국교회 문화의 전반적 합의를 옹호한다.

변화에 대한 옹호

웨슬리가 초기 기독교와 영국 국교회 전통에 가장 두드러지게 호소한 것은, 메소디즘이 성경에 나오고 초기 기독교에서 이어졌으며 영국 국교회의 법적 문서들이 계승하고 있는 사도적 신앙을 '회복'한 것이라고 주장할 때였다. 이 경우 전통에 대한 웨슬리의 호소는 '강령적'(programmatic, 이러이러해야 함을 밝히는 방식의 주장-역주)인데, 이는 그가 전통을 당시의 문화와 교회의 변화를 촉구하기 위한 모범으로 여겼기 때문이다.

예를 들어, 웨슬리는 복음주의 부흥운동에서 초기 기독교가 신자

---

49 Letter "To a Member of the Society" (1774년 9월 16일), Telford 6:113; Letter to Dr. Erskine (1765년 4월 24일), Telford 4:296; 1756년 1월 14일 자 일지, Curnock 4:145-46.

50 *The Sunday Service of the Methodists in North America* (London, 1784). 웨슬리는 이 글의 서문 격 편지에서 "나는 고대나 현대 언어를 막론하고 영국 국교회의 공동기도서보다 충실하고 성경적이며 이성적인 경건을 나타내는 예전은 세상에 없다고 믿는다"(p. A1)라고 말한다.

개인과 메소디스트 공동체 전체의 모범임을 강조했다. 그는 메소디
스트들이 새로운 비기독교적 문화에서 복음을 선포한 것이 가장 초
기의 기독교 공동체의 상황과 유사하다고 생각했다.[51] 그는 신도회(초
기 기독교의 교리 교육 과정), 애찬(초기 기독교 공동식사), 심야예배(초기 기
독교 철야 기도)는 초기 기독교의 전례가 있다고 주장했다.[52] 그는 영적
체험으로서의 신앙의 본질과 거기서 비롯되는 '구원의 길'의 여러 요
소에 대한 메소디스트들의 특별한 가르침을 뒷받침하기 위해 초기 기
독교의 가르침을 상기시켰다.[53] 또 오늘의 그리스도인의 본보기로 초
기 기독교인들의 믿음과 미덕과 거룩함을 언급했다.[54] 초기 기독교 전
체를 18세기 그리스도인들이 물려받은 믿음과 행동(즉, 그들의 문화)을
명백히 반대하는 믿음과 행동의 모델로 제시한 것이다.

웨슬리가 영국 국교회 전통을 활용한 방법 역시 많은 면에서 강
령적이라 할 수 있다. 이는 어떤 면에서 놀라운데, 18세기 영국 국교
도가 영국 국교회에 호소한다면 그것이 보수적 목적을 위한 것이라
생각하기 쉽기 때문이다. 그러나 사실 웨슬리는 당시의 영국 국교회
문화에 반대해 영국 국교회 문서와 전례문을 자주 인용했다. 이는 특
히 메소디스트들이 더 이른 시기의 칭의 교리를 되찾았다는 웨슬리

---

51 "The General Spread of the Gospel," ¶¶1-15, *Sermons* 2:485-92.

52 "A Plain Account of the People Called Methodists," §I:10, §VI:5, and §III:1 (Jackson 8:250-51, 258-59, 255-56).

53 예를 들어, *A Farther Appeal to Men of Reason and Religion*, Part I, §V:15-23, *Works* 11:154-66에서 스멀브로크(Smalbroke) 주교에 반대해 교부들의 글을 인용한 내용을 보라.

54 "이성적이며 종교적인 사람들에게 보내는 진지한 호소"를 마무리하면서 초기 그리스도인들의 단순성, 끊임없는 친교, 연합, 서로에 대한 사랑을 묘사하는 "초기 기독교"(Primitive Christianity)라는 시에서 그 예를 볼 수 있다. *Works* 11:90-94를 보라.

의 주장에서 분명하게 나타난다. 웨슬리는 많은 영국 국교회 지도자들이 칭의에 앞서 어느 정도의 성화가 필요하다고 주장하는 펠라기우스주의나 도덕주의에 빠졌다고 확신했다.[55] 이에 반대해 그는 영국 국교회 신조와 설교집이 오직 믿음에 의해 의롭게 된다는 교리를 더 급진적으로 가르쳤음을 일관되게 주장했다. 이는 "『영국 국교회 설교집』에서 발췌한 구원, 신앙, 선행에 관한 교리"(1739 또는 1740)뿐 아니라, 『이성적이며 종교적인 사람들에게 보내는 추가적 호소』(*A Farther Appeal to Men of Reason and Religion*) 제1부(제2-5장)의 긴 단락에도 나타나는데, 이 글에서 웨슬리는 메소디스트 교리에 대한 구체적인 공격을 논박하기 위해 영국 국교회 신조와 설교집을 자세히 인용한다. 또 그 외 다른 글들에서도 웨슬리는 메소디스트들이 영국 국교회 신조와 설교집이 가르치는 칭의의 교리를 회복시켰다는 믿음을 표현했다.[56]

이 경우 웨슬리가 영국 국교회 전통을 사용한 방법은 초기 기독교 전통을 사용한 방법과 유사하다. 웨슬리는 초기 기독교와 초기 영국 국교회 둘 모두에 대해 다소 이상적이거나 과장된 시각을 나타내면서, 그 시대의 제도와 가르침을 자신의 세대에 성경적 기독교를 갱신하기 위한 선례나 모범으로 강조했다. 성경적 기독교가 가능함을 실례로 보여준 것은, 성경 시대의 기독교를 이후 사람들은 따라 할 수도, 기대할 수도 없다는 반대(또는 무언의 의심)에 대해 상당한 영향력

---

55 아담 클라크(Adam Clarke)가 "참된 기독교에 대한 옹호"(True Christianity Defended)로 번역한 라틴어 설교는 이런 의미의 도덕주의를 가르친 존 틸러트슨 대주교와 조지 불 주교의 글을 인용한다. §I:5-6, *Sermons* 4:395-96, 410-11.

56 영국 국교회 설교집에서 발췌한 내용은 Outler, *John Wesley*, 121-33과 *A Farther Appeal to Men of Reason and Religion*, Part I, §II-V, *Works* 11:108-76을 보라.

있는 답변이 되었을 것이다.

　존 웨슬리의 기독교 전통 개념과, 이 장에서 살펴본 대로 그가 기독교 전통을 활용한 방법 사이에는 확실히 조화를 이루는 측면이 있다. 초기 기독교와 영국 국교회에 대한 웨슬리의 이해는 전통의 강령적 사용이 가능하도록 굴절되거나 변형되었기 때문이다. 초기 기독교에 대한 이러한 이해는 암브로시우스, 아우구스티누스, 또는 초기 기독교 공의회들에 반영되어 있는 로마의 제도적 교회보다는 사도 시대 직후의 기간을 강조하는 것이다. 그는 영국 국교회 전통 이해에서 신조, 설교집, 기도서를 중시했기에, 이런 자료들이 캐롤라인 시대의 논쟁적 논문이나 교육 서적들보다 더 이상적인 교회의 모습을 그리고 있다고 생각했을 것이다. 캐롤라인 시대의 자료들은 당시의 영국 국교회를 옹호하는 일에 주요 근거가 되었기 때문이다.

　이런 의미에서 웨슬리는 전통이 교회의 갱신과 활력을 위한 원천이 됨을 발견했다. 프로이센의 필립 야콥 슈페너(Philipp Jakob Spener)가 교회 개선을 위해 희망적 전망을 제공하는 원천으로 초기 기독교의 저술과 루터의 가르침을 지목했던 것같이, 웨슬리는 자신의 특정한 사회적이고 문화적인 상황에서 교회 갱신의 이상적 비전을 제공하는 원천으로 초기 기독교와 초기 영국 국교회를 의존했다. 18세기 메소디스트 부흥운동은 부분적으로 초기 기독교와 영국 국교회의 비전에 근거했던 것이다.

메소디스트 전통에 대한 재평가

기독교 전통은 오늘의 교회를 활력 있게 하는 원천이 될 수 있지만, 우리는 과거나 과거와 우리의 관계를 어느 정도까지 이상화할 것인지에 대해 정직하도록 주의를 기울여야 한다. 우리는 더 깊은 뿌리에 대한 갈망을 충족시키기 위해 허구의 이상적 문화를 가정하려는 유혹에 직면해 있다. 메소디스트들은 웨슬리를 과거의 기독교 전통과 연결되는 가교로 여길 수 있으나, 그에게서 동방정교회, 로마 가톨릭주의, 또는 영국 국교회 가톨릭주의(Anglo-Catholicism)에 이르는 비밀 통로를 발견할 수는 없다. 그렇게 하려면 웨슬리의 복잡한 뿌리 중 많은 것을 부정해야 할 뿐 아니라, 웨슬리의 뿌리가 200년 이후의 우리와 어떤 관계인지에 대해서도 많은 공상이 더해질 수밖에 없기 때문이다.

오늘날 기독교 전통의 풍요로움을 활용하는 일에서 웨슬리의 지도를 따른다는 것은 분명 18세기라는 특별한 상황에서 웨슬리가 했던 것과 똑같이 과거의 기독교를 보아야 한다는 것을 의미하지는 않는다. 지금 우리가 웨슬리의 지도를 따른다는 것은, 웨슬리 이후에도 발전해 온 기독교의 이야기를 우리 자신이 비판적으로 평가하면서 수용하는 것을 의미한다. 그것은 19세기 부흥운동 속에 있는 우리의 뿌리 뿐 아니라, 개신교 자유주의의 넓은 관점 안에 있는 우리의 유산 역시 분별력 있게 수용하는 것을 포함한다. 그것은 아프리카계 미국 감리교인, 성결교인, 또는 다른 사람들이 웨슬리의 유산의 많은 요소를 보존해 온 것에 비해, 유럽과 미국의 '주류' 감리교인들은 자신들의 전통에서 멀어져 있음을 솔직하게 인정하는 것을 포함한다. 오늘날 웨슬리의 지도를 따른다는 것은 교회일치운동의 유산과, 유럽과 북미 이외의 지역에서 발전해 온 기독교 이야기를 비판적으로 수용하는 것을 포함한다.

이 점을 감안하면 우리는 웨슬리의 후예들이 전통을 미심쩍게 생각하고 가치 없게 여기며 그것에 대해 깊이 생각하기를 거부하는 것은 지적으로 부정직하거나 부적절하다고 판단한다. 웨슬리가 생각한 의미에서 전통의 권위를 인식함에서 우리의 소명은 과거에 대한 케케묵은 시각을 지지하는 것이 아니라, 하나님의 백성의 역사 전반에 걸쳐 행하신 하나님 자신의 사역을 소중히 여기고, 성경 시대의 증거를 넘어 전통을 통해 우리에게 말씀하시는 하나님의 신실하심에 대해 용기와 확신을 갖는 것이다.

레베카 L. 마일스
Rebekah L. Miles

4

도구로서의 이성

Chapter Four: The Instrumental Role of Reason

대학 시절 내가 가장 좋아했던 취미는 신학에 대해 이야기하는 것이었다. 주로 학생들을 붙잡고 얘기했고 교수들은 피하곤 했다. 종교적 진리를 끈질기게 추구했다. 어느 날 저녁 학교 식당에서 한 친구가 '웨슬리의 사변형'의 네 가지 권위 중 어느 것이 나의 신학에 가장 중요한지 물었다. 인간의 지혜에 대한 새로운 확신과 나 자신의 지식 증가에 고무되어 나는 "이성이 내 신학의 주된 권위야. 이성이 모든 논쟁에서의 최종 심판자이고, 하나님을 아는 지식의 궁극적 원천이지"라고 대답했다. 친구는 경험이 더 중요하다고 주장하면서 내 말에 동의하지 않았다. 몇 초 만에 신학적 난투극이 벌어져 우리는 즐겁게 각자의 주장을 펼치고 모순을 꼬집으며 반론을 퍼부었다. 나는 확실히 매우 합리적인 사람이었기 때문에, 이성을 언제든 어떤 주제나 문제에 대해 내가 생각하는 것의 총합으로 단순히 정의했다.

나중에 존 웨슬리를 읽고서야 이 주장이 얼마나 철저히 비웨슬리적이었는지 알게 되었다. 분명 웨슬리는 열정적으로 후회 없이 이성을 옹호한 사람이었다. 그러나 젊은 시절 나의 이성에 대한 충성은 여러 면에서 그와 달랐다. 앞서 살펴보았듯 웨슬리는 어느 때에도 권위의 네 가지 원천 모두에 초점을 맞춘 적이 없다('사변형'이라는 단어도 사용하지 않았다). 그리고 확실히 웨슬리는 그 어떤 것도 성경이라는 최고의 권위 위에 두지 않았다. 그런데도 나는 그것과 다른 더 불분명한 방식으로 웨슬리를 반대했던 것이다. 근본적으로 웨슬리는 나와 다른 방식으로 이성을 사용했다. 그에게 이성은 지식의 독립적인 원천이 될 수 없었다. 또 이성은 죄뿐 아니라 이성 자체의 본성과 역할에 의해서도 제한을 받았다. 이성은 스스로 지식을 창출하는 것이 아니라 경험에서 비롯된 자료와 지식을 처리할 뿐이다. 이성은 도구이지 원천이 아니다.[1]

도구로서의 이성

이성을 '도구'로 보는 웨슬리의 관점은 그의 시대의 지적 풍토의 부산물이었다. 그는 인간의 모든 지식이 감각의 경험에서 나온다고 주장한 영국 경험주의자들의 영향을 받았기 때문이다. '경험주의자'(empiricist)라는 말은 '경험'(experience)의 그리스 단어에서 유래되었다. 경험주의자들에게 모든 지식의 근원은 감각의 경험이다. 이성이 할 수 있는 일은 한정적이다. 이성은 경험에서 얻은 정보를 처리하는 데 필요한 도구일 뿐, 결코 정보의 독립적 근원이 아니다. 그래서 웨

---

1   웨슬리의 이성 이해와 사용에 관한 가장 훌륭한 단행본 연구서는 Rex D. Matthews, "'Religion and Reason Joined': A Study in the Theology of John Wesley" (Th. D. diss., Harvard University, 1986)이다. 또한 Randy L. Maddox, *Responsible Grace: John Wesley's Practical Theology* (Nashville: Kingswood Books, 1994), 26-47; Donald A. D. Thorsen, *The Wesleyan Quadrilateral: Scripture, Tradition, Reason and Experience as a Model of Evangelical Theology* (Grand Rapids, MI: Zondervan, 1990), 169-200; Lawrence W. Wood, "Wesley's Epistemology," *Wesleyan Theological Journal* 10 (1975): 48-59; Richard E. Brantley, *Locke, Wesley, and the Method of English Romanticism* (Gainesville, FL: University of Florida Press, 1984); Scott J. Jones, *John Wesley's Conception and Use of Scripture* (Nashville: Kingswood Books, 1995), 65-80을 보라.

슬리의 관점에서 보면, 내가 대학 구내식당에서 저녁을 먹으며 이성을 찬양한 것은, 이성이 단지 하나님께 대한 지식의 원천으로서 성경에 종속되어 있기 때문만이 아니라, 이성만으로는 전혀 지식의 근원이 될 수 없다는 점에서 보더라도 잘못된 것이었다. 경험에서 비롯된 정보 없이 이성만 있어도 쓸모가 없지만, 반대로 이성이라는 도구 없이 정보만 있어도 쓸모가 없다. 이성이 없다면 우리는 창조세계나 성경에 계시된 정보를 이해할 수 없다. 그러나 이성이 다른 원천에서 비롯된 정보로 작업하면 풍성한 결과를 가져온다. 이성은 창조세계에 대한 숙고를 통해 우리가 살아가고 일하는 데 충분한 지식을 제공한다. 또 이성은 일상적 경험에 대한 숙고를 통해 예술과 과학에 대한 축적된 지식을 갖게 한다. 아울러 이성은 성경에 대한 숙고를 통해 구원에 이르게 하는 신뢰할 만한 하나님에 관한 지식과 하나님에 대한 신학적 사고의 틀을 제공하고, 도덕적 행동에 대한 지침을 발전시키도록 도와준다.

이성을 '도구'라고 칭하는 것은, 웨슬리에게 이성이 성경, 경험, 전통과는 다른 방식의 권위였음을 말하는 것이다. 다른 세 권위는 모두 비슷하다. 비록 서로 다른 중요성을 지니지만, 이 세 가지는 우리가 정보를 얻는 원천이다. 그러나 이성만으로는 정보를 산출하지 못한다. 그것은 다른 원천에서 얻는 정보를 처리하는 도구일 뿐이다. 그것은 (지식의 어떤 요소에 대해서든 이해하거나 생각하거나 말하는 데) 필요하지만 근본적으로 도구일 뿐이다.

이는 웨슬리에게 이성이란 입력된 정보가 아니라 고도로 정교한 컴퓨터 연산 프로그램에 가깝다는 것을 의미한다. 둘 모두 컴퓨터를 사용하는 데 필요하지만, 연산 장치가 아무리 정교해도 정보 없이는 가치가 없다. 좀 더 쉬운 비유를 들어도 충분할 것이다. 이성은 곡괭이지 탄광 자체가 아니다. 아무리 날카롭고 강해도 곡괭이만으로는 석탄이 나오지 않는다. 그것을 가지고 가서 광산을 파야 석탄을 얻을 수 있다. 반대로 탄광이 아무리 매장량이 많고 잠재적 가능성이 많아도 파낼 도구가 없다면 한 덩어리의 석탄도 얻지 못할 것이다. 우리는 광산 없이 곡괭이만으로 석탄을 얻을 수 없고, 또 곡괭이가 없이 광산만 있어도 석탄을 얻을 수 없다. 이처럼 웨슬리는 이성이 필수적인 도구이긴 하나 독립적인 지식의 원천이라고 생각하지는 않았다.

비록 웨슬리는 내가 전에 저녁을 먹을 때 그랬던 것처럼 이성을 높이 평가하지는 않았지만, 일평생 "종교와 이성은 밀접한 연관성이 있다"[2]고 주장했다. 이 장의 직접적 과제는 웨슬리의 이성 이해, 특히 신앙과 신학에서의 이성의 역할을 살펴보는 것이다. 비록 이 장에서 주로 다루지는 않지만 끝부분에서 직접적으로 다룰 더 중요한 요소는 우리에 관한 것이다. 이성에 대한 이 논의가 오늘 우리와 무슨 상관이 있는가? 웨슬리의 신학적 후예인 우리는 특히 신앙적 문제에서 어떻게 이성을 적절하게 사용해야 하는가?

이 연구는 네 가지 질문으로 압축할 수 있다. 첫째, 웨슬리의 삶과 신앙에서 이성은 어떤 중요성을 지녔는가? 둘째, 그는 '이성'을 어떻게 정의했는가? 셋째, 그는 이성이 인간 삶에서 무엇을 할 수 있고, 또 무엇을 할 수 없다고 생각했는가? 다시 말해, 이성의 한계와 범위는 어디까지인가? 넷째, 이 모든 것이 오늘 우리와 무슨 관계가 있는가?

---

2   Letter to Dr. Thomas Rutherforth (1768년 3월 28일), §III.4, *Works* 9:382.

웨슬리와 이성의 중요성

누구나 웨슬리의 책을 읽어 나가다 보면 그가 이성을 높이 평가했다는 증거를 발견하지 않을 수 없다. 수백 편의 편지와 논문에서 이성을 옹호했기 때문이다. 웨슬리는 이성과 신앙은 '모순' 관계가 아니라며 이렇게 말한다. "내가 이성을 내팽개친다면 내 신앙을 보호해 줄 눈을 감아버리는 것이 된다네."[3] 그는 결코 이성이 자신에게 신앙을 갖게 했다고는 말하지 않았지만, 이성과 신앙이 양립 가능하다고는 주장했다. 신앙과 이성 중 양자택일을 강요당하면, 웨슬리는 "나는 둘 다 찬성한다"고 말했다. 그는 둘 사이를 모순 관계로 보지 않았다.[4]

단지 모순만 없는 것이 아니라, 이성은 그리스도인의 삶에 매우 중요하다. 참된 그리스도인은 이성적인 그리스도인이다. 웨슬리는 자신이 그리스도인이라고 주장하는 "비이성적인" 사람을 "그리스도인이라고 할 수 없는 것은, 그를 천사라고 할 수 없는 것만큼이나 분명하다. 그가 올바른 이성에서 벗어난다면 그만큼 기독교에서도 멀어질 수밖에 없다"[5]고 말했다. 웨슬리는 이러한 주장에서 조금도 모호하지 않았다. 이성이 기독교 신앙에서 매우 중요함을 그는 이렇게 말한다. "격정과 편견이 이성이라는 이름으로 세상을 다스리고 있습니다. 우리는 기독교 신앙과 이성을 연결해 할 수 있는 한 그것을 바로잡아야 합니다."[6]

3　"A Dialogue between An Antinomian and His Friend" (1745), Jackson 10:267.

4　1750년 11월 28일 자 일지, *Works* 20:371.

5　*An Earnest Appeal to Men of Reason and Religion* (1743), §27, *Works* 11:55.

6　Letter to Joseph Benson (1770년 10월 5일), Telford 5:203.

기독교 신앙의 권위를 주제로 글을 쓸 때, 웨슬리는 성경 외에는 다른 어떤 권위보다 이성을 더 자주 언급했다.[7] 그리고 기독교 신앙의 권위의 원천으로서 이성과 성경을 자주 연결 지었다.[8] 그는 다른 사람이 그리스도인에게 신학 논쟁을 걸어올 때는 "진리와 사랑, 성경과 이성이라는 무기 외에 다른 것은 사용하지 말라"[9]고 권고했다. 웨슬리에 의하면, 이렇게 이성과 성경을 의존하는 것은 전혀 새로운 방법이 아니다. 그는 예수님과 사도들은 "명확한 성경 말씀과 설득력 있는 이성으로 자신들이 가르친 모든 교리를 반드시 입증해 내셨다"[10]고 주장했다. 웨슬리는 종종 참된 그리스도인은 '성경적'이고 '이성적'이라고 묘사했다. 그는 메릴랜드(Maryland)의 한 메소디스트 설교자에게 보낸 편지에서 "나는 크고 작은 모든 일에서 성경적이고 이성적인 그리스도인이 되고 싶습니다"[11]라고 적었다.

7 Thorsen, 127과 276 각주 2번.

8 "The Nature of Enthusiasm," §26, *Works* 2:55-56; "Causes of the Inefficacy of Christianity," §12, *Works* 4:93; "Seek First the Kingdom," §6, *Works* 4:219; *A Farther Appeal to Men of Reason and Religion*, Part III, §§III.28-29, *Works* 11:310-11; *A Farther Appeal*, Part III, §III.5, *Works* 11:293; "The Principles of a Methodist Farther Explained," §§V:7-8, Jackson 8:467; A Letter to the Right Reverend the Lord Bishop of Gloucester (1763), §II.18, *Works* 11:516-17. 예를 들어, 웨슬리는 메소디스트들은 "우리가 설교하는 교리를 성경과 이성으로, 그리고 필요하다면 초기 기독교의 가르침으로 증명한다"고 적었다. *A Farther Appeal*, Part III, §III.28, *Works* 11:310. 그는 자주 성경, 이성, 초기 기독교라는 세 가지 권위를 강조하면서 이 문구를 반복했다.

9 "Some Remarks on Mr. Hill's 'Review of All the Doctrines Taught by John Wesley'" (1772년 9월 9일), Jackson 10:413.

10 *A Farther Appeal*, Part III, §III.29, *Works* 11:311.

11 Letter to Freeborn Garrettson (1789년 1월 24일, Telford 8:112. 웨슬리는 자신뿐 아니라 메소디스트들은 일반적으로 "성경적이고 이성적인 온전한 그리스도인이 되고자 하는 단 하나만을 염두에 두어야 합니다"라고 주장했다. Letter to Mary

웨슬리가 이성을 이처럼 높이 평가한 것은 놀라운 일이 아니다. 그는 '이성의 시대'에 살았기 때문이다. 웨슬리 시대의 많은 사람이 전통, 사람, 제도의 권위에 의존하는 태도에 반대한 계몽주의 운동의 영향 아래서 사고했다. 계몽주의 사상가들은 그것들 대신 이성과 경험을 중시했다. 이 운동에 영향을 받아 웨슬리 시대 영국의 많은 사람이 이성의 능력을 확신했다.

따라서 당시의 시대정신을 고려해 보면 웨슬리가 기독교와 메소디즘이 이성적이라고 주장한 일은 그리 놀랍지 않다. 그러나 당시의 많은 사람이 이성의 능력을 당연시했기에 이성을 강조한 것이 별로 놀라운 일이 아니라면, 웨슬리는 왜 그리도 힘주어 이성을 옹호해야 했을까? 그는 왜 굳이 메소디스트들이 이성적이라는 사실을 그렇게 강조했을까? 대화에서든 신학 논문에서든 무엇을 방어하는 이유는 먼저 공격이 있었기 때문이다. 그렇다면 웨슬리를 공격한 사람은 누구인가?

당시의 저명한 지도자들이 웨슬리와 메소디스트들은 '열광주의'(enthusiasm)에 빠졌다고 비난했다.[12] 혹 '열광주의가 뭐 그리 끔찍

Bishop (1769년 11월 5일), Telford 5:154. 웨슬리는 설교 "광신의 본성"에서도 "순수하고 성경적이며 이성적인 방법"을 언급한다. "The Nature of Enthusiasm," §26, *Works* 2:55-56.

12 그 예로는 Letter to Dr. Thomas Rutherforth (1768년 3월 28일), §III.4, *Works* 9:382를 보라. 또한 George White, "A Sermon Against the Methodists"; "A Letter from Mrs. Elizabeth Hutton," in Richard Heitzenrater, *The Elusive Mr. Wesley: John Wesley as Seen by Contemporaries and Biographers*, 2 vols. (Nashville: Abingdon Press, 1984), 2:65-68, 75-77; W. Stephen Gunter, *The Limits of 'Love Divine': John Wesley's Response to Antinomianism and Enthusiasm* (Nashville: Kingswood Books, 1989), 1-3장을 보라.

한 일인가?'라고 할지도 모른다. 그러나 웨슬리 시대에 열광주의는 오늘 우리가 말하는 것과 달랐다. '열광주의자'(enthusiast)라는 딱지 는 단지 무엇인가를 열정적으로 옹호하는 사람이 아닌 종교적 '광신 자'(fanatic)에게 붙인 것이다. '열광주의'라는 말은 '하나님께 영감을 받 았다'라는 의미의 헬라어에서 유래했다.[13] 이런 의미로만 보면 이 말 이 매우 나쁘게 들리지는 않는다. 하나님께서 신자에게 영감을 불어 넣으신다는 것이나 하나님의 영이 우리 안에 계신다는 것은 웨슬리 신학의 핵심이 아닌가? 그러나 웨슬리 시대에 열광주의는 광신이나 비이성적인 것과 연결된 개념이었다. 어떤 열광주의자는 개인적이고 직접적인 계시로 하나님의 음성을 듣는다고 주장했다. 그들을 비판 한 사람들은, 그들이 하나님의 음성에 대해 실수하기 쉬운 개인의 해 석은 지나치게 신뢰하면서도, 이성이나 전통 특히 성경의 권위를 평 가절하하는 태도를 우려했다.

웨슬리 가족의 친구이자 18세기 『표준 영어 사전』(A Dictionary of the English Language)을 집필한 새뮤얼 존슨(Samuel Johnson)은 열광주 의자를 "사적인 계시를 받았다고 헛되이 상상하는 사람, 또는 하나님 과 직접 소통했다고 헛되게 확신하는 사람"[14]으로 묘사했다. 열광주

---

13   두 번째 음절인 'thus'는 '하나님'을 뜻하는 'theos'에서 유래했고, 하나님께 대한 연구 인 '신학'(theology) 역시 같은 어근을 갖는다. The Concise Oxford English Dictionary (Oxford: Oxford University Press, 1976), 345의 'enthusiasm' 부분을 참고하라. 웨 슬리는 이러한 어원 설명에 의문을 제기했다. 그는 몇 가지 가능성 있는 어원을 검 토하고 비판한 후 "그것은 그런 영향을 받은 일부 사람들이 하는 소리를 듣고 만 들어 낸 말일지도 모릅니다"라고 적었다. "The Nature of Enthusiasm," §6, Works 2:48.

14   Matthews, "Appendix," 380에서 인용한 "Enthusiast," Samuel Johnson, A Dictionary of the English Language, 6th ed., 2 vols. (London: J. F. and C. Rivington, 1785).

4장 | 도구로서의 이성 143

의자들 스스로가 자신들은 종교적인 무엇인가를 본다며 지나치게 주장하는 태도를 비판한 것이다. 웨슬리는 거기서 더 나아가 열광주의를 "일종의 종교적 광기"[15]로, 열광주의자를 "일종의 미친 사람"[16]으로 칭했다. 웨슬리와 다른 비판적인 사람들이 볼 때, 이 광기의 주된 증상은 비이성적 태도였다. 웨슬리에 의하면, 열광주의자들은 이성을 "멸시하고 비난한다."[17] 또 "이성의 사용을 크게 방해하고 이해의 눈을 가리는 정신적 무질서"에 빠져 있다.[18] 그래서 열광주의자들은 본질적으로 비이성적이라는 비난을 받았다. 이성의 시대에 '열광주의자'는 매우 도발적인 말이었다.

따라서 웨슬리가 이성을 찬양한 것은 종종 '열광주의'라는 비난에 대응하기 위해서였다. 그는 비이성적이라는 비난을 피하기 위해 이성을 옹호하는 데 많은 노력을 기울인 것이다. 게다가 그는 메소디스트들 가운데 열광적 비이성주의를 조장했다는 비난도 받았다. 그런 비난을 한 것으로 잘 알려진 사람은 케임브리지 대학교의 유명한 신학 교수 토머스 러더퍼드(Thomas Rutherford)다. 러더퍼드는 "메소디스트 학교의 기본 원칙은 그곳에 들어오는 모든 사람이 이성을 부정해야 한다는 것"이라며 비난했다. 물론 웨슬리는 그런 비난에 아무런 대응 없이 넘어갈 수 없었다. 그는 이렇게 답했다. "선생님, 지금 주무시고 계신가요? 잠꼬대를 하는 것이 아니라면 어떻게 그렇게 심한 거짓말을 할 수 있나요? 이성을 부정하는 것은 기독교를 부정하는 것이

---

15 "The Nature of Enthusiasm," §12, *Works* 2:50.

16 같은 곳.

17 "The Case of Reason Impartially Considered," §1, *Works* 2:587.

18 "The Nature of Enthusiasm," §11, *Works* 2:49.

고, 기독교와 이성은 밀접한 관계가 있으며, 모든 비이성적 종교는 거
짓된 종교라는 것이 우리의 기본 원칙입니다."[19] 매우 강한 표현이다.
웨슬리는 이런 인용문에서와 자신의 글 전체에서 이성을 옹호했고,
이성을 폄하하는 사람들에게는 이의를 제기했다. 이성은 일반적으로
삶에 중요할 뿐 아니라, 종교 특히 기독교 신앙에도 반드시 필요하다.

웨슬리는 이성에 대한 비판이 새로 발생한 문제가 아님을 알았
다. 심지어 "옛날에도 … 별다른 이유 없이 이성은 기독교 신앙에 조
금도 도움이 되지 않고 오히려 방해가 된다고 상상한 선량한 사람들
이 적지 않았다."[20] 비록 오래된 문제임에도 웨슬리가 대응의 필요성
을 느낀 것은, 이성을 비난하는 사람의 수가 특히 영국에서 늘어나고
있다고 생각했기 때문이었다.[21]

이성은 웨슬리의 신학뿐 아니라 그의 삶의 방식, 성격, 학문에도
결정적 역할을 했다. 웨슬리는 이성의 시대에 살았고 이성을 가치 있
게 여겼을 뿐 아니라 그 자신이 이성적인 사람이었다. 그는 가정교육
과 학교교육을 통해 이성을 기르고 훈련했다. 또 그는 경건에서는 사

---

19 Letter to Dr. Thomas Rutherford (1768년 3월 28일), §III. 4, *Works* 9:382.

20 "The Case of Reason Impartially Considered," §1, *Works* 2:587.

21 같은 곳. 이성에 대한 비판자들 전부가 광신적 뿌리에서 생겨난 것은 아니다. 웨슬
리는 이성을 폄하한 대륙의 종교개혁자들이 끼친 영향에 대해서도 의혹을 가졌다.
그는 마르틴 루터의 『갈라디아서 강해』를 읽은 뒤에는 그 책을 높이 평가한 것에 대
해 스스로를 질책하면서 "매우 부끄러웠다"고 적었다. 웨슬리는 루터가 "생각이 깊
지 못하고 … 불명료하며 혼동되어" 있을 뿐 아니라 "위험할 정도로 잘못되어 있다"
고 적었다. 또 이렇게 기록했다. "어떻게 그는 (대부분 타울러가 한 말을 써가면서)
옳은 것과 그른 것을 구분조차 하지 않고 이성을 그리스도의 복음과 화해할 수 없
는 적이라며 공공연히 비난할 수 있는가? 무엇이 이성(즉 이성의 기능)인가? 이해
와 판단과 설명할 수 있는 능력이 아닌가? 이런 능력이 보고 듣고 느끼는 것보다 더
비난받아야 할 이유가 있는가?" 1741년 6월 15일 자 일지, Jackson 1:315를 보라.

랑과 마음의 감정을 중시했다면, 신학에서는 합리성과 논리적 타당
성을 중시했다. 후대의 한 연구자에 따르면 웨슬리는 "마음은 이상할
정도로 따뜻했으나, 추측건대 머리는 그것에 영향받지 않은 사람"[22]
이었다.

웨슬리의 부모는 웨슬리가 어렸을 때 이런 특징을 알아차렸다고
전해진다. 후대의 전기 작가들에 따르면, 아버지 새뮤얼(Samuel)은 어
머니 수잔나(Susanna)에게 이렇게 말한 적이 있다. "나는 우리 잭이 이
유를 제시할 수 없다면, 가장 긴요한 생필품에도 신경 쓰지 않을 것
같아요."[23] 웨슬리는 아버지가 한때 자신에게 이렇게 훈계했다고 기록
했다. "얘야, 너는 지금 논쟁으로 모든 것을 해결하려고 하지만, 면밀
한 추론으로 세상에서 이루어진 일이 거의 없다는 걸 장차 알게 될 거
야."[24] 비록 아버지는 주의를 주었지만 우리는 웨슬리 가족이 이성, 지
식, 신학적 숙고를 소중히 여겼다는 것을 알고 있다. 웨슬리의 부모가
지혜와 이성을 존중했다는 사실은 그들이 자녀에게 보낸 편지, 어떻
게 가정교육을 했는지에 대한 수잔나의 설명, 새뮤얼의 학문적인 글
들에서 분명히 드러난다. 새뮤얼은 인생의 많은 시간과 가족의 부족
한 재산 중 적지 않은 부분을 욥기를 학문적으로 연구하는 데 쏟아부
었다. 수잔나의 가정교육 방법은 아이들의 '이해력' 형성을 목표로 했

22 Matthews, 6에서 인용한 Gerald R. Cragg, *Reason and Authority in the Eighteenth Century* (Cambridge: Cambridge University Press, 1964), 156.

23 리처드 하이첸레이터에 따르면, 이 인용문이 처음 나오는 곳은 애덤 클라크의 *Memoirs of the Wesley Family*이다. Richard P. Heitzenrater, *The Elusive Mr. Wesley*, 2 vols. (Nashville: Abingdon Press, 1984), 2:177.

24 이 인용문의 알려진 원문 출처는 웨슬리 자신의 글이다. Letter to Joseph Benson (1770년 10월 5일), Telford 5:203을 보라.

다. 이후에 그녀는 아이들의 의지를 꺾음으로써 "기독교 교육을 위한 튼튼하고 합리적인 기초"를 확고히 했다고 기록했다. 그렇게 하면 아이들은 자신 스스로의 이성 또는 "이해가 성숙하고 신앙의 원리가 마음에 뿌리를 내리기까지" 부모의 이성적 판단에 따라 행동하기를 배울 수 있기 때문이다.[25] 수잔나는 아이들의 '이해력'을 발달시키기 위해 각각의 아이와 매주 1회 성경, 신앙, 신학에 대해 이야기하는 시간을 정해 두었다. 부모의 이런 도움을 받아 아이들은 아주 어릴 때부터 성경을 읽을 수 있었을 뿐 아니라, 그중 몇 명은 헬라어 성경을 읽을 수 있었다. 이처럼 비이성적이거나 불분명한 점을 찾기 힘들었던 웨슬리 가족 중에서도, 존 웨슬리는 특히 이성적이고 논리적인 성격이 두드러졌던 것이다.

웨슬리는 가정교육에서뿐 아니라 옥스퍼드 대학교 학생 시절에도 지식과 면밀한 추론을 중요하게 여겼다. 그의 열띤 연구 계획과 그가 읽고 추천한 책들의 목록은 모두 학생이었던 웨슬리에게 지적인 삶이 얼마나 중요했는지를 보여준다. 그가 옥스퍼드 대학교 링컨 칼리지(Lincoln College)의 교수가 된 후 가르친 논리학, 헬라어, 수사학 등의 과목은 모두 비판적 사고를 강화하는 것이었다. 그는 학생들과 이후에는 메소디스트 설교자들에게 자신이 번역하고 요약한 논리학에 관한 대표적인 글을 추천했다. 웨슬리의 면밀한 논리적 훈련은 그의 저술 전체에서 드러나며, 그중 어떤 글은 논증의 형식적 규칙을 그대로 따르고 있어서 훌륭한 논리학 교과서의 사례로 인정받아 왔다.[26]

───────

25   웨슬리는 1742년 8월 1일 자 일지, *Works* 19:288에서 모친 수잔나 웨슬리의 편지 (1732년 7월 24일)를 인용하고 있다.
26   웨슬리는 자신의 논리학 교과서에서 다양한 종류의 논증을 설명하기 위해 논리적

논리학은 목회자들에게 가장 중요한 과목은 아니었지만, 점점 중요하게 여겨졌다. 웨슬리는 목회자들에게 논리학 연구가 "성경에 대한 지식 다음으로 필요하고, 또 성경에 대한 지식 그 자체를 얻기 위해서도 필요하다"[27]고 조언했다. 목회자들이 논리학을 공부함으로 이성적 분별력과 논증 능력을 발전시키기를 바랐던 것이다. 웨슬리는 그것들을 목회자의 부수적 자질로 생각하지 않았다. 그는 "목회자는 첫째로 훌륭한 이해력, 분명한 견해, 건전한 판단력, 매우 면밀한 추론 능력을 지녀야 한다"[28]고 적었다. 이런 능력 계발을 장려하기 위해 웨슬리는 신학, 철학, 과학, 그외 학문 분야의 수백 권의 논문과 책을 요약해 출판하고 또 추천했다. 킹스우드(Kingswood)의 메소디스트 학교는 각종 언어, 논리학, 수사학, 문법, 철학, 윤리학, 신학을 필수과목으로 가르쳤는데, 이는 모두 추론 능력을 향상시키기 위한 것이었다. 웨슬리는 메소디스트 설교자들이 잘 훈련되어 있다고 주장했는데, 이는 명확한 추론과 충분한 독서가 더 나은 설교에 도움이 된다고 확신했기 때문이다.[29]

이처럼 우리는 웨슬리가 열광주의로 비난받은 것에 대응한 것뿐 아니라, 그의 삶과 성격에서도 이성에 대한 헌신을 발견한다. 그는 이

논증의 형식을 따르는 자신의 설교 여러 편을 읽어보도록 독자에게 제안했다. *A Compendium of Logic*, Jackson 14:189를 보라. 그가 언급한 설교는 "The Means of Grace," *Works* 1:381과 "The Nature of Enthusiasm," *Works* 2:46-60이다.

27 "An Address to the Clergy," §I. 2, Jackson 10:483.
28 같은 곳, §I. 1, Jackson 10:481.
29 웨슬리는 설교의 깊이와 '다양성', '사고의 범위'에서 부족함을 드러낸 한 메소디스트 설교자를 꾸짖었다. 웨슬리는 그 원인이 '독서의 부족'이라고 보았고, 피상적 설교에 대한 유일한 해결책은 매일 일정한 시간을 독서와 기도에 할애하는 것이라고 조언했다. Letter to John Tremblath (1760년 8월 17일), Telford 4:102.

성적으로 글을 썼고, 또 이성적으로 살았다. 웨슬리의 가르침은 성경에서 비롯되었지만, 그의 논증의 구조는 아리스토텔레스의 논리학에서 발전해 온 것이다. 성경이 그의 신학의 정수와 영혼이 되었다면, 논리학은 그 신학의 형태와 방법론을 제공했다. 이성적 태도가 그의 신학 스타일과 개인적 특성을 주도한 것이다. 웨슬리는 이성이 육신을 입고 말을 타고 다닌 논리 그 자체였다.

웨슬리의 이성적이고 논리적인 사고구조는 계몽주의 시대에 꼭 들어맞았다. 열광주의적이고 비이성적이라는 비난이 그로 하여금 메소디스트들이 이성적임을 강력히 항변하도록 자극했다는 사실은 쉽게 알 수 있다. 하지만 이 퍼즐에는 또 다른 중요한 조각이 있다. 웨슬리는 이성을 '과소평가한 사람들' 뿐 아니라 '과대평가한 사람들'과도 논쟁을 벌인 것이다.[30] 웨슬리가 이성에 대한 계몽주의적 확신을 가진 것은 부분적이었을 뿐 전적인 것이 아니다. 이성에 대한 극단적 숭배자들은 웨슬리가 인정하는 한계 이상으로 이성을 찬양했다. 웨슬리는 그들이 이성은 "하늘 끝까지 높이면서"[31] 초자연적 계시는 비이성적인 것이라며 거부한 것에 대해 한탄했다. 웨슬리는 이성을 경시하는 사람들과 지나치게 높이 평가하는 사람들 사이에서 '적절한 중간 지대'를 찾고자 노력했다. 그는 "이성을 과소평가하거나 과대평가하는 양 극단 사이의 중간 지대는 없습니까?"[32]라고 물었다. 이 '중간 지대'를 찾으면서 그는 이성을 과소평가하는 사람들에게는, 이성이

---

30 "The Case of Reason Impartially Considered," §6, *Works* 2:589.

31 같은 곳, §3, *Works* 2:588.

32 같은 곳, §3, §5, *Works* 2:588.

"[그리스도인의] 신앙과 실천의 모든 면을 지도"하는 "하나님의 소중한 선물"임을 깨달아야 한다고 주의를 주었다.[33] 반대로 이성을 과대평가한 극단적 이성주의자들에게는, "이성은 믿음, 소망, 사랑을 일으키는 데 전적으로 무능함을 인정해야 한다"[34]며 강력히 충고했다. 그는 이성의 가치를 깎아내리는 사람들과 숭배하는 사람들 사이의 '적절한 중간 지대'를 찾으려 노력하면서, 이성을 바르게 정의하고 인간 삶에서의 이성의 유용성과 한계를 밝히는 일에 착수했다. 웨슬리에게 '적절한 중간 지대'란 무엇이었을까?

이성의 정의

지금까지 우리는 웨슬리가 이성을 중시하고 메소디즘을 이성적이라고 옹호했다는 사실을 살펴보았다. 그러나 앞의 예들은 이성이 '도구'로서 기능한다는 사실을 인정하는 데서 더 나아가 무엇이 이성인지 바르게 정의하지는 않는다. 단지 웨슬리가 지식, 논리, 사고력을 중시했음을 언급할 뿐이다. 그렇다면 웨슬리는 '이성'이라는 용어로 무엇을 의미했는가? 그는 (그의 논증에서 흔히 볼 수 있는 첫 작업으로) 이 용어를 정의하면서, 이 용어가 어떻게 일반적으로 사용되어 왔는지를 검토했다.

　'이성'(reason)이라는 단어는 어떻게 사용되고 있는가? 웨슬리는 먼저 가장 일반적이고 직접적인 용법을 살펴보았다. 이 단어의 가장

33　같은 곳, §II. 10, *Works* 2:599.
34　같은 곳, §II. 10, *Works* 2:600.

기본적인 의미는 '이유'(reason)인데, 이는 동기나 근거를 뜻한다.[35] 이 정의에 의하면, 우리가 (행동이든 생각이든 결정이든) 무엇인가에 대해 이유를 제시하는 것은, 간단히 말해 우리의 동기를 설명하거나 행동을 해명하는 것이다. 우리가 '이유가 무엇입니까?'라고 묻는 것은 그런 설명을 기대하기 때문이다. 10대 소녀가 아버지에게 "제가 내일 아침 일찍 일어나 교회에 가야 하는 이유를 하나라도 대보세요"라고 따진다면, 그 아이는 그렇게 해야 할 근거나 명분을 알려달라는 것이다(십대의 마음을 어떻게 알겠는가? 부모와 전혀 다른 것을 생각하고 있을지도 모르는데, 그 경우는 이야기가 달라진다). 우리는 일상적 대화에서 '이유' 라는 단어를 자주 이런 의미로 사용한다. "유아세례를 지지하는 이유가 무엇인가요?" "경찰관님, 과속한 이유는 출근이 늦었기 때문입니다." 이것이 일상의 대화에서 이 용어를 사용하는 가장 일반적인 방법이다.

웨슬리는 사소하든 중요하든 그의 모든 글에서 이런 방식으로 '이성'이라는 용어를 사용했다.[36] 한 재밌는 사례는 그가 "내가 머리를 자르는 것에 대해 어머니가 든 이유"를 언급한 것이다. 어머니의 이유는 짧은 머리가 더 건강에 좋기 때문이었다. 반면에, 웨슬리가 머리를 길렀던 이유는 머리를 자르는 비용이 비쌌기 때문이었다. 어머니와 아들은 이유를 말하면서, 존 웨슬리의 머리카락 길이에 대해 각자의 주장을 펼치거나 생각을 해명하고 있었다.

---

35 같은 곳, §I. 1, *Works* 2:589.

36 Letter to Samuel Wesley (1727년 5월 22일), *Works* 25:222. 매슈스(Matthews, 126-28)는 웨슬리가 근거나 동기로서의 이성을 일반적으로 사용한 수십 가지 사례 목록을 제시한다.

이 의미 곧 우리의 선택이나 행동에 대한 근거나 해명으로서의 '이성'은 일상에서 가장 흔히 사용되지만, 웨슬리가 기술적이고 철학적으로 사용한 의미는 아니다. 그럼에도 이 의미는 우리의 선택이나 행동에 대한 해명을 포함해, 진리에 대한 모든 주장의 가장 신뢰할 만한 원천이 무엇인가 하는 현대 철학의 핵심 쟁점으로 이어진다. 웨슬리 시대에 이 논쟁은 크게 두 개의 대립된 진영으로 나뉘었다. 한쪽은 지식이 이성 자체에서 비롯된다고 보았다면, 다른 쪽은 이성을 도구나 연산 장치 정도로 여기면서 모든 지식이 경험에서 비롯된다고 보았다. 웨슬리는 양 진영의 이성의 정의, 곧 지식의 원천으로서의 이성과 이해의 도구로서의 이성 모두에 대해 깊이 숙고했다.

이 중 웨슬리는 지식의 독립적인 원천으로서의 이성이라는 첫 번째 철학적 정의는 대체로 거부했다. 웨슬리 시대의 일부 철학자와 신학자들은 영원하거나 초월적인 세계를 알 수 있는 인간 이성의 능력이라는 의미로 '영원한 이성'이라는 표현을 사용했다.[37] 헬라 철학자인 플라톤 전통에 속한 이 철학자들은, 이성은 그 자체 내에서 세상에서의 우리의 일상적 경험을 초월하는 영원한 진리를 찾을 수 있다고 믿었다. 이 전통에 속한 신학자들은 하나님이 인간의 마음에 이성을 창조하시고, 이성에 하나님의 마음에 접근할 수 있는 어떤 지식을 부여하셨다고 믿었다. 따라서 사람의 지성이나 마음에는 하나님과 진리에 대한 관념이 이미 새겨져 있다. 이러한 '본유적'(innate) 관념은 이미 주어져 있는 것이기 때문에 어떤 경험이나 특별 계시에 의존하지

---

37 "The Case of Reason Impartially Considered," §I. 1, *Works* 2:589-90. 또한 "The Imperfection of Human Knowledge," §I. 4, *Works* 2:571을 보라.

않는다. 이성은 감각이나 계시의 추가적 정보 없이도 독립적으로 하나님의 본질적 속성에 관한 진리를 알 수 있다. 웨슬리 시대에는 이같이 주장하는 사람이 많이 있었다.

많은 학자가 웨슬리가 이성에 대한 이러한 플라톤적 정의를 거부했다는 데 동의한다.[38] 웨슬리는 '영원한 이성' 전통을 일축하면서 그것은 "전적인 모순"[39]일 뿐이라고 적었다. 그는 하나님이 "모든 인간의 영혼에 자신에 대한 관념을 … 각인해 놓으셨다"고 주장하는 사람들에 반대해 다음과 같이 말했다.

> 어느 누구도 자신의 영혼에 각인된 그런 관념을 발견한 적이 없고, 지금도 마찬가지입니다. 우리가 하나님에 대해 알고 있는 매우 적은 지식은 (성령의 영감으로 받은 것을 제외하면) 내적 인상에서가 아니라 외부에서 점진적으로 얻은 것입니다. '하나님의 보이지 않는 것들'에 대해 우리가 조금이라도 아는 것이 있다면, '피조물에서 알게 된 것'입니다. 하나님께서 우리 마음에 새기신 무엇 때문이 아니라, 그분이 그분의 모든 작품에 새겨 놓으신 것 때문에 아는 것입니다(참고. 롬 1:18-20-역주).[40]

---

38 이 주장을 가장 잘 볼 수 있는 곳은 매슈스, 매덕스, 브랜틀리(Brantley), 우드(Wood)의 글이다. 다른 주장인 웨슬리의 플라톤주의에 대해서는 *sermons* 1:146 각주 54번, 1:276 각주 46번, 1:433 각주 7번, 1:711 각주 122번, 2:192 각주 29번, 2:571 각주 7번에서의 아우틀러의 설명; John C. English, "The Cambridge Platonists in John Wesley's Christian Library," *Proceedings* 37 (1970): 101-4; Roderick T. Leupp, "'The Art of God': Light and Darkness in the Thought of John Wesley" (Ph.D. diss., Drew University, 1985), 197-98, 224-29; 그리고 Mitsuo Shimizu, "Epistemology in the Thought of John Wesley" (Ph.D. diss., Drew University, 1980), 29 각주 1번, 111-92, 219-24에서 볼 수 있다. 이처럼 웨슬리에 대한 두 가지 충돌하는 해석을 훌륭하게 다룬 자료는 Matthews, 제4장과 Thorsen, 제6장을 보라.

39 "The Case of Reason Impartially Considered," §I.1, *Works* 2:590.

40 "The Imperfection of Human Knowledge," §I.4, *Works* 2:571.

따라서 하나님에 대한 인간의 어떤 보편적인 지식도 '우리 마음에 새겨진' 본유적 관념에서가 아니라 '그분의 모든 작품에 새겨진' 창조에 관한 정보에서 이끌어낸 것이다. (웨슬리에게 하나님께 대한 지식의 최우선적 원천은 물론 성경이다.) 우리의 지식은 이성 자체가 아니라, 이성이 경험에서 얻는 외부의 정보와 상호작용하는 것에 의존한다.

'영원한 이성' 또는 지식의 원천으로서의 이성에 대한 첫 번째 철학적 정의를 거부한 웨슬리는, 이해를 위한 도구나 능력으로서의 이성이라는 두 번째 정의는 옹호했다. 웨슬리가 처한 영국이라는 배경(특히 옥스퍼드 대학교)에서 이처럼 이성을 경험과 연결 지어 정의한 것은, 이성을 독립적 지식의 근원으로 정의하는 것에 대한 공동의 대안이었다. 이 정의에서는 이성이 아닌 경험이 인간 지식의 주요 원천이다. 이성은 단지 정보를 이해하고 그 정보로 일하는 도구 또는 "영혼의 기능"일 뿐이다.[41] 웨슬리의 저술 전반에서 볼 수 있는 이 정의는 스스로를 헬라 철학자 아리스토텔레스의 전통에 있는 것으로 여긴 영국 경험론자들 사이에서 일반적이었다. 웨슬리를 포함해 이 경험주의자들이 볼 때, 마음은 본유적 관념을 지니고 있지 않으므로, 인간의 이성은 어떤 중재적 도움 없이 직접적으로 영원한 세계에 접근할 수는 없으나, 경험적 정보를 다루는 연산 장치나 도구로서의 제한된 역할은 지니고 있다. 웨슬리는 "우리가 자연적으로 가지고 있는 모든 지식은 본래 우리의 감각에서 비롯된 것이다"라고 적었다. 심지어 "너무 단순하고 명백해서 우리가 이해력을 사용하는 즉시 알 수 있는 지

41　"The Case of Reason Impartially Considered," §I. 2, *Works* 2:590. 또한 *A Compendium of Logic*, Jackson 14:161을 보라.

식조차도 본유적인 것이 아니라 우리의 감각에서 비롯된 것이다"[42]라
고 기록했다. 플라톤주의자들과 비교하면 경험주의자들은 이성에 훨
씬 덜 중요한 역할만을 부여했는데, 그들에게서 이성은 단지 다른 원
천에서 비롯된 정보나 자료를 처리할 뿐이다. 기억해야 할 것은, 웨
슬리와 다른 경험주의자들에게 이성은 지식의 독립적인 원천이 아닌
단지 도구일 뿐이라는 점이다. 이성은 탄광 자체가 아니라 곡괭이다.
이처럼 아리스토텔레스적 경험주의자들의 이성 이해는 플라톤적 관
점과 정반대였다. 그러나 앞으로 살펴보겠지만, 웨슬리는 플라톤적
변형을 가미한 경험주의적 모델을 발전시켰다.

웨슬리의 경험주의적 모델에서 이성은 어떤 기능을 하는가? 웨슬
리에게 이성은 세 가지 작용이나 작동 방식을 가진 "영혼의 기능" 또
는 능력으로, "단순한 이해, 판단, 소통이라는 세 가지 방법으로 작용
한다."[43] '단순한 이해'는 가장 기본적인 것으로 이성의 첫 번째 작용
또는 임무에 해당한다. 이 단계에서 이성은 단지 제시된 정보나 자료
를 알아차리거나 받아들인다. 웨슬리는 이해란 "마음 속에서 무엇을
생각하는 것"을 의미하며 "이것이 이해가 하는 첫 번째이자 가장 단순
한 행위입니다"[44]라고 적었다. 예를 들어, 나는 식료품점 주차장에 차
가 있는 것을 보고서, 그것에 대해 많이 생각하거나 그것이 내 여동생
차와 비슷하다는 것을 알아차리기 전에 단지 마음에 차가 거기에 있

---

42   "On the Discoveries of Faith," §1, *Works* 4:29. 또한 "Walking by Sight and Walking
by Faith," §7, *Works* 4:51을 보라.

43   "The Case of Reason Impartially Considered," §I. 2, *Works* 2:590. 또한 *A
Compendium of Logic*, Jackson 14:161을 보라.

44   같은 곳.

다고 새긴다. 이성의 첫 번째 활동은 단지 관념이나 감각된 정보를 이해하거나 받아들이는 것이다.

'판단'이라 부르는 인간 이해의 두 번째 작용 또는 임무에서, 이성은 감각에서 비롯된 다양한 인상을 가지고 생각하기 시작한다. 이전 자료와 비교하고 대조하고 판단을 내리면서 새로운 자료를 처리한다. 웨슬리에게 판단이란 "생각한 것들이 서로 일치하는지 아니면 다른지 밝히는 것"[45]이다. 이 단계에서 이성은 다른 정보와 연결 지어 새로운 정보를 정렬하고 분류한다. 나는 차를 보기만 하지 않고 그것이 여동생 차와 비슷하다는 것을 인식한다. 그리고는 여동생의 차에서는 본 적이 없는, 후드의 페인트가 벗겨진 사실을 알아챈다. 이성은 이 두 번째 작용에서 여러 정보를 이전 정보와 비교하고 대조하는 작업을 시작하는 것이다.

그리고 마지막으로 웨슬리가 '소통'이라고 부른 이성의 작용 또는 임무에서 마음은 그 자료를 가지고 적극적으로 생각하기 시작한다. 웨슬리는 소통을 "마음이 하나의 판단에서 다른 판단으로 나아가는 움직임"[46]으로 정의했다. 이 단계에서 이성은 새로운 정보를 과거의 정보와 함께 정렬하고 분류할 뿐 아니라, 그 정보를 가지고 생각한다. 우리는 다른 사람과 대화하거나 마음속에서 진술함으로 생각을 더 진전시킨다. 또 두 가지 아이디어를 비교할 뿐 아니라 둘 사이를 연결하는 세 번째 아이디어도 생각해 낸다. 우리는 세상에 있는 것을 보기만 하지 않고 다른 대안을 상상한다. 그리고 두 가지 이론의 차이

---

45   같은 곳. 또한 "Remarks on Mr. Locke's Essay on Human Understanding," Jackson 13:455-64를 보라.

46   같은 곳.

에만 주목하지 않고, 각각이 지닌 내부의 약점을 인지해 문제를 피하기 위한 전략을 개발한다.

다시 실제 사례로 설명하면, 나는 주차장에 있는 차를 보고서 여동생의 차와 비교해 볼 뿐 아니라, 여동생 차의 페인트 역시 벗겨졌거나 색이 바랜 것은 아닌지 자문해 본다. 또 왜 페인트가 벗겨졌고, 여동생이 차를 관리하려면 무엇을 할 수 있는지 생각하게 된다. 만약 내가 자동차 만드는 일을 한다면(아니면 특히 자동차 페인트 만드는 일을 한다면), 왜 페인트가 손상되었는지 알아볼지도 모른다. 또 어떻게 하면 더 좋은 페인트나 더 신뢰할 만한 도장 시스템을 개발할 수 있는지 생각해 볼 수도 있다. 만약 내가 차를 지켜보는 동안 차 주인이 가득 채운 식료품 카트를 밀고 온다면, 물건을 차에 싣는 동안 벗겨진 페인트에 대해 이야기를 할지도 모른다. 문제에 대해 스스로 생각해 보고 차 주인과도 이야기를 나누면서 훨씬 더 복잡한 사고의 단계로 옮겨가는 것이다.

이 모든 작용이나 임무(견해, 판단, 소통)는 이성이 하는 일의 일부다. 이후에 하는 일은 단순한 이해라는 첫 번째 작업에 기초한다. 가장 복잡한 이성의 작업도 감각을 통해 정보를 받아들이는 단순한 작업을 토대로 한다. 이성은 그 자체에서 본유적 관념을 발견하는 것이 아니라, 언제나 그보다 앞서 감각에서 얻은 정보를 가지고 일한다.

대부분의 신학 논쟁은 더 복잡한 수준의 소통에서 발생하지만, 그것들은 기본적인 이해라는 더 단순한 작용에 의존해 있다. 예를 들어, 우리는 원죄의 복잡한 특징을 이야기하는 시점에 이르기 전에, 먼저 세상(신문, 일터, 놀이터, 우리 자신의 마음)에서 죄가 존재함을 입증하는 증거를 보게 된다. 우리는 인간의 무엇이 옳고 그른지 생각한다. 그리고 원죄 이외의 다른 이론들에 대해서도 읽거나 듣는다. 또 우리의 경험과 여러 이론을 비교하고 대조해 본다. 우리는 원죄에 관해 중요한 논의를 할 때 이전에 가졌던 우리의 이해, 판단, 소통을 기반으로 삼는다. 또한 5세기 신학자들(특히 아우구스티누스 - 역주), 성경의 저자들, 주일학교 선생님, 부모 등 다른 사람의 이해, 판단, 소통 역시 기반으로 삼는다. 그러나 이 모든 지식은 근본적으로 본유적 관념이 아닌 우리나 타인의 감각 경험에서 시작된 것이다.

웨슬리는 이성을 이해를 위한 영혼의 기능, 곧 세 가지 작용을 하는 연산 장치로 거듭 묘사했다.[47] 웨슬리는 이 정의가 인간 정신의 실제 작용을 가장 잘 설명한다고 믿었지만, 자기 스스로 정의를 만들거나 이성이 마음에 생래적으로 새겨져 있는지 알기 위해 밤을 새지는 않았다. 그는 옥스퍼드 대학교에서 배운 아리스토텔레스의 논리학 전통, 특히 자신이 번역하고 가르쳤던 논리학자 헨리 올드리치(Henry Aldrich)의 저서를 통해 이성에 대한 이러한 이해를 물려받았다.[48]

웨슬리 시대에 케임브리지 플라톤주의자들과 옥스퍼드 아리스

---

47 웨슬리는 이성의 이 세 가지 작용 또는 기능을 그의 작품 전체의 많은 곳에서 이해라는 말로 표현했다. 그 예는 *An Earnest Appeal*, §§31-32, *Works* 11:56-57; 1741년 6월 15일 자 일지, *Works* 19:201; "The General Deliverance," §I. 5, *Works* 2:441; "A Word to a Drunkard," Jackson 11:169; "Remarks Upon Mr. Locke's 'Essay on Human Understanding,'" Jackson 13:460-63 등이다. 추가 자료로는 Matthews, 140-42를 보라.

48 *A Compendium of Logic*, Jackson 14:161-89. 앞에서의 여러 인용문은 웨슬리가 올드리치의 글을 번역한 데서 직접 가져온 것이다. 웨슬리는 또한 존 로크(John Locke)와 피터 브라운(Peter Browne)의 글에 분명히 표현된 경험주의의 영향을 받았다.

토텔레스주의자(경험주의자)들은 인간 이성에 대해 두 가지 상충되는 견해를 제시했다. 웨슬리는 궁극적으로 경험주의자들의 편을 들었지만, 동시에 플라톤주의자들이 가르친 일부 요소를 수용해 통합했다. 두 가지 선택지 사이에서 자신의 경험주의적 '중간 지대'를 만들어낸 것이다. 양 진영 사이의 논쟁은 이성에 대한 웨슬리의 설명을 이해하는 데 매우 중요하므로, 우리는 플라톤주의자들과 아리스토텔레스주의자들 사이의 논쟁을 더 살펴볼 필요가 있다. 앞에서 보았듯 (케임브리지 플라톤주의자들을 포함해) 플라톤주의자들은 이성이 인간의 마음속 본유적 관념을 인식할 수 있고 그것에 의해 초월적 영역에 속하는 것을 알 수 있다고 생각했다. 어떤 사람은 하나님이 이 관념을 인간의 마음에 기록하셨다고 주장했다. 반면 경험주의적 옥스퍼드 아리스토텔레스주의자들은 본유적 관념을 부인하고 모든 지식은 감각 경험에서 비롯된다고 주장했다.[49]

이 경험주의 사상은 처음에는 이상하게 보일 수 있지만, 우리가 세상에서 해나가는 가장 일상적인 상호작용에 가장 부합하는 설명이기에 이해하기 쉽다. 예를 들어, 우리는 미루나무나 뽕나무에 대한 지식을 얻기 전에 먼저 그것들을 경험한다. 냄새를 맡고, 만져보고, 나무에 올라간다. 오디를 보고 따서 맛을 본다. 우리는 미루나무에 대한 지식을 가진 채로 태어나지 않았다. 뽕나무에 대한 지식은 이성의 작용에서 자동으로 생겨나지 않는다. 뽕나무를 본 적도, 들은 적도 없는 아이는 온종일 앉아서 생각하고 밤새 집중해도 뽕나무에 대한 지

---

49 이 주제에 대한 전반적 논의는 Matthews, 247-312를 보라. 매슈스는 웨슬리의 플라톤주의적 성향에 대한 이전의 주장을 반박하고, 그는 결국 경험주의자였음을 설득력 있게 주장한다.

식을 조금도 만들어낼 수 없다. 그 지식은 뽕나무를 경험할 때만 생겨난다. 아이는 직접 뽕나무를 보지는 못했더라도, 최소한 사진이라도 보거나 뽕나무를 본 언니의 말이라도 들어야 지식이 생겨난다. 경험주의자들의 이러한 주장은 우리의 일상적 경험에 비추어 보면 사실처럼 들린다.

경험주의자들은 뽕나무와 미루나무에 대한 지식만이 아니라 인간의 모든 지식이 경험에서 시작된다고 주장한다. 웨슬리에 의하면 하나님에 대한 우리의 지식조차도 경험에서 나온다. 학자가 밤낮으로 서재에 앉아 최대한 연구에 집중한다 해서 하나님에 대한 많은 지식을 만들어낼 수는 없다. (물론 약간의 지식을 만들어낼 수는 있을 것이다. 뽕나무가 있는 곳은 상당히 제한적이지만, 하나님은 그의 연구 중에도 계시고 경험 중에도 계시며 어디나 계시기 때문이다.) 요점은 마음이나 이성만으로는 하나님에 대한 지식을 만들어낼 수 없다는 것이다. 우리는 하나님의 창조세계에서의 증거, 성경에 대한 우리의 경험, 그리고 우리 자신의 영적 감각을 통해 하나님에 대해 알게 된다.[50] 이성의 임무는 단지 그 경험을 반추해 생각해 보는 것이다. 그것은 스스로 어떤 자료를 만들어내거나, 의심할 수 없는 기본 원리에서 진리를 찾거나, 마음속에 있는 본유적 관념을 발견해낼 수 없다. 도리어 이성은 감각에서 비롯된 외부의 정보를 언제나 의존한다. 경험주의자들은 이성의 임무는 단지 일상적 경험 곧 미루나무, 뽕나무, 그외 우리 감각이 접근할 수 있는 다른 것들에서 처음 얻은 정보를 이해하고 계산하고 생각하

---

50 사람은 성령에 의해 일깨워진 영적 감각을 통해 영적 세계를 직접적으로 경험하거나 느낄 수 있다. 이 능력에 대해서는 앞으로 더 자세히 설명할 것이다.

는 것이라고 주장한다.

웨슬리는 자신이 좋아한 경험주의자의 인용문을 자주 사용해 "Nihil est in intellectu quod non fuit prius in sensu"라고 썼다. 쉬운 말로 "먼저 감각을 통해 인식되지 않은 것은 이해 속에도 존재하지 않는다"[51]라는 뜻이다. 더 쉽게 말하면 "먼저 (보고 만지고 맛보아) 감각으로 인식되지 않았으면 이해 속에도 오디가 있을 수 없다"(가장 쉽게 말해, 먼저 입으로 오디를 먹어보지 않으면 머리에도 오디가 있을 수 없다)는 것이다.

그와 정반대 사례를 들면, 플라톤주의자들은 실제의 오디와 관계없이 하나님과 인간의 마음에는 오디에 대한 관념이 존재하며, 이 오디의 관념이 실제 오디보다 먼저 있었다고 믿는다. 머릿속 오디가 입으로 맛보는 오디보다 먼저 있었다는 것이다. 물론 깊이 생각해 보면, 플라톤주의자들도 우리가 실제 뽕나무를 보거나 들어본 적도 없이 뽕나무에 대한 관념을 발견할 것이라고 주장한 것은 아니다. 그보다 그들은 우리의 경험과 상관없이 신성한 마음에 존재하는 뽕나무의 관념이 물리적인 뽕나무보다 더 실제적이라고 주장한다. 우리가 뽕나무를 처음 맛본다면, 그것은 이미 존재하던 것에 참여하거나 그것을 발견하는 것일 뿐이다. 신학적으로 표현하면, 우리의 이성은 그 안에 하나님과 인간의 본성, 도덕성에 대한 어떤 관념을 가지고 있다. 우리가 이런 것을 처음 '학습'하거나 '경험'하는 것은, 그것들을 '발견'하는 것이다. 이미 우리 안에 존재했거나 각인되어 있었던 것을 단지 그때

---

51 "Walking by Sight and Walking by Faith," §7, *Works* 4:51. 또한 *An Earnest Appeal*, §32, *Works* 11:56과 "On the Discoveries of Faith," §1, *Works* 4:29를 보라.

'발견'할 뿐이기 때문이다.

　물론 웨슬리 시대의 진짜 문제는 뽕나무에 대한 것이 아니었다. 경험주의적 접근에 대한 종교계의 주된 반대는, 우리가 뽕나무와 오디를 경험하는 것같이 하나님을 '경험'할 수 없다는 것이다. 이로 인해 일부 사상가들(특히 케임브리지 플라톤주의자들)은 (우리가 이성을 통해 하나님의 이성에 참여한다는 의미에서) 하나님에 대한 지식이 인간의 이성에 내재되어 있다고 주장하게 되었다. 일부 학자들은 웨슬리가 이성을 이같이 이해한 진영에 어느 정도 동조하고 있다고 생각한다.[52] 그러나 앞에서 보았듯 웨슬리는 이 전통의 입장을 일축하고 일관되게 경험주의적 이해를 고수했다.

　경험주의자들의 생각으로는, 하나님에 대한 (또는 무엇에 대해서든) 어떤 관념도 인간의 마음에 선천적으로 주어지거나 이성에 각인되어 있지 않다. 많은 경험주의자가 일반적이고 물리적인 감각의 증거를 초월하는 어떤 하나님에 대한 지식의 가능성에 대해서도 회의적이었다. 그러나 웨슬리는 이런 회의적 경험주의자들과 생각을 달리했다. 웨슬리는 자신의 경험주의의 체계 안에서 하나님에 대한 지식을 어떻게 다루었는가? 그는 영적인 감각이 존재함을 믿었기 때문에, 신자는 이 감각을 통해 초월적이고 영적인 영역에 어느 정도 제한적으로 접근할 수 있음을 확신했다. 앞으로 살펴보겠지만, 웨슬리의 영적 감각 개념은 그가 플라톤적 이성 이해를 가진 것처럼 보이게 하면서도 자신의 경험주의적 모델 안에 머물 수 있게 해주었다.

　웨슬리는 하나님께서 모든 사람에게 다시금 은혜를 주셔서 영적

52　앞의 각주 38번을 보라.

인 감각을 선물로 주셨다고 믿었다. 그럼에도 영적 감각의 '눈'은 오직 성령의 사역을 통해 신자에게만 열린다. 모든 사람이 영적 감각의 눈을 가지고 있더라도 모두가 볼 수 있는 것은 아니다. 웨슬리는 자연의 한 사례를 들어 영적 감각을 이렇게 설명한다. 백 년 이상 거대한 나무 속 공간에 갇혀 있었던 두꺼비를 상상해 보라.[53] (웨슬리가 아무리 이성적인 사람이었다 해도 이런 설명은 현대에 사는 우리의 이성의 한계를 벗어난 것이다.) 그런 두꺼비는 눈은 있어도 볼 수 없다. 완전한 어둠 속에 갇혀버리면 두꺼비의 자연적 감각이 무용지물이 되기 때문이다. 나무에 갇혀 시각과 다른 감각들이 차단된 두꺼비는 "감각이 없기 때문에 생각도 없는" 상태였다.[54] 벌목꾼의 도끼가 나무를 쪼개 공간으로 빛이 들어오자 비로소 두꺼비는 보고 들을 수 있었다. 두꺼비의 감각은 어둠 속에서도 존재했지만, 도끼질로 채광과 통풍이 해결된 후에야 그 귀와 눈이 제대로 작동할 수 있게 된 것이다.

웨슬리는 "하나님 없이 사는" 사람들을 어둠 속에 살았던 두꺼비에 비유했다. "무신론자와 보이지 않는 세계 사이에는 두꺼운 막이 가로막혀 있기 때문"이다. 불신자들도 모든 영적 감각을 가지고 있으나, 그것을 사용할 수는 없다. 무엇으로 불신자와 보이지 않는 세계를 갈라놓은 그 막을 찢어버릴 것인가? 웨슬리는 선행은총에 의해 모든 사람에게 회복된 영적 감각은 오직 성령의 역사를 통해 신자에게서만 활동적인 것이 된다고 주장했다.

---

53   "On Living Without God," §5, *Works* 4:169-76.
54   같은 곳, §5, *Works* 4:170.

그러나 전능하신 성령께서 하나님 없이 세상을 살던 사람의 마음을 강타하시는 순간, 그의 마음의 완고함은 깨지고 모든 것이 새로워집니다. … 그는 새로 뜬 눈이 감당할 수 있는 선에서 볼 수 있게 됩니다. … 같은 은혜로 전에는 귀가 있어도 듣지 못했던 그가 이제는 들을 수 있습니다. 그는 … '부활이요 생명' 되시는 분의 음성을 듣습니다. … 동시에 그는 영적으로 선한 것과 악한 것을 분별하는 다른 영적 감각도 갖게 됩니다. 그는 주님이 얼마나 은혜로운 분이신지를 깨닫고 경험하게 됩니다.[55]

이 새롭게 열린 감각으로 신자는 영적 세계를 보고 듣고 맛본다. 그들은 하나님의 존재를 알고 느낀다. 이 새로운 광경이 놀라운 만큼, 영원 속에서 인간의 시력은 더 분명해질 것이다. 천국에서는 새로운 감각이 열리는 것이다. 죽음을 한 달 반 정도 앞두고 마지막으로 기록한 설교에서 웨슬리는 더는 몸을 가지지 않았을 때 자신의 감각이 어떨지 궁금해했다. "내게 빛을 통과시킬 눈이 없을 때 벌거벗은 영혼은 어떻게 볼 수 있을까요? 청각 기관이 썩어 흙이 되었을 때 나는 어떤 방법으로 들어야 할까요?"[56] 그는 인간이 "다른 성질의 감각"을 갖게 될 것임을 시사했다. "우리의 새로운 감각이 열릴 때 얼마나 놀라운 광경이 펼쳐지게 될까요!" 가장 중요한 것은, 이 새로운 감각으로 우리는 "모든 곳에 계시는 분의 품 안에 있음을 느끼게" 될 것이라는 점이다.[57] 영원 속에서 우리는 현재는 볼 수 없고 느낄 수 없는 정도의 충만함으로 모든 것을 품고 계신 하나님의 임재를 보고 느끼게 될 것이다. 이처럼 웨슬리는 심지어 영원 속에서도 우리의 하나님에 대한

55 같은 곳, §§9-11, *Works* 4:172-73.
56 "On Faith," §2, *Works* 4:189.
57 같은 곳, §7, *Works* 4:192-93.

지식과 경험이 감각에서 비롯될 것이라고 보았다. 그는 자신의 몸의 감각이 쇠퇴해 감을 경험하면서도, 새로운 감각이 부여되고 열리게 될 것을 바라보았다. 이성은 영원 속에서 주어진 새로운 감각으로 많은 정보를 얻고 더 큰 지식을 갖게 될 것이다. 따라서 웨슬리의 경험주의적 세계관은 영원까지 확장된다.

우리의 논의에서 이 영적 감각은 어떤 중요성을 갖는가? 웨슬리는 영적 감각 개념을 통해 케임브리지 플라톤주의자들과 옥스퍼드 아리스토텔레스주의적 경험주의자들 사이의 의견 충돌을 어느 정도 조화시킬 수 있었다. 웨슬리는 영적 감각이 존재한다는 사실을 믿었기 때문에 경험주의자로서 이성이 경험에 의존한다고 주장하면서도, 동시에 사람은 영적 세계에 대한 직접적 지식을 가질 수 있다고 주장할 수 있었다.[58] 웨슬리는 영적 감각 개념을 통해 자신의 경험주의적 방법론을 플라톤주의적 목적론과 결합할 수 있었다. 그는 우리가 "초월적 경험주의"라고 부르는 것을 발전시킨 것이다.[59]

기억해야 할 것은, 웨슬리는 '영원한 이성'이라는 플라톤의 생각을 거부했다는 점이다. 인간의 이성은 영적 진리에 직접적 또는 독립적으로 접근할 수 없다. 이 점에서 웨슬리는 아리스토텔레스주의적 경험주의자들의 입장에 섰다. 이성은 감각에서 얻은 정보를 처리한다. 그렇다면 근본적으로 웨슬리는 여전히 경험주의자다. 이성은

---

58   물론 영적 감각에서 비롯된 어떤 지식에 대한 주장도 성경과 다른 권위들에 의해 검증을 받아야 한다. 웨슬리는 언제나 개인적 영감에 대한 과도한 주장에 대해 경계했다.

59   George C. Cell, *The Rediscovery of John Wesley* (New York: Henry Holt, 1935), 84-86, 168-94. 또한 Matthews, 308-9와 Thorsen, 183-84, 292 각주 65번을 보라.

감각에서 얻은 정보에 대해서만 작용하기 때문이다. 그럼에도 웨슬리의 영적 감각 개념은 플라톤주의자들과 아리스토텔레스주의자들 사이의 오래된 경계를 모호하게 만든다. 우리는 영적 감각을 지니고 있기 때문에 믿음과 성령의 사역을 통해 영적 세계를 인식할 수 있다. 웨슬리는 자신의 경험주의 체계에 영적 감각을 포함시킴으로써 플라톤주의자들과 유사한 최종적 결과에 도달했으나, 그 방법이 매우 달랐다. 신자는 이성과 본유적 관념을 통해서가 아닌, 감각 곧 영적 감각을 통해 영원에 대해 알게 되기 때문이다. 우리는 초월적 영역을 실제로 알 수 있기 때문에, 결과적 지식은 플라톤주의적으로 보인다. 그러나 웨슬리는 절대적으로 경험주의적 방법인 감각의 직접적 경험을 통해 그 플라톤주의적인 목적에 도달할 수 있다고 가르쳤다. 웨슬리의 '적절한 중간 지대'란 여전히 경험주의적인 방식이지만, 그의 아리스토텔레스적 경험주의적 방법이 플라톤주의적 목적지로 이어진 것이다.

나는 여기서 웨슬리의 경험주의적 모델에 의하면 이성은 도구로서 제한적 역할을 함을 주장했다. 그러나 웨슬리가 이성에 대해 더 거창한 주장을 하는 것으로 보이는 경우가 있다. 웨슬리는 때로 '이성'이라는 말로 '상식' 또는 일반적이고 명백한 추론의 결과를 의미하기도 했다.[60] 우리가 "우리 이성은 누구의 감독도 없이 교회당에 남겨진 여남은 명의 유아는 문제에 빠질 가능성이 높다고 말한다"라는 말을 했다고 해보자. 가만히 생각해 보면 여기서 '이성'이라는 말은 많은 사람이 받아들이는 실제적이고 상식적인 지혜라는 의미가 된다. 웨슬리

60 이를 다룬 자료로는 Jones, 66-67와 Maddox, *Responsible Grace*, 41을 보라.

는 어떤 결론이나 결정을 설명하거나 해명하려 할 때 자주 이 넓은 의미의 이성에 호소했다. 때로 그는 어떤 합리적인 사람도 수용할 수 있는 결론을 뜻하는 의미로 '이성'이라는 용어를 사용했다.[61] 예를 들어, 어떤 사람은 이성적인 사람이라면 누구나 부모가 아이들을 부양해야한다는 말이나, 노인은 존경과 보살핌을 받을 자격이 있다는 말에 동의할 것이라고 주장할 수 있다(이 경우 만약 누군가가 그에게 동의하지 않는다면 그는 자기 스스로가 비이성적인 사람임을 입증하는 것이 된다. 순환 논법은 몇 가지 장점이 있다).[62] 이 경우 웨슬리는 도구나 연산 장치가 아닌 그 과정에서 이끌어낸 일련의 결론이라는 의미로 이성이라는 용어를 사용했다. 이 결론들은 매우 확고한 것이어서 이성적인 사람이면 누구나 동의할 만한 것을 말한다. 사실 웨슬리가 그렇게 확고하다고 여긴 결론 중에는 그가 속한 문화의 편견을 반영하고 있어서 모든 문화나 시대가 동의하지는 않을 만한 것이 많이 있다. 그런 주장들은 단지 이성만이 아니라, 그가 살던 시대와 문화라는 특정한 경험에 기초해 있는 것이 분명하다. 우리는 이성을 이해의 도구나 기능으로 본 웨슬리의 정의에 내포된 이성의 범위와 한계를 살펴본 후, 다시 이 문제로 돌아올 것이다.

---

61 그 예로는 Letter to Robert Carr Blackenbury (1782년 3월 9일), Jackson 13:3을 보라.

62 현재는 모든 이성적인 사람이 내릴 "명백한" 결론에 대한 웨슬리의 주장에 우리가 동의하는지 아닌지의 질문은 보류할 것이다. 확실히 현대 문화에서는 많은 사람이 그에게 동의하지 않을 것이다.

이성의 범위와 한계

앞서 우리는 웨슬리가 이성의 분명한 한계를 인식하고 있었음을 살펴보았다. 이성은 영적 지식이든 어떤 지식이든 아무런 매개 없이 독자적으로 지식을 얻지는 못하기 때문이다. 이성은 단지 다른 원천에서 받은 정보를 처리하고 활동할 뿐이다. 그렇다면 이렇게 제한된 이성이 할 수 있는 일은 무엇인가? 이성의 작용 범위는 어디까지인가?[63]

웨슬리는 오직 이성만의 역할에 대해서는 비관론자였다면, 다른 원천들과 함께하는 이성의 가능성에 대하여는 낙관론자였다. 이성이 일반적인 감각, 영적인 감각, 무엇보다 성경의 계시라는 정보와 함께하면, 일상의 과제뿐 아니라 종교 특히 기독교 신앙에 도움이 된다. 이성만 가지고는 이룰 수 있는 것이 거의 없으나, 다른 것들이 함께하면 이성은 많은 것을 해낼 수 있다.

우리의 일상 생활에서 이성은 엄청난 실용적, 도구적 가치를 지닌다. 웨슬리는 "이성이 일상생활에서 많은 일을 할 수 있다는 사실을 누가 부인하겠습니까?"[64]라고 묻는다. 인간의 기본적인 생존은 이성에 의존해 있다. 이성은 매일의 경험에서 얻는 정보에 기초해 업무를 수행하고 일상적 필요를 돌볼 충분한 지식을 준다.[65] 또 우리로 해야 할 일을 알고 수행하도록 돕는다. "이성은 하인들에게 그들을 고용한 목적인 다양한 일들을 어떻게 할 수 있는지 지시합니다. … 농부에게

---

63   웨슬리는 이 문제를 "The Case of Reason Impartially Considered," §§I. 3-II. 10, *Works* 2:590-99에서 직접적으로 다룬다.

64   "The Case of Reason Impartially Considered," §I. 3, *Works* 2:590.

65   같은 곳. 또한 "The Imperfection of Human Knowledge," §3, *Works* 2:569를 보라.

는 땅을 경작할 시기와 방법을 지시합니다. … 항해사에게는 거대하
고 깊은 바다 위에서 항로를 지시합니다."[66] 하인이든, 예술가든, 부모
든, 정치 지도자든 이성은 반드시 필요하다. 예술, 과학, 그리고 인간
지식의 모든 분야는 이성에 의존한다. 이성이 이처럼 일상적 경험에
서 얻은 정보로 일하면 우리에게 큰 도움이 된다.

웨슬리는 이성이 일상생활에 도움이 된다는 말에 모두가 동의할
것이라고 말한다. 그러나 이성이 기독교 신앙에도 도움이 될까? 웨슬
리는 "이성이 하나님의 일에 대해서는 무엇을 할 수 있습니까?"[67]라고
물은 후, 기독교 신앙의 "기초"와 "상부 구조" 모두를 이해하는 데 도움
이 된다고 답한다.[68] 이미 살펴본 것처럼, 이성만으로는 하나님에 대
한 지식을 직접적으로 얻지 못한다. 그러나 성경을 숙고함으로 우리
는 하나님과 도덕법에 관해 많은 것을 알 수 있다. 그리스도의 성육신
과 대속적 죽음에 대해 알 수 있고, 성경에 있는 율법을 이해할 수 있
다. 기독교 지식의 가장 중요한 원천이자 표준은 언제나 성경이지만,
성경을 이해하고 전하기 위해서는 언제나 이성이 필요하다.

하나님을 아는 지식의 또 다른 원천은 영적 감각이다. 성령에 의
해 신자에게 열리는 영적 감각의 눈을 통해 우리는 제한적으로나마
영원한 세계의 무엇인가를 감지할 수 있게 된다. 이성은 계시의 도움
을 받아 이 모든 문제에 도움을 준다. 사실 이성 없이 우리는 (창조세
계에 의해서든, 성경에 의해서든, 영적 감각에 의해서든) 계시를 이해할 수

---

66 같은 곳, §I. 3, *Works* 2:590-91.
67 같은 곳, §I. 5, *Works* 2:591.
68 같은 곳, §I. 6, *Works* 2:591.

없다. 이성이라는 도구 없이 인간은 교리와 신조를 이해하거나, 복음을 설교하거나, 신학에 대해 숙고할 수도 없다. [69] 이성은 성경과 그 외 원천들을 숙고함으로 우리에게 큰 도움을 주지만, 이성만으로는 어떤 일도 할 수 없다.

성경이라는 직접적 계시와 우리의 영적 감각이 없다면 우리가 하나님에 대해 어떤 지식을 가질 수 있겠는가? 이성이라는 도구만으로 창조세계를 통한 하나님의 계시를 숙고해 기독교의 지식으로 이끌 수 있겠는가? 웨슬리는 인간이 성경이나 신앙의 도움 없이도 하나님과 도덕에 관해 기초적인 것을 알 수 있다고 믿었다. 모든 사람이 공통으로 지닌 이성의 능력, 모두가 경험하는 창조세계를 통한 하나님의 계시, 선행은총이라는 부가적 선물로 인해 모든 사람, 심지어 그리스도를 믿는 신앙도 없고 성경을 접해본 적도 없는 사람조차도 하나님의 존재와 속성, 도덕률에 관해 몇 가지 일반적인 사항을 알 수 있다. [70] 이성은 이러한 지식의 원천이 아니라, 우리의 경험을 통해 일하는, 모든 사람이 지닌 기능 또는 도구다.

우리는 이런 것을 어떻게 알 수 있는가? 창조세계 자체가 하나님

---

69 같은 곳, §I. 6, *Works* 2:591-92.

70 *A Farther Appeal*, Part II, §III. 21, *Works* 11:268; "Upon our Lord's Sermon on the Mount, VI," §III. 7, *Works* 1:580-81; "Walking by Sight and Walking by Faith," §8, *Works* 4:51-52; "On Working Out Our Own Salvation," § I. 1, *Works* 3:199; *Survey* 1:312–13, 378.

의 본성을 반영한다.[71] 웨슬리는 "자연은 하나님의 작품"[72]이라고 적었
다. 이 창조세계의 증거에서 우리는 하나님에 대해 무엇을 알 수 있는
가? 웨슬리는 "지혜롭고 선하며 능력 있는 존재가 계신다는 증거를 …
우리 주변의 만물에서 추론할 수 있다. … 우리 주변의 세상은 하나님
께서 자신을 선언하시는 거대한 책이다"[73]라고 주장했다. 우리는 하나
님께서 보상하시고 심판하심을 안다.[74] 우리는 (비록 "세부사항에 대해서
는 놀랄 만큼 조금밖에" 알지 못하지만) 하나님께서 역사 속에서 섭리하심
을 안다.[75] 우리 중 대부분의 사람에게는 지극히 순진무구하게 보이는
방식으로, 웨슬리는 우리가 하나님이 계신 것과 그분은 영원하고 지
혜로우며 선하고 자비로우며 편재하고 전능하시다는 사실을 알 수 있
다고 주장했다.[76] 웨슬리는 "하나님의 존재와 속성, 도덕적 선악의 구
별 같은 중요한 진리들은 이교도 세계에도 어느 정도 알려져 있습니

71 "On Faith," §I. 4, *Works* 3:494; *Survey* 1:312-13; "The Wisdom of God's Counsels," §§1-6, *Works* 3:552-54; *The Doctrine of Original Sin*, Section III, Jackson 9:322; "The Imperfection of Human Knowledge," §I. 4, *Works* 2:571; "Original Sin," §II. 3, *Works* 2:177.

72 *Survey* 1:378.

73 *Survey* 1:312-13.

74 "On Faith," §I. 4, *Works* 3:494; "Walking by Sight and Walking by Faith," §7, *Works* 4:51; "The Reward of Righteousness," §1, *Works* 3:400.

75 "The Case of Reason Impartially Considered," §II. 2, *Works* 2:578. 또한 "On Divine Providence," §§1-4, *Works* 2:535-36을 보라.

76 웨슬리는 자주 하나님의 일반적 속성을 알 수 있는 인간의 능력에 관해 글을 썼다. 그 사례로 "Original Sin," §II. 3, *Works* 2:177; "The Imperfection of Human Knowledge," §§I. 1-3, *Works* 2:569-70; "On Faith," §I. 4, *Works* 3:494; *Survey* 1:312; "The Wisdom of God's Counsels," §§1-6, *Works* 3:552-53; "Walking by Sight and Walking by Faith," §7, *Works* 4:51; "Salvation by Faith," §I. 1, *Works* 1:119; *A Farther Appeal*, Part II, §III. 21, *Works* 11:268을 보라.

다. 그 증거는 모든 나라에서 발견됩니다"[77]라고 적었다.

그러나 '이교도'들은 하나님의 속성을 알아도 충분히 이해하지는 못한다. 또한 추가적 계시 없이는 인간은 이 세상에서 하나님의 본성과 세상을 구원하시는 사역에 대한 구체적 내용을 알 수 없다. 그리고 가장 중요한 것은 추가적 계시와 은혜가 없다면 인간은 하나님이 존재하신다는 것만 알 뿐 하나님을 알 수는 없다는 것이다. 웨슬리는 하나님을 아는 지식을 사람을 아는 지식에 비유했다. "우리는 중국에 황제가 있다는 것은 알지만 그가 누구인지는 모르듯, 온 세상의 왕이 계시다는 사실은 알지만 그분이 누구신지는 모릅니다. 우리의 자연적 능력으로는 알 방법이 없습니다."[78] 우리는 하나님이 존재하심은 알지만, 하나님에 대해 아는 것은 거의 없으며, 우리 스스로 하나님을 아는 것은 더더욱 아니다.

그래서 이성은 창조세계와 경험에 대해 숙고함으로 어느 정도 우리를 이끌어줄 수는 있어도 우리를 기독교 신앙의 정수로 이끌지는 못한다. 신앙 문제에서 가장 중요한 것들을 주지는 못하기 때문이다. 또 창조세계와 인간 삶에 대한 지식조차도 매우 제한적이기 때문에, 우리는 이성이 많은 신앙적 지식을 주지 못한다는 사실에 놀라지 말아야 한다. 웨슬리는 이렇게 적었다. "아, 우리가 우리 자신에 대해 아는 것이 얼마나 적습니까! 그런데 하나님의 창조세계 전체에 대해서는 얼마나 더 알기를 기대할 수 있겠습니까?"[79] 우리는 창조세계에 대

---

77 "On Working Out Our Own Salvation," §1, *Works* 2:199.

78 "Original Sin," §II. 3, *Works* 2:177.

79 "The Case of Reason Impartially Considered," §I. 13, *Works* 2:577.

해서조차 아는 것이 너무나 적기 때문에, 하나님에 대해 많은 것을 알 것이라 기대할 수 없다.[80]

창조세계에 대한 이성의 성찰은 기초적인 도덕 지식으로 이어질 수 있다.[81] 양심은 성경이 없어도 인간이 기본적인 도덕률을 알 수 있게 해준다. 하나님은 "돌판이나 부패하는 어떤 물체에 쓰시지 않고, 인간과 천사의 가장 깊은 영혼의 중심에" 도덕법을 새겨 주셨다.[82] 웨슬리가 이처럼 율법이 우리 마음에 "새겨져 있다"고 말할 때는, 마치 그가 도덕적 지식이 본유적 관념이라고 말하는 것처럼 들린다. 그래서 '그는 다른 곳에서 본유적 관념을 분명히 거부하지 않았는가?'라는 질문이 생길 수 있다. 물론 그는 거부했다. 그리고 (인간의 영혼 중심에 도덕법이 새겨져 있다고 말한-역주) 그 설교의 바로 뒷부분에서 인간은 죄로 타락했기 때문에 "마음에서 율법을 거의 지워 버렸습니다"[83]라고 주장했다. 하지만 우리 마음에서 율법이 "지워져" 버렸다면 우리는 어떻게 율법을 알고 있는가? 성경에 계시된 율법은 인간의 타락 이후 주어진 도덕적 지식의 원천 중 하나다. 또한 도덕적 지식은 우리의 도덕적 감각이나 양심을 통해서도 얻을 수 있는데, 양심은 "본성적인 것이 아니라, 사람이 본성적으로 지니고 있는 것 위에 하나님께서 초자연

80 같은 곳. 또한 "The Imperfection of Human Knowledge," *Works* 2:568-85를 보라.

81 *An Earnest Appeal*, §14, *Works* 11:49. 또한 "On Conscience," *Works* 3:480-90; "Upon Our Lord's The Sermon on the Mount, V," §I. 2, *Works* 1:551-52; *Survey* 2:449-50; "Salvation by Faith," §I. 1, *Works* 1:119; "On Working Out Our Own Salvation," §1, *Works* 2:199; "The Original, Nature, Properties and Use of the Law," §§I. 3-6, *Works* 2:7-8; "The Witness of Our Own Spirit," *Works* 1:300-13; "Walking by Sight and Walking by Faith," §7, *Works* 4:51을 보라.

82 "The Original, Nature, Properties and Use of the Law," §I. 3, *Works* 2:7.

83 같은 곳, §I. 4, *Works* 2:7.

적으로 주신 선물"이다. 그것은 "우리가 흔히 '선행은총'이라 부르는 하나님의 초자연적 선물 중 하나"다.[84]

웨슬리에게서 하나님께서 주신 이 양심은 우리가 정보를 얻는 원천이 되기에 결국에는 경험적이다. 인간의 도덕 지식은 결국 감각에서 비롯되기 때문이다. 이성은 물리적 감각에서 얻은 정보를 이용하는 것과 마찬가지로, 도덕적 감각이나 양심에서 비롯된 정보를 가지고 일한다.[85] 인간은 어떤 종교를 가졌는지를 불문하고 이성을 통해 인간의 양심이 제공한 자료에 대해 숙고함으로 도덕의 기본적인 내용과 가장 근본적인 사회적 또는 가정적 책무를 알 수 있게 된다. 웨슬리는 "본성적인 것이든 하나님의 은혜에 의해 주어진 것이든 양심은 모든 사람에게서 어느 정도는 발견됩니다. 모든 사람에게는 선악을 구별하는 능력이 어느 정도는 있습니다"[86]라고 적었다.

결국 이성이 하나님, 도덕법, 우리의 참된 인간 본성에 대해 아는 것이 제한적이더라도 우리는 우리의 본성에 관한 어떤 것은 확실히 알 수 있다. 우리는 선행은총이라는 선물을 통해 우리가 하나님의 심판 아래 있는 죄인임을 알 수 있다. 우리는 우리의 죄를 알고 (우리의 이성과 감각을 포함해) 우리의 기능이 부패했음을 알기 때문에, 우리의 지식 역시 언제나 제한되어 있다는 사실을 안다. 비록 이성이 선행은총에 의해 활동할 수 있게 되어 우리가 창조세계에 대해 숙고함으로

---

84 "On Conscience," §§I. 5, 9, *Works* 3:482, 484.

85 웨슬리는 '양심'이라는 용어를 사용하기를 선호했는데, 그리스도인들이 그것을 더 일반적으로 사용했기 때문이다. 프랜시스 허친슨(Francis Hutchinson)의 도덕적 감각과 웨슬리의 양심 이해의 차이에 관한 논의는 "On Conscience," §§I. 5, 9, *Works* 3:482, 484를 보라.

86 "The Heavenly Treasure in Earthen Vessels," §I. 1, *Works* 4:163.

(심지어 신앙적이고 도덕적인 지식을 포함해) 많은 지식을 얻더라도, 이성에는 분명한 한계가 있다. 이성은 우리가 세상에서 살아가고 또 하나님과 도덕에 관해 가장 기초적인 지식을 얻는 데 필요한 것이 무엇인지 알도록 도와주지만, 하나님과 그리스도인의 삶에 대해 가장 중요한 것이 무엇인지를 가르쳐주지는 못한다.

이성의 한계란 구체적으로 무엇을 말하는가? 앞에서 살펴보았듯, 이성은 창조세계에 대해 숙고함으로 하나님에 대한 어느 정도의 지식만 얻을 수 있을 뿐, 깊이 있는 지식은 얻지 못한다. 잘 발달된 신학이나 특정 교리에 대한 지식을 갖지는 못한다. 예를 들어, 창조세계에 대한 성찰만으로는 삼위일체에 대한 어떤 지식도 얻을 수 없다.[87] 인간의 이성은 성경과 전통이라는 원천의 도움을 받아야만 삼위일체를 이해할 수 있다(물론 성경과 전통의 도움을 받더라도 삼위일체를 온전히 이해할 수는 없다). 이성이 창조세계에 대해 숙고하더라도 전통적 기독교 신학을 떠받치는 주요 기둥들과 도덕에 관한 많은 세부적 내용을 이해하지는 못한다. 이성만으로는 하나님에 대한 직접적 지식이나 그분과의 인격적 교제에 이를 수 없다.

이성은 또한 믿음, 소망, 사랑이라는 그리스도인의 세 가지 중요한 미덕을 만들어내지 못한다. 믿음은 이성과 조화를 이루지만, 이성에 의해 생기지는 않는다. 믿음은 "보이지 않는 영원한 세계에 대해 온전한 확신을 주는 신적 증거"이기 때문이다. 인간은 이성을 통해 영원한 세계에 대한 희미한 인상을 가질 수는 있으나, 그 인상이 참된 믿음은 아니다. 웨슬리는 "현명한 이교도들 사이에도 영원한 세계에

---

87   Letter to Joseph Benson (1788년 9월 17일), Telford 8:89.

대한 모호한 신념이 있는 것은 사실"[88]이라고 적었다. 그러나 "모호한 신념"은 확신이 아니며, 참된 기독교 신앙이 아니다.

하나님과 미래에 대한 기독교의 소망은 궁극적으로 믿음에 의존하기 때문에, 이성이 믿음을 일으킬 수 없다면 소망 역시 일으킬 수 없다. 나아가 이성이 믿음이나 소망을 일으킬 수 없다면, 하나님께 대한 사랑 역시 일으킬 수 없다. 그리고 사람이 하나님을 사랑하지 않으면 진정으로 이웃을 사랑할 수 없다. 이성은 사랑에 관해 무언가를 알 수는 있겠지만, 사랑을 만들어낼 수는 없다. 웨슬리는 "냉정한 이성은 … 사랑에 대해 훌륭한 그림을 그릴 수는 있습니다. 그러나 그것은 단지 그림으로 그린 불에 불과합니다! 이성은 그 이상을 할 수 없습니다"[89]라고 적었다. 그는 이 정도로는 부족하다는 듯 이성에는 더 많은 한계가 있음을 주장했다. 하나님과 이웃에 대한 진정한 사랑이 없다면 진정한 미덕은 불가능하다. 그리고 믿음, 소망, 사랑, 미덕 없이는 진정한 행복도 불가능하다. 그래서 이성은 창조세계와 일상적 경험을 숙고함으로 어느 정도의 기독교에 대한 지식은 줄 수 있어도 결코 우리를 기독교 신앙의 정수로 이끌지는 못한다. 나아가 우리가 믿음을 갖게 된 후에도 이성이 할 수 있는 일은 여전히 제한적이다. 신실한 그리스도인이 이성을 활용해 성경과 다른 원천들에서 얻은 지식에 대해 숙고하더라도 여전히 모든 것을 알 수는 없기 때문이다. 비록 인간은 지식에 대해 끝없는 욕망을 가지고 있지만, 그 욕망은 죽을 때까지 채워지지 않는다. 이성은 성경과 영적 감각에서 비롯된 정보를

---

88 "The Case of Reason Impartially Considered," §II. 1, *Works* 2:593.

89 같은 곳, §II. 8, *Works* 2:598.

가지고 일할 때도 여전히 제한적이다. 이성은 만족할 줄 모르는 지식에 대한 욕망을 결코 채울 수 없기 때문이다. 충분한 지식은 오직 영원 속에서만 가능할 것이다.[90]

이성은 여러 요인에 의해 제한을 받는다. 우리가 이미 살펴보았듯, 이성은 도구로서의 성격과 기능을 갖는다는 그 사실 자체에 의해서도 제한을 받는다. 이성 자체는 결코 지식의 원천이 아닌 지식의 연산장치일 뿐이기 때문이다. 또 이성은 인간의 죄로 오염되어 있다. 웨슬리는 다른 많은 영국 국교도처럼 이성은 타락 후에도 대체로 손상되지 않았다고 믿었다. 그러나 동시에 그는 대륙의 종교개혁자들과 일부 영국 국교도들처럼 이성은 원죄로 인해 그 전체가 오염되었다고 주장했다. 우리는 타락 후에도 여전히 이성을 지니고 있지만, 그 이성이 왜곡과 거짓 아래 있다는 것이다. 웨슬리는 이렇게 적었다.

> 음악가가 아무리 뛰어나다 해도 악기가 조율되어 있지 않으면 형편없는 연주를 할 수밖에 없습니다. 그와 마찬가지로, 비록 정도의 차이는 있지만 모든 사람은 뇌의 무질서로 인해 필연적으로 이해의 혼란을 겪을 수밖에 없습니다. 그 예를 들자면 무수히 많습니다. 잘못된 판단이 자연히 잘못된 추론을 낳고, 그 결과 아무리 주의를 하더라도 무수한 실수가 생겨납니다.[91]

그렇다면 죄인은 자신의 이성 때문에 잘못될 수 있다. 이성은 심지어 그리스도인도 잘못된 결론으로 이끌어갈 수 있다. 그래서 웨슬

---

90 "The Imperfection of Human Knowledge," §2, *Works* 2:568-69.
91 "The Heavenly Treasure in Earthen Vessels," §II. 1, *Works* 4:165.

리는 개인적 상담 편지에서 자주 이성에 대해 주의하라고 권고했다. "게으르고" "헛되며" "무익한" 사고가 그리스도인을 신앙에서 멀어지게 할 수 있기 때문이다.[92] 웨슬리는 심지어 "악한 이성" "이성 마귀"에 대해 "조심하라" "경계하라"고 권고하기도 했다.[93] 웨슬리는 한 그리스도인 여성에게 다른 그리스도인의 영적 상태를 돌아볼 것을 조언하면서 이렇게 적었다. "가능하다면 악한 생각에서 그녀를 보호해 결코 이전에 가졌던 단순함을 버리지 않게 하십시오."[94] 의심이나 영적 위기가 닥치면 이성은 더 쉽게 왜곡될 수 있기에, 웨슬리는 그러한 상황에 처한 사람들에게 이성을 지나치게 의존하지 말고, 어린아이같이 하나님의 선하심과 사랑을 신뢰하라고 권고했다.[95] 궁극적으로 악한

---

92 그 예로는, *A Letter to the Right Reverend the Lord Bishop of Gloucester* (1763), §I. 6, *Works* 11:502; 1739년 12월 31일 자 일지, *Works* 19:134; 1739년 11월 7일 자 일지, *Works* 19:120; letter to Miss Bishop (1773년 6월 12일), Jackson 13:24; Letter to Hester Roe (1777년 2월 11일), Jackson 13:79를 보라.

93 Letter to Miss Cooke (1787년 3월 31일), Jackson 13:98; Letter to Miss J. C. M. (1774년 6월 3일), Jackson 13:50; Letter to Miss J. C. M. (1764년 6월 24일), Jackson 13:49; Letter to Miss March (1764년 6월 24일), Telford 4:251, 270; Letter to Peggy Dale (1766년 2월 8일), Telford 4:321; Letter to Jane Hilton (1766년 7월 22일), Telford 5:24; Letter to Miss March (1771년 4월 14일), Telford 5:238; Letter to Ann Bolton (1771년 4월 15일), Telford 5:238; Letter to Mary Stokes (1772년 1월), Telford 5:302. 이러한 경계에 대한 더 깊은 논의는 Matthews, 173-80과 Jones, 71-73을 보라.

94 Letter to Miss J. C. M. (1774년 6월 3일), Jackson 13:50.

95 웨슬리의 경고는 여성들에게 영적으로 조언한 개인적 편지에 종종 나온다. 웨슬리가 여성이 "더 쉽게 속고 더 쉽게 속인다", 즉 여성의 이성이 더 쉽게 잘못 이끌리기 쉽다고 분명히 믿었던 것을 감안하면 그리 놀랄 일은 아니다. 웨슬리의 *Explanatory Notes Upon the New Testament* (London: Epworth Press, 1952), 디모데전서 2:14 해설을 보라. 매슈스는 웨슬리의 경고가 성차별주의가 아닌 목회적 관심에서 비롯되었다고 설명한다. 그가 주의를 준 것은 의심을 품은 사람들이 하나님을 신뢰하도록 격려하기 위한 것이었기 때문이다.

생각과 이성의 한계에 대한 해결책은 외부의 권위나 문서에 의존하는 것이 아니라, 순전한 마음으로 하나님을 의존하는 것이다.

이성의 한계는 부분적으로 죄와 타락에서 비롯되었지만, 이 한계는 또 다른 근원을 가지고 있다. 곧 인간의 이성이 제한된 것은 영적인 이유 때문이라는 것이다. 이성의 한계가 다 나쁜 것만은 아니다. 거기에는 거룩한 목적이 있기 때문이다. 웨슬리는 하나님께서 인간의 교만을 치료하시거나 억제하시기 위해 인간의 이성의 능력에 제한을 두셨다고 믿었다. 우리의 근본적인 무지가 겸손과 복종으로 이어질 때, 우리는 신앙과 하나님에 대한 의존으로 나아가게 된다.[96] 그리고 역설적으로 우리의 연약성과 지식의 한계에서 비롯된 하나님에 대한 신앙적 의존은 우리를 더 위대한 지식과 능력으로 이끈다. 우리의 영적 감각이 열려 하나님을 더 많이 보고 알 수 있게 하는 것이 하나님에 대한 신뢰이기 때문이다. 우리 자신의 한계로 인해 하나님을 신뢰함으로 하나님의 사랑을 알게 되면 우리에게는 새로운 능력과 지식이 주어진다. 우리의 지식의 한계는 치유적 목적을 지닌 것으로, 우리를 하나님에 대한 신뢰로 나아가게 하며, 이로써 우리를 더 위대한 지식으로 이끈다.

그렇다면 우리는 웨슬리의 가르침에서 이성은 분명한 한계를 지닌다고 결론 내릴 수 있다. 이성은 성경의 계시와 신앙 없이는 그리스도인의 삶에 가장 필수적인 것들을 만들어낼 수 없다. 그리스도인의 이성도 한계를 가지고 있다. 그것은 오류 아래 있고, 이 세상에 사는 동안에는 영적 세계에 대한 온전한 지식에 이를 수 없다. 그러나

---

96   "The Case of Reason Impartially Considered," §§IV. 1-3, *Works* 2:584-86.

이 모든 한계에도 이성은 세상을 살아가고 우리의 기본적 의무를 다하기 위해서는 물론, 성경을 읽고, 기독교 신앙을 전하며, 교리를 가르치고, 의로운 삶을 살아가기 위해 여전히 필요하다.

'탈이성주의'(Post-Rational) 세계에서의 이성

웨슬리가 이성이 기독교 신앙에 필수적이라고 주장했을 때, 그는 정확히 18세기의 이성과 그 임무에 대한 정의를 가지고 그렇게 말한 것이다. 우리가 살펴본 대로, 웨슬리와 다른 경험주의자들은 이성이 독립적인 지식의 원천이라는 것을 부정하고, 대신 이성은 경험에서 얻은 정보를 처리하는 인간 지성의 능력이라고 주장했다. (하나님의 계시에 대한 경험을 포함해) 인간의 경험을 숙고하는 이성은 기독교 신앙을 포함해 모든 삶의 필수적 요소다. 이성은 성경, 경험, 전통을 이해하도록 돕고, 또 그것들을 가지고 일한다. 이성은 우리가 이런 다른 원천들에게서 배우는 것이 사실임을 확인해 준다. 이성은 이런 다른 원천들이 있을 때 많은 것을 할 수 있지만, 이성만으로는 쓸모가 없다. 마치 탄광 없이 곡괭이만 있는 것처럼 아무것도 생산하지 못한다. 웨슬리는 당시의 시대적 맥락에서 자신의 이성 이해를 형성했다. 그는 이성을 지나치게 중시한 사람들과 지나치게 경시한 사람들 사이에서 중도의 길을 찾으려 했다. 그는 서로 논쟁한 아리스토텔레스주의자들과 플라톤주의자들 사이에서 자신의 중도적 입장을 만들어갔다. 이성에 대한 웨슬리의 숙고는 18세기 영국에서의 이러한 논쟁들과 깊이 연결되어 있다. 우리는 또 웨슬리가 도구로서의 이성에 관한 논의에서 시작해 모든 합리적인 사람에게 분명한 결론을 제공하는 이성에 초점을 두는 것으로 이동해 가는 것에서도, 이러한 문화적 배경이 있음을 알게 된다. 웨슬리와는 매우 다른 문화 속에서 살고 또 다양한 문화를 경험하고 있는 우리는, 모든 합리적인 사람은 이렇게 생각할 것이라고 확정적인 결론을 내리는 것에 대해 웨슬리보다 더 주저하게 된다.

그렇다면 18세기 영국과 밀접하게 연결되어 있는 이성 이해가 어떻게 20세기 이후의 우리에게 말을 걸 수 있을까? 웨슬리의 이성 이해는 문화적인 한계가 있기에 우리의 맥락과는 관계가 없다며 일축해 버릴 수도 있을 것이다. 그러나 왜 그렇게 해서는 안 되는가? 비록 웨슬리의 저술이 연합감리교회 신학의 토대와 교리적 표준이기는 하지만, 우리가 웨슬리 사상의 모든 요소에 문자적으로 충성해야 하는 것은 아니다. 그가 이성을 이러이러하게 정의했다고 해서 우리가 그대로 따라야 하는 것은 아니다. 이성에 대한 웨슬리의 정의는 결국 성경과 같은 더 높은 권위가 아니라 자신이 속했던 시대의 철학적 논의에 의존한 것이다. 우리가 웨슬리의 18세기 이성 이해에 엄격하게 매여 있지 않다면, 그것이 우리 시대에 무슨 의미가 있을까? 이제부터는 우리의 신학적 맥락에서 이성의 위치를 설명하고, 웨슬리가 우리에게 무엇을 제공할 수 있는지에 대해 제안하고자 한다.

웨슬리처럼 우리도 이성을 "멸시하고 비방하는" 사람들과 "하늘 끝까지 높이는" 사람들을 직면하고 있다. 확실히 우리 시대는 이성을 가장 열렬히 숭배하는 사람과 가장 가차 없이 비판하는 사람들 모두를 배출해 냈다. 20세기 초에 널리 퍼진 현대신학(Modernist theology)은 이성이 과학 혁신과 민주주의 개혁에 영웅적 기여를 했다는 설명으로 이성에 대한 계몽주의의 확신을 뒷받침했다. 그러나 진화론적 사회 진보라는 새로운 사상이 인간 이성의 잠재력과 성취에 대한 낙관론을 부채질했던 현대주의(modernism) 시대와 지금 우리 시대 사이의 간극은 깊다. 이 간극은 수십 년에 걸친 파괴, 두 차례의 세계대전과 수십 차례의 게릴라전, 600만 명의 유대인 학살과 수백만 명이 겪은 기아, 20세기 중반 독일 파시즘의 흥망과 보스니아에서의 새로운 파시즘 출현, 공산주의의 흥망과 최악의 자본주의의 맹렬한 확장 등에 의해 생겨난 것이다. 인류의 퇴보에 대한 끔찍한 증거가 인류의 진화에 대한 증거를 상쇄하는 듯 보인다. 의학, 식량 생산, 통신의 발달에 필적할 만한 것이, 기술 발전으로 가능케 된 인류의 잔인성이다. 이성은 치료하는 기술로는 인정받을 만하지만, 파괴하는 기술로는 확실히 비난받아 마땅하다.

이런 잔인한 사실들은 이성을 맹비난하게 만들었고, 이성에 대한 현대주의적 확신은 '탈현대주의적'(postmodern) 의혹으로 바뀌고 말았다. 많은 철학자와 신학자가 20세기의 폭력에 이성이 관여한 사실에 대해 비난할 뿐 아니라, 타락하지 않은 순수한 인간 이성이 과연 존재하기는 하는지에 대해서도 의문을 제기한다. 그들은 모든 사람의 이성이 문화에 의해 전적인 영향을 받았다(변질되었다)고 주장한다. 인간에게 공통의 합리성이란 존재하지 않으며, 단지 서로 다른 특정 문화 체계 내에서의 합리성만 존재할 뿐이라는 것이다. 포스트모던주의자들은 공통의 이성이나 경험을 거부하는 것에서 시작하지만, 같은 진단을 내린 후에는 서로 상반된 해결책을 가지고 각각의 방향으로 나아간다. 그중 한 그룹인 '포스트모던 전통주의자들'은 사람들이 자신의 문화가 발전시킨 특정한 이성 전통에 몰두하기를 바란다. 인간 이성의 한계를 고려한다면, 진정한 대화와 이해는 사람이 특정한 전통의 맥락 안에 있음을 인정할 때만 이루어질 수 있다고 보기 때문이다.

다른 그룹인 '포스트모던 급진주의자들'은 인간 이성이 상대적일 뿐 아니라 더 큰 이성주의 전통도 상대적이라는 유사한 가정에서 출발하지만, 전혀 다른 방향으로 나아간다. 그들은 지배적 이성주의 전통에 대해 매우 의심하면서, 그것이 권력자들의 이익을 대변하고 증진시킨다며 비판한다. 서로 다른 이성 이해는 권력자들의 이해관계에 의해 형성되어, 그들의 이익을 증진시키는 도구가 된다는 것이다. 따라서 인간 이성과 지식의 상대적 성격에 대한 해결책은 하나의 전통에 몰입하지 않고 많은 전통과 포괄적으로 상호작용함으로, 우리 자신의 관점이 지닌 한계를 깨닫고 새로운 이해의 원천을 발견하는 것이다. 비록 두 그룹은 매우 다른 방향으로 나아갔지만, 포스트모던 주의자들의 두 그룹은 모두 타락하지 않은 순수한 이성이나 인간의 공통의 경험에 대한 생각을 거부한다.

이성을 폄하하는 사람들은 이들만이 아니다. 우리에게 더 친숙한 사람들은, 인간의 이성이 죄와 타락으로 완전한 부패했음을 강조하는 전통적인 개신교 비평가들이다. 이들은 인간은 이성이 매우 부패했기 때문에, 외부에서의 계시, 그중에서도 성경에 전적으로 의지해야 함을 강조한다. 이들 외에도 이성을 비판하는 다른 사람들은 성경보다 경험의 어떤 요소에 초점을 맞추기도 한다. 성결운동 전통, 특히 은사주의운동 전통에 속한 많은 사람은 성령을 즉각적으로 체험하는 것을 가장 중요하게 여긴다. 그리고 (기독교 문화와 세속 문화 모두를 포함해) 대중문화의 다른 그룹은 경험의 또 다른 요소로서 개인이나 특정 목적을 지닌 공동체의 주관적 경험에 강하게 의존한다. 주관적 경험이 다른 어떤 권위도 능가하는 궁극적인 권위와 표준이 되는 것이다. 이처럼 경험을 중심에 두는 그룹은 종종 이성을 불신하는데, 이성에 대한 강조는 경험의 직접성을 냉담하고 전문적인 태도로 거부하는 것이라고 여기기 때문이다.

20세기의 흐름은 이성에 대한 의존에서 멀어졌지만, 우리는 여전히 이 흐름에 반하는 움직임도 발견한다. 이성을 여전히 찬양하는 사람들이 있기 때문이다. 20세기의 잔혹함에 의해 완화되긴 했지만, 많은 그리스도인은 여전히 이성을 신앙과 신학의 주요 원천으로 여긴다. 확실히 한 세대 전 마틴 루터 킹 주니어(Martin Luther King, Jr)나 조지아 하크니스(Georgia Harkness) 같은 사상가들은 하나님과 도덕적 진리에 대해 아는 인간 이성의 능력을 매우 확신했다. 그리고 우리 세대에도 예를 들어 (가톨릭과 개신교를 포함하는) 많은 자연법 사상가와 과정신학자들은 문화의 상대적 진리뿐 아니라 문화와 세대를 관통하거나 초월하는 진리를 식별해 내는 이성의 능력에 대해 여전히 큰 확신을 가지고 있다. 확실히 현 시대 교회의 많은 사람에게는 이성의 능력에 대한 포스트모던적 불신이 널리 퍼져 있지 않다. 교회의 많은 사람이 인간 이성에 대한 현대적, 심지어 전근대적 확신을 여전히 지니고 있다. 교회를 위한 신학자의 임무란 얼마나 복잡한가!

이처럼 이성에 대한 비판자들과 옹호자들 모두를 상대하고 있는 우리는 웨슬리에게서 어떤 도움이 될 만한 것을 찾을 수 있을까? 그는 현대의 담론에도 유익한 자원인가? 나는 웨슬리의 시대와 우리의 시대가 이성에 대한 가정에서 큰 차이가 있음에도, 웨슬리의 이성 이해와 사용에서 오늘날의 논의에 부합하는 여러 요소를 발견한다. 또한 웨슬리의 생각에서 현대의 논의에 도전하거나, 현대의 논의로 도전 받는 요소들이 있음을 발견한다.

웨슬리의 이성 이해는 어떤 점에서 우리의 상황에 부합하는가? 이성에 대한 포스트모던적 불신과 경험에 대한 자유주의적 강조가 만연한 오늘의 상황을 고려하면, 이성의 제한적 역할만을 인정하는 웨슬리의 아리스토텔레스적 경험주의 모델은, 본유적 관념이나 의문의 여지가 없는 제1원리가 존재함을 확언하는 플라톤적 모델보다 우리에게 덜 이질적이다. 웨슬리는 추상적인 절대 진리에 대한 주장을 옹호하지 않았을 것이고, 특히 그런 주장이 플라톤의 사상과 유사하거나 그것에 뿌리를 두었다면 더욱 그랬을 것이다. 본유적 관념을 거부하고 이성을 지식의 원천이 아닌 도구로 여긴 것 외에, 웨슬리의 아리스토텔레스적 경험주의 모델의 어떤 면이 특히 우리에게 익숙할까? 첫째, 웨슬리와 오늘날의 많은 사람은 신학의 기초로서 구체적인 경험을 중시한다. 웨슬리는 일부 포스트모던주의자들보다 인류 공통의 경험에 대해 더 확신을 가졌지만, 포스트모던주의자들은 개인의 특정한 경험을 더 중시한다. 둘째, 웨슬리와 많은 현대 신학자 모두는 이성의 역할을 단편적이고 실용적이며 제한적인 것으로 이해한다. 즉, 이성은 경험에서 비롯된 많은 자료에 대해 숙고함으로 우리가 세상을 살아가는 데 충분한 지식을 준다는 것이다. 셋째, 웨슬리와 마찬

가지로 현대의 많은 신학자는 이성이 육체와 분리되지 않고 육체 안
에서 구현된다고 주장한다. 이성은 감각이라는 신체의 경험과 함께,
그리고 그것을 통해 작용하기 때문이다. 넷째, 웨슬리의 이성 이해는
많은 현대적 이해와 마찬가지로 이성을 감정과 대립적인 것으로 여기
지 않는다. 이성은 감정에 반(反)하는 것이 아니다. 사실 이성과 감정
은 밀접하게 연결되어 있다. 근본적으로 웨슬리에게 최고의 지식은
우리가 사랑 안에서 살아갈 때 가능하다. 다섯째, 최근의 많은 사상가
는 웨슬리의 이성 이해의 민주주의적 또는 평등주의적 요소가 우리
에게도 적합함을 발견했을 것이다. 주변 상황을 감지하고, 이성을 통
해 정보를 처리하며, 하나님의 은혜를 경험할 수 있는 능력이 모든 사
람에게 있다고 주장한 점에서 웨슬리의 이성 이해는 평등주의적 관
점을 내포하기 때문이다.

　　마지막으로, 웨슬리에게 이성의 역할은 자기 폐쇄적인 개별적 작
업을 하는 것이 아니다. 이성의 역할의 범위는 다른 사람들이나 전통
과의 대화를 포함해 주변 환경이 얼마나 풍부한 자원을 제공하는지에
달려 있다. 대화에서는 항상 이성이 작용한다. 따라서 그리스도인의
'협의'(conference)는 신학적 추론에 반드시 필요하다. 웨슬리의 이 논
점은 포스트모더니즘에 대한 현재의 논의에 특히 중요하다. 이성은
대화에서 진리를 분별할 수 있도록 도울 뿐 아니라, 우리가 쉽게 진리
라고 주장해 온 것의 한계를 보여주기도 한다. 다른 관점들과의 대화
가 열려 있을 때, 우리는 '합리적인 사람'이 무엇을 받아들일 것인지에
관해 우리 자신의 문화적 잣대로 지나친 주장을 하는 일이 줄어들 것
이다. 동시에 협의는 우리가 함께 도출한 주장에 대해 더 큰 확신을

갖게 해준다. 웨슬리가 이성을 경험을 반추하는 도구로 여긴 것은, 이성에 대한 일부 현대적 주장에 비해서는 덜 대단해 보이지만, 이성에 대한 일부 포스트모던적 불신에 비해서는 더 실질적이다.

그러나 웨슬리와 우리의 포스트모던적 상황은 분명한 차이가 있다. 앞서 살펴보았듯, 웨슬리는 경험이 동반될 때 명백한 진리에 도달할 수 있는 이성의 능력에 대해 일부 포스트모던주의자들보다 낙관적이었다. 그는 "이성적인 사람이라면 누구나" 동의할 수 있는 것이 있다고 확신했는데, 아마도 우리가 웨슬리의 생각을 교정해 줄 수 있는 부분은 이 점일 것이다. 오늘의 우리는 서로 다르고 심지어 상반되는 많은 문화에 더 많이 노출되어 있기 때문에, 무엇이 "이성적인 사람이라면 누구나" 믿어 마땅한 것인지에 대해 웨슬리만큼 확신을 갖기가 어렵다. 더 동질적인 문화에서 사는 사람일수록 자신의 생각이 보편적이라고 생각하기가 더 쉽기 때문이다. 그 점에서 오늘의 웨슬리안들은 인간 문화 전반에 걸쳐 존재하는 깊고 진정한 차이에 주목하면서 웨슬리의 생각에 비판적 수정을 가할 수 있다. 현대의 웨슬리안이 웨슬리의 생각에 중요한 교정을 가할 수 있는 또 다른 점이 있다. 웨슬리는 죄의 실체와 인간의 이기심에 대해 너무나 잘 알았지만, 권력자들이 자신들의 이익을 위해 이성을 사용하고 악용하는 것에 대해서는 오늘의 많은 사람에게서 볼 수 있는 민감성을 보여주지 못했다. 따라서 현대의 웨슬리안은 "이성적인 사람이라면 누구나 믿는 것"에 관한 주장과, 무엇이 이성적이라고 생각하는지에 인간 권력이 미치는 영향에 대해 더 큰 의혹을 가지고 있기에, 웨슬리의 생각에 대해 비판적 수정을 가할 수 있다. 현대의 논쟁에서 제기된 이런 비판적 관점은 웨슬리안들에게 유익할 수 있다. 우리는 우리의 상황에서 얻은 새로운 경험과 통찰로 웨슬리의 이해를 수정할 수 있을 것이다. 그러나 웨슬리는 우리의 생각을 어떻게 수정하는가? 우리를 어떻게 교정하는가?

확실히 웨슬리는 다른 많은 사람과 함께 공통의 인간 경험을 부정하는 포스트모던주의자들의 태도에 반대했다. 많은 포스트모던주의자가 공통의 경험에 대한 주장을 문화적 이해가 순진하기 때문이라며 무시하는 경향이 있다. 그리고 내가 앞에서 제안한 것처럼, 아마이들은 부분적으로 옳을지도 모른다. "이성적인 사람이라면 누구나" 믿을 것이라는 주장처럼 웨슬리의 논의 중 어떤 것은 다양한 문화 사이의 진정한 차이를 설명하지 못한다. 그러나 웨슬리가 인간의 공통의 경험, 이성, 그외 다른 능력을 강조한 것은 근본적으로 문화적, 사회학적 조사에 기초한 것이 아니다. 그의 주장은 신학적인 것이다. 웨슬리에게 (이성을 포함하는) 인류 공통의 경험과 능력의 근거는 하나님이시다. 제1장에서 살펴보았듯, 이 점에서 웨슬리는 자신의 영국 국교회적 유산과 뚜렷한 연속성을 보인다.[97] 인간이 공통의 능력과 경험을 갖게 되는 것은 (창조, 회복, 변화시키는 임재 등을 통해 나타나는) 하나님의 은혜에 의해서다. 웨슬리가 인간의 공통의 경험과 이성을 주장한 것은, 단지 이전의 문화적 관찰에 근거했기에 새로운 문화적 관찰에 의해 잘못된 것이라 말할 수 있는 경험적 주장이 아니다. 이는 신앙적 주장으로, 우리가 앞선 모든 신자와 동일한 경험을 하고 있다는 믿음의 표현이다. 이것은 신학적 주장이다. 웨슬리 신학은, 비록 인

---

97 리처드 후커와 그의 '이성'과 '법'의 사용에 관한 논의는 이 책 56-61페이지를 보라.

류학적 또는 문화적 자료는 인간의 경험이 매우 다름을 시사하더라
도, 그리스도인은 하나님의 창조하시고 회복시키시는 은혜에 근거해
인간의 공통의 경험을 주장하고 있다는 사실을 상기시킨다. 그리고
만약 누군가가 인류가 공통의 본성과 능력을 지니게 된 것이 하나님
의 창조하시고 회복하시며 보존하시는 임재를 통한 것이라고 믿는다
면, 그 공통의 본성은 더 진전된 도덕적, 신학적 주장을 위한 정당한
근거가 된다. 그것은 많은 포스트모던주의자가 내다 버린 도덕적 주
장의 토대를 제공한다. 그것은 인류학적 증거만큼이나 신학적으로도
근거가 탄탄한 인간 공통의 이성과 경험에 관한 사실주의자 또는 자
연주의자의 주장이다.

비록 많은 포스트모던주의자에게는 이성에 대한 웨슬리의 확신
이 가장 큰 장애물이 되겠지만, 웨슬리의 가장 빛나는 공헌은 그가 이
성의 가능성이 아닌 한계에 초점을 맞추었다는 점에 있다. 포스트모
던 시대에는 이성에 대한 현대적 확신을 부정한 것이 위기와 절망을
불러일으켰다. 이성과 인간이 진리를 알 수 있다는 확신의 상실은 체
념으로 이어질 수 있다. 이에 포스트모던주의자들은 이 문제에 대해
대안적 해결책을 제시했다. 좌측의 '급진적 포스트모던주의자들'에
따르면, 우리 자신의 이성 이해 전통의 한계에 대처하는 방법은 다른
이성 이해 전통에 속한 사람들의 목소리에 귀를 기울이는 것이다. 반
면 우측의 '전통적 포스트모던주의자들'은 우리 자신의 고유한 전통
의 언어에 의존해 이성의 한계에 대처해야 함을 주장한다. 웨슬리는
그리스도인의 협의를 중시하고, 다른 관점에도 귀를 기울였으며, 우
리의 전통에 충실할 것을 분명히 요구했지만, 목회적 상황에서 이성

의 한계에 부딪힐 때는 이런 것이 주된 해결책이 되지 못했다.

이성의 한계에 부딪힐 때 웨슬리는 무엇을 했는가? 앞에서 언급한 것처럼, 그는 누군가의 생각이 잘못되어 가는 것을 볼 때 그들에게 "악하고" "게으른" 생각에서 돌이켜 하나님을 단순히 신뢰해야 한다고 주의를 주었다. 그런 목회적 상황에서 그는 "목사를 의지하라" "첫 5세기의 기독교로 돌아가라" "신조를 신뢰하라" "성경으로 돌아가라"라고 말하지 않았다. 웨슬리의 해결책은 어린아이 같은 믿음으로 하나님께 의지하는 것이었다. 이성의 한계에 직면할 때 우리는 하나님께로 나아갈 수밖에 없다. 그러나 역설적으로 이 해결책은 단지 우리의 제한된 지식과 이성에 대한 체념으로 끝나지 않는다. 우리의 이성이 한계에 봉착했을 때 하나님을 신뢰하는 것은 이성과 지식의 끝이 아닌 시작이다. 우리의 한계를 벗어나 하나님의 은혜의 능력을 통해 우리의 영적 감각이 열리면 우리는 더 많은 것을 알게 된다. 우리의 한계는 그 자체로 치유적 성격을 지니고 있어서, 하나님의 은혜의 방편이 되어 우리를 하나님께로 그리고 결국에는 더 큰 영적 지식으로 이끈다. 이성의 한계가 꼭 절망이나, 변화의 여지가 없는 전통이나, 다른 문화의 다양한 목소리에 귀 기울이는 것으로 이어지지는 않는다. 이성의 한계는 하나님에 대한 신뢰로 이어질 수 있는데, 그럴 때는 절망의 원인이 아닌 은혜의 방편이 된다.

이성에 대한 웨슬리의 가르침은 우리에게 포스트모던주의가 제안하는 두 가지 선택지와는 전혀 다른 대안을 제공한다. 이성의 한계에 대한 포스트모던주의자들의 주장 앞에서, 우리는 전통적 포스트모던주의자들과 급진적 포스트모던주의자들의 해결책 외에도, 웨슬리가 목회적 상황에서 제시한 해결책을 선택할 수 있게 되었다. 이성의 한계는 절망이나 변화의 여지가 없는 전통, 또는 다른 유한한 인간의 목소리에 과도하게 의존하게 하는 원인이 아니라, 우리의 한계를 자각하고 우리를 변화시키는 하나님의 은혜의 임재와 능력을 신뢰하게 하는 원인일 수 있다. 하나님의 임재는 인간의 지식을 초월하면서도, 동시에 인간에게 참된 지식을 가능하게 한다. 이는 역동적이고 현재적인 초월로, 교회는 이 은혜를 통해 하나님의 음성을 다시 분별할 수 있게 된다.

랜디 L. 매덕스
Randy L. Maddox

5

확증으로서의
경험

Chapter Five: The Enriching Role of Experience

"나는 내 성경 해석이 단지 정통이 아니라는 이유로 무시당하는 것에 지쳤습니다. 누구나 자신의 경험과 연구, 이성을 통해 성경을 해석합니다. 우리가 우리 스스로 생각하기를 멈추고 전통주의자들이 우리 대신 생각하도록 하는 것이 옳습니까?"[1]

최근 〈연합감리교회신문〉 편집장이 받은 편지에서 발췌한 이 글은 현재 연합감리교인 사이에서 이루어지고 있는 사변형에 대한 논란을 잘 보여주는 대표적 사례다. 이 발췌문은 일반적으로 토론의 논점이 신중하게 기획된 발표가 아닌 즉흥적 발언에서 가장 강력하게 표현된다는 사실을 보여줄 뿐 아니라, 그 토론에 스며든 열정이 어느 정도였는지를 짐작하게 한다. 또 이 문장들은 반대 측이 논쟁을 극명한 이분법으로 끌어가려는 경향이 있었음을 드러낸다. 즉, 사람은 자신의 개인적 경험이나 이성에 의지해 스스로 생각하거나, 그렇지 않으면 전통에 굴복할 수밖에 없다는 것이다. 이 발췌문은 '이성'이나 '경험'이라는 용어를 마치 의미가 자명한 것처럼 사용하고 있다.

중요한 진리가 위협받고 있다고 확신할 때 논쟁에 열정적으로 참여하는 것은 잘못이 아니다. 그러나 이런 상황에서는 열정 때문에 대안적 관점을 공정하게 숙고하지 않는 일이 생기지 않게 하는 것이 중요하다. 공정한 평가는 상황을 명시적으로 보게 해 건설적인 토론이

---

1   돌로레스 클린스키 워커(Dolores Klinsky Walker)가 편집자에게 보낸 편지. *United Methodist Reporter*, 143/11 (1996년 8월 2일): 2.

진행되도록 돕기 때문이다. 나는 이런 가능성을 염두에 두고, 존 웨슬리가 경험에 호소한 사례들을 통해 경험의 본질과 경험이 신학적 성찰에서 할 수 있는 다양한 역할을 설명하고자 한다. 웨슬리가 경험을 강조했기에 우리가 이 주제에 관심을 갖게 되었으므로, 웨슬리가 경험에 호소한 사례들을 숙고하는 일은 현재 연합감리교회에서 이루어지고 있는 논의에 매우 유익할 것이다. 나는 먼저 웨슬리가 경험에 호소한 사례들을 통해, 논의에 참여한 많은 사람이 '경험'의 의미가 모호하지 않고 분명하다고 가정하는 것에 이의를 제기함으로 시작할 것이다.

경험의 다양한 개념

다음과 같은 상황을 가정해 보자. 집단진료를 받은 한 환자가 수술을 받게 되었는데 수술에서 '경험이라는 혜택'을 요구했다. 당황한 간호사가 이렇게 대답했다. "글쎄요, 만약 당신이 고집한다면 그렇게 해 드릴 수 있지만, 환자들 대부분은 마취를 해서 수술을 경험하지 않는 것이 낫다고 생각해요!" 그러자 환자가 다소 통명스럽게 말했다. "수술을 느껴보고 싶다는 게 아니라 수술 경험이 있는 의사를 배정해 달라는 거예요." 친절한 간호사는 이렇게 대답했다. "그렇다면 화이트 박사님이 적격이에요. 그분은 아직 수술을 집도한 적은 없어도 수술을 받은 적은 있기 때문에 당신이 겪게 될 과정을 잘 이해할 거예요!"
　　이 가상의 사례가 보여주듯, '경험'은 매우 모호한 용어일 수 있다. 신학적 논의라 해서 이런 모호성에서 자유롭다고 생각해서는 안 된다. 오히려 교리를 결정할 때 경험을 활용하는 문제로 대립이 생기는 경우, 어떤 대립은 경험에 대해 서로 다른 개념을 가진 데서 비롯되었을 가능성이 크다. 이는 경험이 그리스도인의 삶과 가르침에 도움이 되게 하는 바른 방법에 대해 더 큰 합의를 이루기 위한 첫 걸음은, 경험이라는 모호한 실체에 대한 주요 선택적 개념들을 명확히 하는 것임을 뜻한다.[2] 우리가 살펴본 가상적 사례에서 재밌는 실수를 일으킨 세 가지 경험 개념을 구분 짓는 데서 시작하는 것이 좋을 듯하다.

사건이나 행동이 끼치는 영향에 대한 인식

앞서 언급한 가상의 환자와 간호사의 대화에서 첫 번째 실수는, 간호사가 '경험'에 대한 환자의 요구를, 수술이 자신에게 미치는 주관적 영향을 알 수 있도록 의식을 잃지 않게 해달라는 요청이라고 가정한 데서 발생했다. 여기서 '경험'은 일반적으로 사건이나 행동을 의식하면서 겪는 것을 말한다. 그것은 웨슬리가 던진 다음의 질문에서 분명히 나타난다. "당신은 [하나님의] 성령의 인도하심을 관념으로만이 아니라 살아있는 경험을 통해 아는가?"[3] 이 질문에서 알 수 있듯, 이 의미의 경험은 종종 영향을 끼친 원천에 대한 객관적이거나 추상적인 생각의 내용이 아니라 영향을 받는 쪽에서의 주관적 요소를 강

---

2   이 조사는 다음 자료들에서 정보를 얻었다. *The Oxford English Dictionary*, rev. ed. (Oxford: Clarendon Press, 1989), 5:563-64에 수록된 '경험'이라는 항목; *The Encyclopedia of Philosophy*, ed. Paul Edwards (New York: Macmillan, 1967), 3:156-58에 수록된 P. L. Heath가 작성한 '경험'이라는 항목; *The Encyclopedia of Religion*, ed. Mircea Eliade (New York: Macmillan, 1987), 12:323-30에 수록된 James Alfred Martin, Jr.가 작성한 '종교적 경험'(Religious Experience)이라는 항목.

3   *A Farther Appeal to Men of Reason and Religion*, Part II, §III.9, *Works* 11:258.

조한다.

『옥스퍼드 영어 사전』(*The Oxford English Dictionary*)은 이런 의미로 '경험'을 이해하는 경향은 하나님과의 인격적 관계에서 '느낌'의 필요성을 강조하는 종교적 전통에서 특히 두드러지게 나타난다고 지적한다.[4] 특히 메소디즘을 그 사례로 들고 있는데, 웨슬리가 그것을 자주 강조했다는 사실은 새삼스러울 것도 없다. 이를 가장 분명히 보여주는 한 가지 예는, 그가 한 편지에서, 비록 사람이 도덕적으로 올바르고 모든 종교적 규례를 바르게 행하고 있더라도, "그가 아직 경험해 보지 못한 … 하나님에 대한 확고한 신뢰와 확신 … 그 마음에 부어진 하나님의 사랑을 그 내면에서 경험하기 전에는 자신에 대해 좋게 생각하지 말아야 합니다"[5]라고 주장한 것이다.

주관적 경험의 공유에 의한 공감적 이해

앞의 가상의 사례에서 두 번째 실수는 간호사가 '경험'을 그와 유사한 다른 의미로 바꾸려 한 데서 발생했다. 이 의미의 경험에서는 근본적 관심사항이 여전히 사건이나 행위를 겪는 사람의 주관적 차원에 있지만, 그 초점이 그가 영향을 받은 사건에서 그 사건을 통해 얻은 통찰력으로 옮겨가는데, 이 통찰력은 유사한 사건이나 행위를 겪는 다른 사람을 공감할 수 있게 한다. 이 두 번째 의미의 경험은 문화 전반에서 덜 사용되지만, 웨슬리가 토마스 아 켐피스(Thomas à Kempis)의 고전 『그리스도를 본받아』(*The Imitation of Christ*)를 직접 출판하면서 쓴

---

4   용어의 정의 4b를 보라.
5   Letter to Dr. Henry Stebbing (1739년 7월 25일), §6, *Works* 25:671.

서문에서 그 좋은 예를 찾을 수 있다.

> … 기독교의 위대하고도 실제적인 진리로서 우리 내면에 이루어지는 하나님 나라의 신비는, 비록 완전하게는 아니더라도 영혼으로 그것을 느끼는 사람은 알 수 있습니다. 그 신비는 명확하게는 아니더라도 그것을 '설명이 아닌 경험으로' 아는 사람은 알 수 있습니다. 곧 그리스도께서 사셨던 삶을 살고, 그분의 발자취를 따르며, 그분 안에서처럼 하나님께서 그들의 내면을 다스리심으로, 자연인의 마음으로는 생각할 수 없는 … 내적이고 실제적이며 경험적으로 느끼는 하나님 나라의 지식을 얻은 사람은 그 신비를 압니다.[6]

반복을 통해 얻은 실무 능력

간호사는 오해했지만 환자가 말한 '경험'은, 수술받는 사람에게 미치는 주관적인 영향이 아닌 수술을 집도하는 의사의 실무 능력으로서의 경험이었다. '숙련된'(experienced) 전문가와 장인에 대해 말할 때 우리는 이런 의미의 경험을 말하는 것이다. 즉, 책으로만 배운 사람이 아닌 다양한 상황에서 오랜 실습을 통해 해당 분야에 능숙해진 사람을 지칭한다. 웨슬리가 병자를 방문하는 일에 "더 숙련되고 경험이 많은" 메소디스트 신도회 회원이나, "하나님의 역사를 깊이 경험해 하나님의 방법으로 영혼을 가르치는 일에 익숙한" 메소디스트 설교자들을 칭찬할 때는 이런 의미의 경험을 말하는 것이다.[7]

---

6 *The Christian's Pattern; or, a Treatise of the Imitation of Christ*, 서문, §III.6, Jackson 14:207-8.

7 각각의 출처는 "On Visiting the Sick," §II.3, *Works* 3:390과 1772년 6월 5일 자 일지, *Works* 22:336이다.

평생의 학습을 통해 얻은 실천적·도덕적 지혜

지금까지 말한 의미들 외에 웨슬리의 저작에서 분명하게 나타나는 '경험'의 다른 의미들 중 첫 번째는 앞에서 마지막으로 말한 의미와 밀접한 관계가 있다. 우리는 오랜 연습을 통해 무엇을 만들거나 거래하는 기술을 습득하는 것처럼, 삶에서 마주치는 도전과 기회를 통해 '삶의 기술'(art of living)에 대한 지혜를 얻는다는 것을 이미 오래전에 알았다. 이 지혜의 특징은 현실 감각과 도덕적 감수성을 조화시키는 것인데, 웨슬리가 교회의 지도자로 선택된 사람은 연륜과 경험이 있어야 한다고 강조한 것은 바로 이 지혜 때문이다.[8] 물론 웨슬리는 이것이 자동적으로 이루어지는 과정이 아님을 알았다. 연륜과 함께 지혜를 얻으려면 민감성과 배우려는 자세를 유지해야 하고, 특히 실수에서 배우는 것이 있어야 한다. 이런 민감성은, 런던 파운드리(Foundery) 채플의 회중이 20년이 넘는 침체기를 지나 부흥의 조짐을 보였을 때, 웨슬리와 동생 찰스가 자신들이 "과거의 일에서 경험을 얻었기" 때문에, 이번에도 예전처럼 성령을 소멸시켜서는 안 된다는 바람을 표현한 데서 잘 드러난다.[9]

---

8   웨슬리가 얼마나 자주 이런 말을 했는지는 『신약성서주해』 마 16:21, 23:34, 요 17:13, 행 22:19, 롬 15:14, 딛 2:3 등을 참고하라. 동시에 그는 Letter to Miss March (1774년 12월 27일), Telford 6:132에서 알 수 있듯, 경험과 나이가 항상 비례하지 않는다는 사실도 인식하고 있었다.

9   1769년 10월 14일 자 일지, *Works* 22:207.

진리를 깨닫는 계기로서의 시험이나 시련

현대인에게는 이상하게 들리겠지만, 웨슬리가 사용한 '경험'의 또 다른 의미는 삶의 실제적 시련을 겪는 것이 도덕적·영적 지혜의 원천이 될 수 있다는 인식을 배경으로 할 때 더 이해하기 쉽다. 이런 의미의 '경험'은 실제적인 시험이나 시행착오를 진리를 깨닫는 계기와 동일시하는 것이다. 웨슬리 이전 시대의 영어에서 일반적으로 사용된 이런 의미의 '경험'은, 예를 들어 위클리프(Wycliffe)가 (요셉이 형제들의 진실성을 시험해 보겠다고 말하는) 창세기 42:13을 "내가 너희를 시험해 볼 것이라(Now I shall take experience of you)"[10]로 번역한 데서 나타난다.

이 같은 의미의 '경험'은 웨슬리에게서도 여전히 찾아볼 수 있지만, 점점 사라져가고 있었다.[11] 이것이 현대의 의미와 얼마나 다른지 알 수 있는 좋은 방법은, 웨슬리가 당시에 시작된 의학의 전문화 과정에 대해 불평한 사례를 살펴보는 것이다. 웨슬리는 의학자들이 "경험은 제쳐두고" 가설에 의존해 의학 연구를 진행한다고 비판했다.[12] 이로써 그는 수세기에 걸쳐 시행착오를 통해 발견한 전통적 민간 요법을 무시하고, 현대의 과학적 방법으로 그 효과를 설명할 수 있는 치료법만을 인정하는 경향에 반대한 것이다. 웨슬리는 현대 과학이 사용하는 실증적 관찰의 중요한 역할을 높이 평가했음에도, 미리 정해놓은 가설을 실험하는 데 집중하는 전문적인 환경에서만 진리에 대한

---

10 『옥스퍼드 영어 사전』의 정의 1a에서 재인용함.

11 웨슬리는 자신이 출판한 *The Complete English Dictionary*, 3rd ed. (London: Hawes, 1777)에서 '경험'(experience)의 정의는 수록하지 않았으나, 그와 밀접한 단어인 'experiment'는 '증명, 시험'으로 정의했다.

12 *Primitive Physick*, Preface, §9, Jackson 14:310을 보라.

신뢰할 만한 통찰력을 얻을 수 있다는 생각에는 동의하지 않았다. 그
는 우리가 인생의 우연과 일상적인 시행착오를 통해 진리가 발견되
는 방식을 계속 소중히 여겨야 함을 확신했는데, 심지어 의학 같은 분
야에서도 마찬가지였다.[13]

　　이 확신은 웨슬리가 일지에 일상적 사건이나 시행착오를 통해 진
리를 깨달은 사례를 자주 기록한 데서도 나타난다. 하나의 좋은 예로
그는 어쩔 수 없이 야외에서 잠을 자야 하는 상황이 생겨 야영을 경험
한 것이 야영에 대한 두려움에서 벗어나는 계기가 되었다고 기록했
다. 직접 경험해 봄으로써 야영이 건강에 해롭지 않다는 것이 입증되
었다는 것이다.[14] 더 중요한 사례는, 웨슬리가 성만찬이 사람을 "회심
하게 하는 규례"임을 경험이 말해준다고 주장한 데서 볼 수 있는데,
이는 그를 따랐던 많은 사람이 실제로 자신의 회심이 일어난 시점을
돌이켜 생각해 보았을 때, 그 시점은 그들이 비신자에게 성만찬 베풀
기를 금지하는 전통적 관례에 매이지 않고 성만찬 자리로 나아갔을
때였다는 사실을 발견했기 때문이다.[15] 이런 사례는 웨슬리가 교리 논
쟁에서 경험에 호소한 많은 경우가 실제적인 시험을 통해 진리를 찾
아간 과정이었다는 사실을 알려준다.

13　같은 책, §§4-7, Jackson 14:308-10.

14　1736년 8월 28일 자 일지, *Works* 18:171.

15　1740년 2월 27일 자 일지, *Works* 19:158.

지식의 원천으로서의 사실이나 사건의 관찰

역사의 더 이른 시기에 의존했던 실제적인 실험이 진리를 발견하는 데 여전히 중요한 역할을 한다는 사실을 옹호하는 일에서 웨슬리의 많은 동료가 그와 함께하지 않은 주된 이유는, 그들은 더 확실한 방법을 찾기 원했기 때문이다. 그들은 모든 진리가 확고히 확립되어 전통을 통해 신뢰할 수 있을 만큼 전해져 내려오고 있다는 중세의 가정이 흔들리고 부정되던 시대에 살았다. 초기 르네상스 사상가들은 이런 변화가 서구 문화 속 상충하는 견해들을 관용하는 분위기를 만들어갈 것이라고 낙관적으로 예측했지만, 실제 결과는 종교와 정치 영역 모두에서 경쟁하는 정통주의자들 간의 무력 충돌이었다. 절망에 빠진 초기 계몽주의 사상가들은 경쟁 당사자 간 견해 차이를 해소함으로 전쟁을 멈출 방법을 모색했다. 가장 영향력 있는 사상가들은, 유일한 희망은 공개적으로 검증 가능하고 절대적 확실성을 제공할 수 있는 진리 판별법을 찾는 데 있다고 생각했다.[16]

이 고상한 계몽주의의 모험은 역설적이게도 철학자들이 이성의 논리적 순수성이나 실증적 관찰에 의한 객관적 사실 중 어디에서 확실성에 이르는 신뢰할 만한 수단을 찾을 수 있는지에 대해 다투는 것으로 끝나고 말았다. 실증적 관찰에 의한 객관적 사실을 중시하는 입장은 18세기 영국과 북미 개척지의 사상을 지배했고, 현대 서구 문화에 경험주의의 영향을 영구히 각인했다. 그 결과 '경험'이라는 용어는 이 경험주의의 색채를 지닌 독특한 의미를 갖게 되었다. '경험'은 이제

---

16 이 기획에 대한 최고의 해설서는 르네 데카르트(René Descartes)를 중점적으로 연구한 Stephen Toulmin, *Cosmopolis: The Hidden Agenda of Modernity* (New York: Free Press, 1990)이다.

(시행착오보다는 관찰 가능성을 향상시키는 데 목적을 둔 실험을 통해) 현재적 사실과 사건에 대해 검증할 수 있는 관찰, 또는 그런 관찰을 통해 깨달은 지식을 의미하게 되었다.

　웨슬리는 옥스퍼드 대학교에서 공부하는 동안 계몽주의적 경험주의에 깊이 몰두했다.[17] 더 중요한 것은, 그가 경험주의를 '상식'과 연결 짓는 더 넓은 문화적 성향을 공유했다는 점이다. 그래서 메소디즘을 비난하던 한 사람이 웨슬리에게 그가 어떤 특별 계시로 죄에서 건짐 받을 수 있다는 깨달음을 얻은 것은 아닌지 조롱조로 묻자, 그는 날카롭게 응수했다. "아닙니다. 그것은 상식으로 압니다. 눈으로 보고 귀로 들어서 압니다. 나는 상당한 증거를 직접 보았고, 직접 보지 못한 일에 대해서는 모든 의심을 불식시킬 만큼의 많은 증언을 들었습니다."[18] 웨슬리가 '경험'이라는 용어를 사용한 것 중 상당 부분은 이같이 대중적 경험주의의 의미로 사용한 것인데, 여기에는 신학적 주장을 뒷받침하기 위해 이 용어를 언급한 많은 사례도 포함된다. 그는 종종 새로 회심한 사람들은 아직 악한 태도나 욕망이라는 죄의 '씨앗'에서 순간적인 해방을 얻지 못했기 때문에 더 깊은 영적 변화를 받아야 할 필요가 있다는 주장을 입증하는 증거가 "일상의 경험"이라고 특정했는데, 이는 자신이 말하는 증거는 공개적으로 검증할 수 있는 것임을 강조한 것이다.[19]

17　Randy L. Maddox, *Responsible Grace: John Wesley's Practical Theology* (Nashville: Kingswood Books, 1994), 27-28의 인식론에 관한 논의를 참고하라.

18　*A Letter to the Author of "The Enthusiasm of Methodists and Papists Compared,"* §32, *Works* 11:374. 또한 *The Doctrine of Original Sin*, Part IV, Essay I, §II, Jackson 9:386 을 보라. 이 글에서 웨슬리는 현세의 삶이 참된 행복을 준다는 주장은 "생각이 있는 모든 사람의 상식과 경험에 반하는" 것이라고 말한다.

19　"The First-fruits of the Spirit," §II. 5, *Works* 1:239.

경험의 해석적 성격

이제까지 살펴본 경험의 여섯 가지 개념은, 만약 요청을 받았다면 웨슬리 자신이 구별해 나열했을 경험의 용법 전체를 망라한 것이다. 그 모두는 웨슬리 시대에 통용되던 개념들이기 때문이다. 사전을 살펴보면 특히 첫 번째와 마지막 개념은 현대에도 일반적으로 통용되고 있음을 알 수 있다. 그러나 주의 깊은 관찰자라면 오늘날 이 두 가지 개념에 독특한 변화가 있음을 감지할 것이다. 이 변화는 이 장 서두의 인용문에 암시되어 있는데, 바로 각 개인의 경험을 강조하는 것이다. 그와 대조적으로, 우리가 바로 앞에서 웨슬리의 강조점이 실증적 관찰이 갖는 공개적 검증 가능성이라는 특징에 있었음을 살펴본 것처럼, 웨슬리는 하나님과의 만남이 갖는 주관적 영향에 대한 특정한(즉, 지극히 개인적인) 설명에 특히 회의적이었다.[20] 이런 강조점의 차이 이면에는, 우리의 개인주의적 문화와 웨슬리 말년에 철학계가 막 논의하기 시작한 인간 경험의 해석적 성격 사이의 대립이 있다.

이 대립은 계몽주의적 경험주의자들의 낙관주의와 비교해 보면 가장 잘 이해할 수 있다. 우리는 앞에서 그들이 초기에 가졌던 희망은 절대적으로 확실한 지식에 이르는 방법을 찾는 것이었음을 살펴보았다. 이들 대부분은 합리주의자들의 비판을 받자 세부 사항을 관찰함으로 얻는 귀납적 지식은 언제나 논리적 확실성에 미치지 못한다는

---

20 1742년 9월 6일 자 일지, *Works* 19:296을 보라. 웨슬리는 성령께서 역사하심을 "느꼈다"고 간증한 여러 사람과 인터뷰한 내용을 기록하고 있다. 그는 평강과 기쁨과 사랑을 주시는 하나님의 영의 역사를 느꼈다는 그들의 주장이 신뢰할 만한 것임을 확언한다. 그러나 그들의 팔에 그리스도의 피가 흘러내리는 듯했다는 느낌 같은 것에는 훨씬 회의적인 태도를 보인다.

것을 곧 인정했다. 그러나 이들은 여전히 이 지식이 (사물을 있는 그대로 드러낸다는 점에서) 객관적이며 (모든 사람, 문화, 시대에 적용된다는 점에서) 절대적이라고 낙관적으로 주장했다. 이러한 확신은 앎의 과정에서 마음은 순전히 수용적 도구이기에 그 자체로는 개인의 지식에 아무것도 기여하지 않는다는 가정에 기초해 있었다.

18세기를 거치면서 이러한 경험주의적 가정은, 선의와 정신적 능력을 가진 사람들이라도 동일한 사건이나 '사실'에 대한 그들의 관찰 보고가 종종 일치하지 않는다는 현실과 맞아떨어지지 않는다는 것을 간과하기가 더 힘들어졌다. 문제를 극복하기 위한 다양한 시도가 있었지만, 이 현실로 인해 어쩔 수 없이 대부분의 철학자는 인간의 마음은 관찰(그리고 여러 다른 유형의 '경험')에 적극적으로 기여한다는 결론을 내리게 되었다. 임마누엘 칸트(Immanuel Kant)가 널리 알려진 논제에서 진술한 것같이, 인간의 모든 경험은 해석된 경험인데, 이는 경험이 우리가 기존에 가지고 있던 지적 개념을 통해 해석되기 때문이다.

이 논제에 잠재되어 있는 회의적(skeptical) 함의는, 칸트 스스로가 공간과 시간처럼 보편적이고 불변한다고 믿었던 해석적 개념에 초점을 맞춤으로 상쇄되었다. 이후 아인슈타인이 그와 다른 주장을 하기 전에도, 대부분의 서구 문화는 사회학과 심리학의 영향을 받아 경험에 대한 해석을 다양하게 하는 문화와 개인의 방식에 주목해 왔다. 그것이 누적된 결과, 적어도 현대의 대중 문화는 경험을 단순히 '관점'으로 축소하는 경향이 있다. 이제 경험이 객관적이고 절대적인 지식을 제공한다고 생각하는 사람은 거의 없다. 대신 경험은 (전형적인 북미 중산층의 백인 중년 남성, 또는 고유한 개인으로서) 내가 현실로 받아들인 것에 대한 나의 관점만을 제공한다고 가정한다! 20세기 후반 서구 문화에서 진행된 격렬한 논쟁의 핵심에는, 첫째로 '내 관점이 사물의 실제 모습과 어떻게든 일치하는가?', 둘째로, '그것은 나와 다른 다양한 관점에 대해서는 무엇을 주장하는가?'라는 분명한 질문이 있다.[21]

이 장을 시작하는 인용문에 나오는, 각 개인의 경험을 존중해야 한다는 주장은, 이 질문들이 신학의 방법에 관한 현재 연합감리교회 논쟁의 핵심임을 반영한다. 웨슬리는 이런 질문들이 문화적으로 널리 퍼지기 전 인물이기에, 이런 질문을 다루는 데 거의 도움이 되지 않는 것처럼 보일지도 모른다. 그러나 자세히 살펴보면, 우리는 그가 인간 경험의 해석적 성격과 그것이 수반하는 도전에 대해 인식하게 되었음을 알 수 있다.

일찍이 웨슬리의 이런 인식이 드러나는 곳은 그의 중요한 논문인 『원죄의 교리』(The Doctrine of Original Sin, 1757)를 축약한 설교에서다. 이 논문은 그가 훈련받은 환경이었던 계몽주의적 낙관주의가 어떤 것인지를 보여준다. 표면적으로 드러나는 핵심 내용은 과거와 현재의 인간 행동에 대한 객관적 경험적 조사인데, 비록 성경에 근거하지만 성경을 역사적 기록으로만 활용한다. 그리고 인용한 증거에 기초해, 죄의 보편성은 "아무리 부주의하고 부정확한 관찰자에게도" 명백히 드

---

21   이러한 논쟁은 종종 우리의 '포스트모던' 문화적 상황을 수용하는 언어로 구성된다. 이 주제에 대한 훌륭한 개론서로는 Walter Truett Anderson, ed., *The Truth about the Truth: De-Confusing and Re-Constructing the Postmodern World* (New York: G. P. Putnam's Sons, 1995)이 있다.

러날 수밖에 없다고 대담하게 주장한다.[22] 이 논문에 비해 2년 뒤 이 논문을 축약한 설교["원죄"(Original Sin), 1759-역주]의 어조는 좀 더 유보적이다. 웨슬리는 보편적인 인간의 죄성에 대한 성경적 확언으로 이 설교를 시작한다. 그런 다음에는 매일의 경험이 이를 확증한다고 주장하면서도, 즉시 하나님의 은혜로 거듭나지 않은 사람은 이처럼 확실한 일도 알아차리지 못한다는 단서를 달았다![23] 여기서 그는 경험적 관찰이 이전 논문에서 제안한 것처럼 즉각적으로나 공개적으로 입증할 수 있는 것이 아님을 인정한 것이다.

물론 이를 인정한 것이, 중생의 은혜를 받은 모든 사람은 하나님의 진리와, 자기 삶 속에서 즉각적으로 역사해 객관적이고 절대적인 지식을 주시는 하나님의 역사를 분별할 수 있다는 낙관적 가정마저 배제한 것은 아니다. 그러나 이 시점(1759)에는 웨슬리가 이 가정을 고수하고 있었더라도, 그가 자신의 영적 여정을 계속해 나가면서 이 가정은 빠르게 약화되었다. 이는 그가 그 여정에서 올더스게이트 사건의 의미에 대한 평가를 수정한 사실에서 볼 수 있다. 올더스게이트 사건은 경험적으로 중요했지만, 다양한 요소를 통해 웨슬리는 자신 속에 주입된 어떤 기대감이 그 경험에 대한 초기적 해석에 영향을 끼쳤다는 점을 인식한 것이다. 올더스게이트 체험 후 몇 달간 그는 그 사건 이전의 자신의 영적 상태에 대해 다소 부정적인 평가를 내렸다. 그러나 그 후 몇 년 동안은 1738년 5월 24일 이전의 그리스도인으로서의 자신의 삶에 대한 부정적 관점이 부당하거나 현명하지 못했다

---

22   *The Doctrine of Original Sin*, §II. 13, Jackson 9:176.

23   "Original Sin," *Works* 2:172-85, 특히 §II. 2, 176.

고 판단했고, 영적 순례에서 올더스게이트의 의미에 대한 해석을 새
로이 수정할 필요를 느꼈다.[24] 이 수정을 통해 웨슬리는 적어도 암묵적
으로라도 중생한 신자가 기존에 가지고 있던 기대와 개념을 통해 자
신의 경험을 해석하는 일을 피할 수 없음을 인정한 것이다.[25]

여기서 드러난 인간 경험의 해석적 성격에 대한 그의 인식은 초
기 단계에 불과했던 것이 사실이다. 그럼에도 웨슬리는 경험의 이러
한 성격이 신학에 미칠 유혹에 대해 상당한 분별력을 보여주었다. 가
장 근본적인 유혹은, 우리의 해석이 현실과 부합하는지는 차치하고,
우리가 '현실'이라는 것이 존재하는지 여부를 알 수 있다는 사실마저
회의하고 부정하는 태도를 취하는 것이다. 이론적으로 상상할 수는
있지만 실제로 그렇게 사는 것은 매우 어렵기 때문에, 그렇게 철저한
회의주의적 태도를 취하는 일은 매우 드물다. 엄격한 회의론자 데이
비드 흄조차도 하루 일과가 끝나면 친구들과 저녁을 먹고 어울리기
를 고대했다는 것을 인정했다(이것이 웨슬리가 흄의 회의론을 경멸로 일
축한 이유다).[26]

더 흔한 종류의 유혹은, 해석적 성격이 경험을 전적으로 주관적
인 것이 되게 한다는 회의론자들의 가정을 수용한 결과, 진리를 추구

24 이러한 변화에 대한 논의는 Richard P. Heitzenrater, *Mirror and Memory: Reflections on Early Methodism* (Nashville: Kingswood Books, 1989), 106-49와 Maddox, *Responsible Grace*, 124-27을 보라.

25 이를 1750년에 이미 웨슬리가 "Catholic Spirit," §I. 5, *Works* 2:84에서 "어쩔 수 없는 무지"(우리의 편견)가 우리의 모든 믿음에 영향을 끼치지 않을 것이라고 확신할 수 없음을 인정한 내용과 연결 지어 보라.

26 흄의 *Treatise of Human Nature*, I. 4. 7을 보라. 참고. Wesley, "The Deceitfulness of the Human Heart," §II. 7, *Works* 4:158.

함에서 경험에 의존하기를 완전히 배제하려는 극단적 태도를 취하는 것이다. 웨슬리는 성령의 증거를 개인적으로 경험하는 것을 강조한 데 대한 반작용으로 경험을 완전히 배제하려는 태도에 직면했다. 이에 대응해 그는 어떤 사람이 "자신이 경험하지 않은 것을 경험했다고 상상할 수 있음"을 기꺼이 인정하면서도, 그런 일부 사례에 기초해 경험을 중시하는 태도는 반드시 '열광주의'(enthusiasm)로 변질될 수밖에 없다는 주장에는 강하게 반대했다.[27] 신학 방법론에서 경험을 중시하는 어떤 태도도 배제해야 한다는 주장이 더 일반화된 오늘날의 경향에 대해서도 웨슬리의 반응은 동일했을 것이다. 그 이유는 아래에서 살펴볼 것이다.

계몽주의 이후의 신학에서 가장 미묘하고도 빈번한 유혹은, 경험의 해석적 성격을 언급함으로 우리의 개인적 경험을 더 넓은 책임성 아래에 두어야 한다는 주장을 미리 방어하려는 태도다. 예를 들어, "그것은 당신의 관점일 뿐이고, 나는 내 관점이 있다!"며 반박하는 것이다. 이런 식의 반응은, 웨슬리가 일부 기독교 신비주의자들에게 경고한 것처럼, "누구나 자신의 경험을 진리의 기준으로 삼기 때문에 이 세상의 책만큼이나 많은 종교"가 생겨날 수 있는 상황을 초래한다.[28] 웨슬리는 그런 상황의 근본적인 문제는, 우리가 정통적 교리에 대한 적절한 존중을 보이지 않는 것이 아니라, 세상에서 하나님의 백성으로 신실하게 살아가는 방법에서 다른 신자가 나 자신보다 더 올바른 감각을 가질 수 있음을 인정할 정도로 서로를 충분히 존중하지 못하

---

27   "The Witness of the Spirit, II," §V. 2, *Works* 1:297을 보라.

28   Letter to Mary Bishop (1773년 9월 19일), Telford 6:44.

는 것임을 인식했다.[29] 그래서 그는 메소디스트들에게 우리 삶을 거룩하게 가꾸어 가고 또 신학적인 주장들을 논의하기 위한 '그리스도인의 협의'(Christian conference)의 중요성에 대해 지속적으로 권고했는데, 이는 그가 매년 메소디스트 설교자들과 함께 모인 '연회'의 핵심목적이 되었다.[30]

　다른 사람들과 대화하라는 웨슬리의 권고를 확실히 적용하는 한가지 방법은, 인간의 모든 경험은 해석된다는 것을 수용함이 갖는 신학적 의미에 대한 우리의 현재 논의에 그를 포함시키는 것이다. 이것이 특별히 유익한 이유는 이러한 현실을 점점 더 깊이 인식한 그의 반응이, 경험을 '개인적 관점'으로 축소해 전통 및 성경과 대항하는 이분법적 관계로 몰아가려는 현대의 광범위한 경향과 강한 대조를 이루기 때문이다. 우리가 웨슬리의 대안을 진지하게 고려한다면, 경험의 풍부한 개념을 발전시키고 또 그리스도인의 삶에서 경험이 갖는 역할에 대해 더 넓은 식견을 얻는 데 도움이 될 것이다.

29　Letter to Mrs. Ryan (1766년 6월 28일), Telford 5:16. "당신은 자신의 경험에 비해 다른 모든 사람의 경험을 과소평가하는 것 같습니다."

30　웨슬리가 *Hymns and Sacred Poems*, Preface §§4-5, Jackson 14:321과 "Sermon on the Mount, IV," §I. 1, *Works* 1:533-34에서 사회적(즉 공동체적) 성결이 아닌 성결은 있을 수 없다고 주장한 내용을 보라. 교리를 결정하는 일에서의 협의의 역할에 대해서는, 웨슬리가 설교자들과 함께 모였던 첫 번째 연회 연회록에 기록되어 있는 의제들에 주목해 보라.

그리스도인의 삶에서의 경험의 다양한 역할

웨슬리는 인간의 경험의 해석적 성격을 새롭게 인식했음에도 앞서 살펴본 경험의 다양한 개념 중 어느 것도 포기하지 않았다. 오히려 그는 이러한 현실을 고려해, 경험이 그리스도인의 삶에서 갖는 역할들을 구별한 후 그 다양한 개념을 선택적으로 사용했다. 그의 방식을 이해하려면 현재 우리가 초점을 맞추고 있는, 경험이 교리적 결정에 어떻게 기여하는가 하는 문제 너머를 살펴볼 필요가 있다. 교리의 결정에 미치는 영향은 웨슬리가 경험의 역할로 돌린 것 중 겨우 하나에 지나지 않기 때문이다. 그가 알았던 경험의 다른 역할들이 무엇인지 파악하고, 또 그가 경험의 특정 개념을 어떤 역할과 어떻게 연결 짓는지에 주목한다면, 우리가 초점을 맞추는 경험과 교리의 관계에 대해 그가 제공하는 통찰을 더 분명히 볼 수 있을 것이다.

그리스도를 본받는 삶을 살아갈 능력을 부여함

경험이 웨슬리 신학 전반에서 중요한 역할을 한다는 일반적인 주장에 대해서는 아무런 이의가 없다. 그러나 그가 실제로 경험에 호소한 경우 중 대부분은 교리적 주장을 진술하거나 점검하는 것과 직접적 관련이 없음을 인식하는 것은 중요하다. 그 대신 경험에 대한 그의 호소는 경험이 우리로 그리스도를 본받아 살아가게 하는 능력인 확신에 이바지한다는 그의 강조점을 드러낸다. 경험의 이러한 역할은, 웨슬리가 자주 인간은 우리를 향한 하나님의 사랑을 먼저 경험하지 않고서는 하나님을 사랑할 수 없다고 주장한 데서 포착된다.[31] 단순히 과장된 수사가 아닌 이 주장은 어떻게 우리가 도덕적으로 행할 수 있는지에 대한 웨슬리의 핵심적 생각, 곧 그의 "도덕 심리학"을 반영한다.[32]

웨슬리는 인간의 지식에 대한 경험주의적 신념과 연결 지어 도덕 심리학을 연구했다. 계몽주의적 경험주의자들은 진리가 경험적 세계와 접촉하기 전부터 인간의 지성에 존재한다거나, 정신이 감각적 경험에 합리적인 질서를 부여함으로 진리를 창조한다는 합리주의자들의 주장에 반대했다. 그 대신 그들은 진리는 오직 우리가 감각적 세계와 만나 반응함으로써만 획득될 수 있다고 주장했다. 이 주장은 도덕 심리학에 관한 문제로도 해석되어, 웨슬리와 당대의 많은 사람이 현재 기독교 도덕 사상에서 지배적인 주지주의 모델을 거부하게 했다. 이 모델은 인간이 이성적으로 옳다고 확신하는 일은 무엇이든 당연히 행한다고 가정했다. 이 가정에 따르면 도덕성 형성과 관련된 주된 과제는 이성적 교육이나 설득이다. 웨슬리는 그러한 가르침이 필요함을 인정하면서도, 주지주의적 가정은 인간의 의지가 인간의 지성과 마찬가지로 반응적 도구라는 것을 인식하지 못하기 때문에 그 자체만으로는 부적절함을 강조했다.

예를 들어 웨슬리가 강조한 것은, 한 아이가 다른 사람에게서 개

---

31 그 예는 "The Character of a Methodist," §13, *Works* 9:39; "The Witness of the Spirit, I," §I. 8, *Works* 1:274; "Sermon on the Mount, IV," §III. 2, *Works* 1:542; "The Unity of the Divine Being," §17, *Works* 4:67 등에서 볼 수 있다.

32 웨슬리의 도덕 심리학에 관한 더 자세한 내용은, Randy L. Maddox, "Holiness of Heart and Life: Lessons from North American Methodism," *Asbury Theological Journal* 51/1 (1996): 151-72를 보라.

인적인 사랑을 받은 경험을 한 번도 해보지 못했다면, 아무리 이성적인 교육을 하더라도 그 아이가 다른 사람에 대한 사랑을 표현하게 할수 없다는 것이다. 만약 그렇게 정서적으로 결핍된 아이가 사랑할 수 있도록 돕고 싶다면, 먼저 그 아이에게 사랑받을 기회를 만들어주는 것부터 시작해야 한다. 그런 방법으로 그 아이의 의지가 '영향받을' 때만 그것에 반응해 사랑할 마음과 힘을 갖게 될 것이기 때문이다.

성령의 증거에 대한 웨슬리의 강조 이면에는 이처럼 '정서적' 도덕 심리학이 있다. 그는 성령의 증거를 하나님께서 적극적이고 개인적인 사랑을 우리에게 전달하시는 방법으로 보았다. 그리고 우리가 하나님과 타인을 사랑하면서 참으로 그리스도처럼 살아갈 수 있게 되는 것은, 이 증거에 의해 내적으로 하나님의 사랑을 깨달을 때만 가능하다고 믿었다.[33]

역설적이게도 이 믿음은 경험주의의 주제를 도덕 심리학에 적용한 데서 비롯되었음에도, 웨슬리와 대부분의 계몽주의적 경험주의자들 사이의 주된 차이점으로도 이어졌다. 계몽주의적 경험주의자들은 '경험'을 자연적인 감각에 의한 관찰과 동일시하면서, 하나님은 이러한 감각에는 직접적으로 나타나지 않으시기 때문에, 경험에서 비롯된 이성적인 추론에 기초해서만 하나님에 대한 지식이 가능하다고 주장했다. 웨슬리는 그러한 이차적 추론으로는 하나님의 사랑에 대한 충분한 확신을 제공해 그리스도인의 삶을 능력 있게 하지 못한다는 사실을 우려했다. 이로 인해 그는 하나님께서 창조 시 우리에게 육체

---

33 "The Witness of the Spirit, I," *Works* 1:269-84; "The Witness of the Spirit, II," *Works* 1:285-98; "The New Birth," §IV. 4, *Works* 2:201.

적 감각 외에 일련의 "영적 감각"을 주셨기에, 우리는 하나님의 사랑
이라는 영적 현실의 직접적 영향을 받을 수 있다고 주장했다.[34] 이것
은 계몽주의의 모델에 또 하나의 감각을 추가하는 것 이상을 뜻한다.
웨슬리는 사실상 경험이 그리스도인의 삶에 능력을 부여한다는 사실
을 설명하는 데는 객관적 관찰에 초점을 맞춘 계몽주의의 경험 개념
이 타당하지 않다고 여긴 것이다. 그에 대한 대안으로 그가 제시한 것
은 직접적인 내적 인식으로서의 경험 개념이었다.[35]

　　성령의 증거가 어느 정도까지 직접적 영향을 끼치는지에 대한 웨
슬리의 주장은 결국 전통적 개신교 및 당대의 영국 국교회 신학 모두
와의 충돌을 초래했다. 이 두 전통은 '열광주의'에 대한 염려로 인해
그리스도인으로서의 지위에 대한 성령의 직접적인 증거의 요소를,
공개적으로 식별 가능한 그리스도인의 미덕이라는 '간접적인 증거'에
모두 종속시켰다.[36] 웨슬리는 이러한 미덕이 참된 그리스도인의 삶을
특징짓는다는 사실에 동의하면서도, 그것을 하나님의 사랑을 확신하
는 토대로 삼는 것에는 반대했다. 그것은 다시 추론에 의지하려는 것
일 뿐 아니라, 행위의 의에 의존하는 것일 수 있기 때문이었다.[37] 웨슬
리는 이런 위험을 피하기 위해 우리는 우리 삶 속의 사랑과 기쁨 같

34　"The Great Privilege of Those that are Born of God," §I. 1-10, *Works* 1:432-34; "The New Birth," §II. 4, *Works* 2:192; "On Living Without God," *Works* 4:169-76.

35　웨슬리는 *A Second Letter to the Author of "The Enthusiasm of Methodists and Papists Compared*," §20, *Works* 11:399와 "Witness of the Spirit, II," §II. 6, *Works* 1:288에서 성령의 증거를 어떻게 "내면적 느낌"과 동일시하는지 주목해 보라.

36　이를 유용하게 요약한 자료로는 Jeffrey Chamberlain, "Moralism, Justification, and the Controversy over Methodism," *Journal of Ecclesiastical History* 44 (1993): 652-78, 특히 668-70을 보라.

37　Maddox, *Responsible Grace*, 130를 참고하라.

은 미덕이 '성령의 열매'임을 (추론하기보다) 직접적으로 인식한다고 주장했다. 반대자들이 '지각할 수 있는 영감'(perceptual inspiration)으로 지칭한 이 주장은 영국 국교도들이 웨슬리를 비판하는 초점이 되었다. 이에 대해 웨슬리는 경험이 해석적 성격을 지녔음을 가리키는 여러 단서를 제공하면서도, 우리가 성령의 사역을 인식할 수 있는 것은 성령의 직접적 영향에 의한 것이라는 근본적 주장을 고수했다.[38]

사실상 웨슬리는 우리가 우리를 향한 하나님의 사랑을 인식하는 것은, 우리가 스스로의 사랑을 인식하는 것과 유사함을 시사한 것이다. 이러한 제안이 기각되기 전에 나는 최근에도 이에 대해 정교하게 옹호하는 일이 있었음을 언급하고자 한다. 그러나 그러한 옹호가 설득력 있는 것이 되기 위해서는, 웨슬리가 새로운 깨달음으로 그렇게 했던 것보다 더 분명히 우리 스스로의 사랑에 대한 우리의 인식 역시 해석적 특성을 가졌다는 사실을 고려하는 방식으로 웨슬리의 근본적 주장을 수용해야 할 것이다.[39]

---

38 은혜의 인식 가능성을 다룬 내용은 Maddox, *Responsible Grace*, 128-29를 보라. 웨슬리에 대한 비난의 이유는 200주년 기념판 웨슬리 전집 제11권에 수록된 "이성적이며 종교적인 사람들에게 보내는 진지한 호소"와 "이성적이며 종교적인 사람들에게 보내는 추가적 호소" 전체에서 분명하게 드러난다. 이 논쟁은 웨슬리를 반대한 사람들이, 그가 '영감'(inspiration)을 '생기를 불어넣는'(animating) 또는 '촉발하는'(exciting)이라는 전통적 의미로 사용한 사실을 인식하지 못해 논점이 흐려지고 말았다(참고. 같은 책, 121-22). 그가 달았던 주요 단서는, 우리가 성령의 영감으로 인한 열매를 내면에서 경험했을 때, 우리는 반드시 그것이 어디서 비롯된 것인지를 성경에서 확인해야 한다는 것이었다. Letter to Dr. Thomas Rutherforth (1768년 3월 28일), §III.1, *Works* 9:381을 보라.

39 (웨슬리를 언급하지 않은 채) 웨슬리의 근본적 주장을 가장 의미심장하게 변호한 내용은 특히 William Alston, *Perceiving God* (Ithaca, NY: Cornell University Press, 1991), 250에서 볼 수 있다. 이 주장이 어떻게 계몽주의 이후 상황에 수용될 수 있는지에 대해서는 William J. Abraham, "The Epistemological Significance of the Inner Witness of the Holy Spirit," *Faith and Philosophy* 7 (1990): 434-50과 특히

영적 순례를 위한 훌륭한 지침을 제공함

웨슬리는 우리가 반드시 능력을 받아야 함을 주장했지만, 그것만으로는 그리스도께서 사신 것처럼 살아갈 수 없음을 잘 알고 있었다. 정제되지 않은 에너지는 활력을 주는 만큼 쉽게 파괴하기도 하는데, 그 차이는 에너지를 얼마나 현명하게 사용하는지에 달려 있기 때문이다. 그렇다면 우리는 하나님께서 '우리 안에서 일으키시는' 은혜로운 능력을 바르게 사용할 지혜를 어디서 얻을 수 있는가? 경험에 대한 웨슬리의 두 번째 호소는 그러한 지혜를 풍요롭게 하는 경험의 역할을 강조한다.

이 호소에 가정되어 있는 경험의 유형은 우리의 직접적인 내적 인식이 아니다. 무엇보다 현명한 인도를 받아야 하는 것이 바로 우리의 직접적인 내적 인식이기 때문이다. 그런 인도를 받지 못하면, 스스로의 상상에 불과한 것을 성령의 인도로 혼동하는 일이 생기는데, 웨슬리는 이를 진정한 의미의 '열광주의'로 여겼다.[40] 이를 방지하기 위해 우리는 반드시 "영을 시험"(참고. 요일 4:1-역주)해 보아야 한다. 영을 시험하는 데서 가장 중요한 기준은 성경이지만, 동시에 성경에 대한 우리의 개인적 해석 역시 시험할 필요가 있다! 웨슬리 자신의 권고를 이 방향으로 확장하면, 오류를 벗어나는 방법은 다른 그리스도인과 '협의'하는 것이다. 이러한 종합적인 점검은, 우리의 선입견이 언제 우리의 영적 경험을 왜곡하는지를 분별하는 데 도움을 준다. 분별의 가능

447-48, 그리고 Maddox, *Responsible Grace*, 131을 보라.

40 1762년 10월 29일 자 일지에 기록된 Letter to Thomas Maxfield, *Works* 21:396과 "The Nature of Enthusiasm," *Works* 2:46-60을 보라.

성은 그리스도인의 삶을 오래 경험하는 유익을 누린 사람들을 대화에 포함시킬 때 더욱 높아진다.

　웨슬리가 공동의 장기적 경험에서 어떤 개인적 유익을 얻었는지는, 구원을 위해 하나님께서 우리와 관계를 맺으시는 방식의 다양성을 인정하도록 권면한 그의 성숙한 목회적 조언에서 드러난다(이 권고는 올더스게이트 체험 직후의 권고와 매우 달랐다).[41] 웨슬리 자신이 어떤 유익을 얻었는지를 생각해 보면, 메소디스트들이 영적 순례 과정에서 많은 경험을 한 과거와 현재의 성도들의 지혜와 소통해 유익을 얻게 하려던 웨슬리의 관심을 이해할 수 있을 것이다.[42] 이 지혜를 활용할 수 있게 하기 위해 그는 여러 시대를 아울러 (본받을 만한 모범이 되는) 성도들에 대한 많은 영적 전기를 출판했고, 그들이 기록한 많은 경구와 영성 형성의 지침을 50권으로 된 『기독교총서』(Christian Library)에 수록했다. 또한 그 내용을 반복적으로 인용했다. 특별한 한 사례에서 그는 초기 기독교 조언자의 성숙한 지혜를 언급하면서 자신의 새로운 회심 '경험'을 자랑하는 사람들에게, 그들이 실제로는 여전히 '경험이 부족하기'(unexperienced) 때문에 그 한 가지 사건으로 인해 자신들에게서 죄로 향하는 모든 성향이 사라졌다는 잘못된 가정에 빠지기

41　특히 Letter to Dorothy Furly (1757년 10월 21일), Telford 3:230과 Letter to Mary Cooke (1785년 10월 30일), Telford 7:298을 보라.

42　초기 기독교의 영적 모범이 되는 인물들에 대한 웨슬리의 관심에 대해서는 Ted A. Campbell, *John Wesley and Christian Antiquity: Religious Vision and Cultural Change* (Nashville: Kingswood Books, 1991), 55-71을 보라. 다음으로 "On Visiting the Sick," §III. 5, *Works* 3:394에서 메소디스트 신도회의 일부 노년층 신자들이 "소중한 경험"을 통해 깨달은 지혜에 대해 웨슬리가 높이 평가한 내용을 주목해 보라.

쉬울 것이라고 경고했다.[43]

여기서 우리가 웨슬리에게서 얻을 수 있는 한 가지 통찰은, 그가 이런 경험의 사례를 모으고 공유하는 것을 신학의 중요한 과제로 여겼다는 것이다. 이 점은 초기 기독교의 선례와도 일치한다. 이와 대조적으로, 서구의 학문적 신학이 발전해 온 역사적 과정은 영적 인도와 영성 형성에 관한 지혜를 나누는 자료들을 교리 연구에 관한 자료에서 점점 분리시키면서, 전자가 지닌 진정한 신학적 위치를 부정하게 되었다. 웨슬리의 관점에서 보면, 이는 현대 신학의 중대한 약점 중 하나로 여겨져야 하며, 현대 신학은 실천적 지혜가 풍성한 신학 모델을 되찾으려는 새로운 노력을 기울일 필요가 있다.[44]

기독교의 핵심 교리에 대한 공적 증언을 제공함

웨슬리의 호소에서 분명히 드러나는 경험의 다음 역할의 신학적 지위에 대해서는 학계에서 논쟁할 필요가 없다. 기독교의 핵심 교리를 공적으로 방어하는 임무는 오랫동안 성공해 온 이력이 있기 때문이다. 때로 웨슬리가 이러한 변증 작업을 회피했다는 주장이 제기되기도 한다. 실제로 그는 변증법에서 표준이 된 합리주의적 접근법을 명백히 거부하고, 계몽주의적 경험주의의 접근법을 선호했다. 예를 들어, 그는 우리 주변 우주의 질서를 관찰하는 것만으로도 전지전능

---

43 "The Scripture Way of Salvation," §I. 7, *Works* 2:159. 나는 여기서 '경험이 부족하다'(unexperienced)라는 단어를 강조했는데, 이는 그것이 마카리우스의 글에 나오는 '미숙하다'(unskillful)라는 단어를 설명하기 위해 웨슬리가 끼워 넣은 용어이기 때문이다[참고. *Wesley's Christian Library* (1749) 1:97].

44 Roberta C. Bondi, *Memories of God: Theological Reflections on a Life* (Nashville: Abingdon Press, 1995), 7-11 등에서 이와 같은 주장을 개진한다.

한 우주의 설계자가 존재하신다는 사실을 알 수 있다고 확신했다. 이를 증명하기 위해 그는 당대의 과학적 관찰 결과를 요약한, 여러 권으로 된 『창조에 깃든 하나님의 지혜 연구』(*A Survey of the Wisdom of God in the Creation*)를 편찬했고, 이러한 발견이 하나님에 관해 제공하는 증거에 대해 주기적으로 설교했다.[45]

하나님의 존재를 옹호하는 일은 전통적 변증학의 하나의 의제일 뿐이다. 또 다른 의제는 하나님과 인간의 본성에 대해 타종교와 달리 기독교가 주장하는 내용을 옹호하는 것이다. 경험주의적 변증에 대한 웨슬리의 헌신은 이 점에서도 나타난다. 그는 자주 '일상의 경험'에 호소해 유전된 부패성과 인간의 의지의 자유와 같은 기독교의 핵심 교리가 사실임을 보여주었다.[46]

변증의 전통적인 목표는 외부인을 납득시키는 것이라는 점에서, 그렇게 공적으로 검증할 수 있는 경험에 호소하는 것은 우연이 아니다. 만약 우리가 이 목표를 확장해 기독교가 가르치는 진리에 대해 자신 스스로의 확신을 더 풍요롭게 하는 것까지 포함한다면, 앞에서 논의한 경험의 첫 번째 역할과도 겹치게 되는데, 그리스도를 본받아 살아가게 하는 능력은 기독교의 진리에 대한 확신과 밀접한 관계가 있기 때문이다. 웨슬리가 하나님의 역사에 대한 우리의 내적 인식이 성

45　가장 완전한 것은 다섯 권 분량의 수정판인 제4판(London: Maxwell & Wilson, 1809)이다. 웨슬리가 하나님을 경험적으로 변증한 내용과 그에 관한 논쟁에 대해서는 Maddox, *Responsible Grace*, 34-35(각주 포함)를 보라.

46　부패성에 대해서는 *Doctrine of Original Sin*, Part II, §II. 20, Jackson 9:295; Part III, §II, Jackson 9:318; Part III, §VII, Jackson 9:338; Part IV, Q. 1, §3, Jackson 9:361; and "Original Sin," §II. 2, *Works* 2:176을 보라. 인간의 자유에 관해서는 "What is Man?" §11, *Works* 4:24를 보라.

경 속 온전한 계시가 알려주는 가장 중요한 교리들을 포함해 기독교
의 주장이 사실임을 확증한다는 점을 강조한 것은, 주로 이같이 경험
의 역할들이 중첩되는 경우라는 것이 중요하다.[47]

기독교 변증을 위해 웨슬리가 이성에서 경험으로 나아간 이유 중
하나는, 이성은 신학적 주장을 최종적으로 입증할 능력이 없다는 사
실을 점점 더 확신하게 되었기 때문일 것이다.[48] 그의 계몽주의적 수
사법은 종종 그가 신학적 주장을 경험으로 증명할 수 있다고 믿었다
는 인상을 줄 수 있다. 그러나 다른 경우 그는 기독교의 신앙적 주장
이 광범위하게 받아들여지는 인간의 지식과 양립할 수 있다는 측면
을 강조하면서 그런 변증적 사고를 (해석된 경험 개념과 어울리도록) 더
조심스럽게 표현했다.

교리적 판단의 지침을 제공함

우리는 이제 신학의 방법에 대한 현재의 논의에서 가장 중심이 되
는 경험의 역할을 다룰 때가 되었다. 이 역할은 경험이 기독교의 확
립된 가르침의 진실성을 입증하는 데 어떻게 도움이 되는가 하는 문
제가 아니라, 기독교 공동체가 무엇을 가르칠지 분별하는 데 어떻게
도움이 될 수 있는가 하는, 논리적으로 더 앞서는 문제에 관한 것이
다. 사실 문제는 대개 우리가 계속 가르쳐야 할 내용을 분별하는 것이

---

47 이에 관한 가장 중요한 사례는 *A Letter to the Reverend Dr. Conyers Middleton*,
§§II. 12-III. 12, Telford 2:383-87에서 볼 수 있다. Maddox, *Responsible Grace*, 32를
보라.

48 Letter to Samuel Furly (1762년 5월 21일), Telford 4:181과 "The Case of Reason
Impartially Considered," §II. 1-2, *Works* 2:593-94를 보라.

다! 그 일은 기독교 교리를 공식화하는 어떤 공인된 신학 기관이 먼저 시작한 후에 신자 공동체에 전달하는 방식으로는 거의 이루어지지 않는다(그렇게 하면 그것은 종종 '받아들여지지' 않는다!). 오히려 가장 초기 기독교에서부터 신학적 주장은 일반적으로 신앙 공동체 저변의 다양한 환경과 상황에서 생겨나는데, 교리의 과제는 그중 어떤 것을 강력히 반대해야 하고, 어떤 것을 기발하지만 무해한 것으로 여겨야 하며, 어떤 것을 받아들이고 발전시켜 폭넓게 수용해야 하는지를 분별하는 것이었다.

　　메소디스트 부흥운동에서 웨슬리는, 왜 메소디스트들이 자신들의 독특한 교리를 계속 가르쳐야 하는지를 더 큰 교회에 해명하는 일과, 또 그 부흥운동의 색다른 사역에 대해 스스로를 진단하는 일 모두에서 자주 교리적 분별을 해야 하는 과제에 직면했다. 이 책의 공동 집필자들은 웨슬리가 그 일을 수행하는 데서 이성의 역할뿐 아니라 성경과 전통의 오랜 역할을 어떻게 받아들였는지를 보여준다. 웨슬리는 또한 의식적으로 교리적 분별의 원천과 기준으로서 경험에 자주 호소했다.

　　웨슬리가 경험에 호소한 것은 그 이면에 두 가지 신학적 확신이 있었기 때문이다. 첫째, 그는 인간의 감각과 정서적 능력을, 계시와 구원의 은혜를 인식하게 하기 위해 하나님께서 주신 선물로 여겼다. 그는 인간의 타락이 이 능력을 무디게 하고 왜곡시켰음을 인정하면서도, 동시에 하나님은 그것이 의도된 목적을 이루도록 은혜로 계속 그것을 유지시켜 주신다는 사실을 확신했다.[49] 둘째, 웨슬리는 하나님

49　선행은총의 역할을 포함해 웨슬리의 인간론에 대해서는 Maddox, *Responsible*

의 자기 계시의 활동은 그리스도 안에서의 규범적 표현에만 국한되지 않고, 우리가 관찰하고 그 안에서 실제적 삶을 살아가는 창조 질서 안에서도 (그것을 분별하는 이들에게는) 분명히 드러난다는 사실을 긍정했다.[50]

웨슬리는 교리에 관한 지식에서 경험이 실질적 역할을 한다는 사실을 긍정했지만, 그것이 경험만의 역할은 결코 아니다. 그의 저술 중 그 반대를 역설하는 것이 『원죄의 교리』다. 앞서 우리는 이 논문에서 웨슬리의 계몽주의적 수사법이 거의 경험적 관찰에만 근거해 원죄의 교리를 옹호한다는 점에 주목했지만, 이후 그가 그 내용을 응축한 설교에서는 성경의 핵심적 가르침이 사실임을 보여주기 위해 경험에 호소했다는 사실 역시 살펴보았다. 이 점이 시사하듯, 웨슬리가 교리에 대해 성찰하면서 다양한 원천을 활용한 방법은 그 원천들을 상호 간 대화적 관계로 둔 것이다. 즉, 단지 더 도움이 되는 것으로 보이는 원천만 사용하거나, 한 원천을 다른 원천과 대립시키는 것이 아니라, 어떤 일치점을 발견할 때까지 그 모두를 가지고 논의하는 것이다. 웨슬리가 그런 일치가 가능하리라 기대한 것은 성경, 계시, 경험을 적절하게 이성적으로 사용할 때 그 각각에서 만날 수 있는 분은 자신 스스로를 계시하시는 동일하신 하나님이라는 가정에 근거했기 때문이다.

경험이 이 대화 과정에 바람직하게 기여한 몇 가지 요소는 웨슬리의 다양한 호소에서 명백하게 드러난다. 가장 기본적으로 기여한 바는 성경이나 전통이 의도하는 의미를 명확히 하는 데 도움이 된다는

Grace, 65-93을 보라.

50 참고로 *Survey* 2:125에서 웨슬리는 우리 주변의 세상은 하나님께서 자신을 선포하시는 거대한 책임을 강조한다.

것이다. 예를 들어, 웨슬리는 바울의 "돈을 사랑함이 일만 악의 뿌리
가 되나니"(딤전 6:10)라는 말은, 돈을 사랑함이 모든 악의 유일한 뿌리
라는 것이 아니라, 가장 많은 악을 일으키는 뿌리가 된다는 것을 의미
하는데, 그 이유는 세상에는 악을 일으키는 다른 뿌리가 수천 개나 있
음을 "통탄할 만한 일상의 경험이 보여주기" 때문이라고 주장한다.[51]

　　이와 밀접한 연관이 있는 경험이 기여한 또 다른 부분은 (이러한 원
천들 내에서 매우 상이한 주장들을 연결하는 방법에 대한 제안을 포함해) 성경
이나 전통에 대한 가능한 여러 해석을 검증하는 것이다. 이는 웨슬리
가 경험에 호소해 성경에서 이끌어낸 교리가 사실임을 '확증'(confirm)
할 때 종종 사용한 방법이다.[52] 이 호소의 대부분은, 칭의에 반드시 확
신이 따르는지 또는 신자는 죄로 향하는 경향성을 평생 벗어날 수 없
는지 등과 같은 그의 특별한 성경 해석에 이의가 제기된 문제들에서
이루어졌다.[53]

　　경험이 다양한 원천들 간의 대화에 기여할 수 있는 세 번째 방법
은, 성경이나 전통에서 발견되는 일반 원칙을 상황에 맞게 적용하기
를 제안하고 검증함을 통해서다. 이는 메소디스트 내에 도입한 반회
(band) 모임이 성경적이지 않다는 비판에 웨슬리가 답한 다음의 내
용에 암시되어 있다. "이 모임들 역시 성경에 있는 일반적인 규칙을

51　"Sermon on the Mount, I," §I. 3, *Works* 1:476.

52　웨슬리가 성경의 내용을 확증하는 일에서 경험을 사용하는 일을 공식적으로 옹호
　　한 내용은 "The Witness of the Spirit, II," §V. 2, *Works* 1:297을 보라.

53　그 예는 Letter to Charles Wesley (1747년 7월 31일), *Works* 26:255와 "On Sin in
　　Believers," §III. 7, *Works* 1:323에서 볼 수 있다. 이 경우 모두에서 웨슬리는 반대자
　　의 입장이 경험뿐 아니라 성경에도 반한다고 주장한다. 사실 두 경우 모두에서 그
　　가 성경을 가장 적절하게 이해할 수 있도록 도운 것은 경험이었다.

특별한 상황에 적용하기 위해 이성과 경험에 근거해 마련한 재량적 (prudential) 방편이다."[54]

여기서 한 단계 더 깊이 들어가면, 심지어 원리 측면에서조차 성경이나 초기 기독교 전통이 분명히 다루지 않은 교리적 문제가 있을 수 있다. 웨슬리는 그런 문제를 해결할 때는 경험이 상당히 중요한 역할을 한다는 점을 인식했다. 그 예로, 그는 하나님께서 완전 성화를 점진적으로 이루시는지 순간적으로 이루시는지의 문제에 대해 성경이 명시적으로 언급하지는 않는다고 생각했기에, 경험을 그 문제를 해결하는 주된 원천으로 생각했다.[55]

경험이 다양한 원천들 간의 대화에 기여하는 또 다른 측면은, 웨슬리가 교리 논쟁에서 다양하게 경험에 호소한 데서 분명히 드러난다. 이 기여는 특정한 신학적 주장이 받아들여질 만한 것인지가 아니라, 그것이 기독교 신앙에 중심적이거나 본질적인 것인지 판별하는 것과 관계된다. 위험할 정도로 잘못된 주장과 기독교 신앙의 본질적 주장 사이에는, 허용할 만한 '의견'으로는 간주되지만 더 중요한 교리로 인정받을 가치는 없는 다양한 신학적 제안이 있어 왔다. 웨슬리는 특정한 신학적 제안이 이 범주 내에서 어디에 해당하는지를 판별하는 일에서 성경적이고 전통적인 근거가 중요한 역할을 한다고 생각했다. 그럼에도 그는 그 제안이 어떻게 그리스도인의 삶의 거룩함을

---

54 *A Plain Account of the People Called Methodists*, §VI. 7, *Works* 9:269.

55 "On Patience," §§11-12, *Works* 3:177-78을 보라. 또한 Letter to Ann Loxdale (1782년 7월 12일), Telford 7:129를 참고하라. 이 편지에서 웨슬리는 경험을 "모든 주장 중에서 가장 강력한 것"이라고 말한다. 웨슬리가 이런 말을 할 때는 성경이 침묵한다고 여긴 문제를 다룰 때라는 단서를 달았음을 기억해야 한다.

증진시키거나 약화시키는지에 대해 경험적으로 평가하는 일의 중요성을 특별히 강조했다![56]

어떤 종류의 '경험'이 그런 판단을 내리는 데 도움이 되는가? 이 질문에 답하는 데 도움이 되는 첫 번째 통찰은, 웨슬리가 개인의 주관적 의식으로서의 경험을 강조한 것은, 그리스도를 본받는 삶을 살아갈 능력을 부여하는 역할에 매우 국한된다는 것이다. 이 능력을 얻는 것이 부분적으로는 기독교의 주장이 사실임을 확인하는 경험에서 비롯될 수 있지만, 웨슬리는 메소디스트들이 그런 내적인 '느낌'에서 교리를 이끌어내도록 장려하기를 분명히 거부했다.[57] 이는 성령의 증거에 대한 그의 설교에서도 드러난다. 그는 성경의 증거라는 사건을 개인의 내적 인식의 문제로 설명하면서도, 성령의 증거 교리를 확증하는 논증에서는 먼저 성경적 근거를 제시한 후, 그다음으로 많은 공적인 간증이 사람들의 공동의 검증을 받은 사실을 특별히 언급함으로 자신이 성경을 이해한 방식이 옳음을 입증했다.[58]

공적이고 공동체적인 검증을 오랫동안 받았음을 강조하는 것은, 웨슬리가 교리적 분별을 목적으로 경험에 호소할 때의 특징이었다. 그 방식은 (영적 실재를 관찰하는 '과학자'로서) 메소디스트들과 일반 대

---

56   Randy L. Maddox, "Opinion, Religion and 'Catholic Spirit': John Wesley on Theological Integrity," *Asbury Theological Journal* 47(1992): 63-87, 특히 75-76을 보라.

57   *A Second Letter to the Author of "The Enthusiasm of Methodists and Papists Compared,"* §20, *Works* 11:399와 *A Letter to the Right Reverend the Lord Bishop of London*, §6, *Works* 11:337을 보라. 또한 "Letter to a Person Lately Joined with the People Called Quakers" (1748년 2월 10일), Telford 2:116-17에서 "내적인 빛"에 의존하는 것에 대해 답한 내용 역시 주목해 보라.

58   특히 "Witness of the Spirit, II," §III. 6, *Works* 1:290을 보라.

중의 삶을 주의 깊게 관찰하는 것이었다. 이에 대한 가장 좋은 사례
는, 그리스도인이 이 세상에서 완전 성화에 이를 가능성에 대해 오랫
동안 숙고한 데서 찾을 수 있다. 웨슬리는 성경이 그 가능성을 확증한
다고 믿었음에도, 만약 실제로 완전 성화에 이른 살아있는 표본이 전
혀 없다면 자신의 성경 이해가 잘못된 것일 수 있음을 기꺼이 인정했
다. 이로 인해 그는 정기적으로 얼마나 많은 사람이 완전 성화에 이르
렀다고 주장했는지, 그들의 삶이 그들의 주장에 일치해 그리스도인
의 사랑과 거룩함의 깊이를 입증했는지, 또 그런 특징이 시간이 지난
후에도 지속되고 있는지 상세히 조사했다.[59]

경험에 대한 웨슬리의 호소가 실제적 검증의 의미를 지닐 때는,
공적이고 공동체적이며 오랜 검증 기간을 거쳤다는 사실에 대한 강
조가 더 분명해진다. 이 사례들은 논란의 여지가 있는 교리적 문제
를 시험하는 것이, 그리스도인 공동체의 삶에서 경험이 그 이외의
각 방법들에 대해 갖는 장기적이고 실질적 효과라는 웨슬리의 확신
을 보여준다. 예를 들면, 그는 구원으로의 무조건적 선택 교리(또 그
것을 지지하는 성경 해석)에 대해 점점 반대의 목소리를 높였는데, 이는
"반복적인 경험을 통해 그것이 [신자들에게] 건강에 좋은 음식이 아닌
치명적인 독이 됨을 알게 되었기" 때문이다.[60]

---

59   참고. *Thoughts on Christian Perfection*, Qq. 37-38, in Albert C. Outler, ed., *John Wesley* (New York: Oxford University Press, 1964), 297-98; Letter to Mrs. Ryan (1766년 6월 28일), Telford 5:16; Letter to Charles Wesley (1766년 7월 9일), Telford 5:20; Letter to Charles Wesley (1767년 2월 12일), Telford 5:41; Letter to Miss March (1774년 11월 30일), Telford 6:129; Letter to John from Charles Wesley (1741년 2월 28일), *Works* 26:52.

60   "Reasons Against a Separation from the Church of England," §III. 2, *Works* 9:339-40. 참고. "Predestination Calmly Considered," §86, Jackson 10:256; "Free Grace,"

물론 단순히 무언가를 관찰과 실제적 검증 대상으로 삼는다고 해서, 선입관이 개입해 사실을 왜곡할 가능성에서 그가 자유로운 것은 아니다. 그는 반대자들이 지엽적인 잘못을 지나치게 확대해 실제적 경험에 대한 웨슬리의 호소 자체를 비판할 때, 경험이 사실을 왜곡할 가능성이 있다는 점을 잘 알고 있음을 보여주었다.[61] 비록 정확한 용어를 사용해 옹호한 적은 없지만, '협의'에 대해 강조한 것은 웨슬리가 스스로에게 그런 왜곡의 가능성을 고려하도록 돕는 방편을 제공했다. 그에게 자신의 선입관을 시험하고 보완할 다른 경험의 주체들을 만날 기회를 제공한 것이 그러한 협의였기 때문이다.

웨슬리가 교리를 판단할 때 협의를 통해 유익을 얻었던 한 가지 방법은, 과거의 성도들의 경험에서 우러나온 지혜를 참고하는 것이었다. 그는 자신의 『설교집』 서문에서 인정한 것처럼, 성경의 어떤 내용을 이해하는 데 어려움을 겪을 때 "하나님의 일을 경험한" 믿음의 선진들의 글을 일상적으로 찾아 읽었다.[62] 웨슬리는 그러한 과거의 인물들을 참고하면서 계몽주의가 '선이해에 대해 가졌던 편견'에 (대체로 무의식적으로) 도전했는데, 계몽주의는 그 편견으로 인해 과거와 현재의 다른 모든 인간 경험보다 당대에 사회적 특권을 누리고 있던 관찰자들의 경험만을 편파적으로 선호하고서도 그 사실을 자각하지 못

Works 3:544-59.

61 "Sermon on the Mount, IV," §Ill. 6, *Works* 1:545에서 정적주의자들(quietists)이 (참된 신앙을 갖기 전에 종교적 의무를 행하거나 종교 의식에 참여하는 것이 무익할 뿐 아니라 해롭기까지 하다고 주장하면서-역주) 경험에 호소한 것에 대한 웨슬리의 응답을 참고하라.

62 *sermons*, §5, *Works* 1:105-6의 서문.

했다. [63]

계몽주의의 가정에 대한 웨슬리의 암묵적인 도전은, 웨슬리가 자신과는 매우 다른 사회적 환경에 속한 동시대 사람들과의 공식 또는 비공식적 협의를 통해 (종종 예상치 못한 방식으로) 자신의 관점이 풍부해지는 것을 발견함에 따라 더 진전되었다. 예를 들어, 그는 부흥운동에서 재능 있는 여성들과 널리 교류함으로 결국에는 이전부터 전해져 내려온 여성 설교 반대 규정에 의혹을 품게 되었다. [64] 또한 그가 신도회의 가난한 사람들의 삶의 문제에 자주 몰두한 것은 경제 문제를 새로운 시각으로 보는 데 도움이 되었다. 예를 들어, 그는 과부와 고아를 부당하게 대하는 사례에 대해 "최근 더 많은 경험을 하게 되었다"고 언급했는데, 이런 일은 그로 하여금 영국 상인 대다수가 정직하다고 믿었던 초기의 가정을 재고하게 했다. [65]

이 마지막 예들은 물론 이상화되어서는 안 되지만, 웨슬리의 교리적 성찰에 가장 크게 도움이 된 경험이, 어떤 풍자화된 신비주의 엘리트 계층의 내적 경험은 말할 것도 없고, 계몽주의 학자라는 엘리트 계층의 관찰 경험도 아니었다는 통찰을 뒷받침한다. [66] 그리스도인 공동

---

63 이에 대한 논의는 Hans-Georg Gadamer, *Truth and Method*, rev. ed. (New York: Crossroad, 1992), 265 이하를 보라.

64 이 이야기를 잘 풀어낸 작품은 Paul W. Chilcote, *She Offered Them Christ: The Legacy of Women Preachers in Early Methodism* (Nashville: Abingdon Press, 1993)이다.

65 *Doctrine of Original Sin*, Part I, §II. 11, Jackson 9:228. 또한 Theodore W. Jennings, Jr., *Good News to the Poor: John Wesley's Evangelical Economics* (Nashville: Abingdon Press, 1990), 특히 47-69와 Pamela D. Couture, *Blessed Are the Poor? Women's Poverty, Family Policy, and Practical Theology* (Nashville: Abingdon Press, 1991), 119-34를 보라.

66 웨슬리가 협의를 통해 실제로 유익을 얻은 이 사례들은, 그가 설교자들과 함께 연회에 참석해 "빛"(통찰력)을 주고자 했고, 그가 기대한 것은 "열"(동기를 자극하는

체의 일상적 공동생활 속에서의 실제적 시험에 의해 함양되고, 과거
와 현재의 다른 사람들의 경험을 폭넓게 참조함으로 더 풍성하게 되
는 것이 목회적 지혜였던 것이다.

신학적 성찰의 자극제이자 목표

웨슬리 신학에는 경험의 또 다른 중요한 역할이 있는데, 이 역시
신학을 학계의 엘리트들에 국한시키는 것과 대조를 이룬다. 이 역할
은 역사적 관점에서 가장 잘 드러난다. 초기 그리스도인들의 교리적
성찰은 일상생활과의 밀접한 연관성 속에서 이루어졌다. 교리를 정
립하는 데 핵심적으로 기여한 인물들은 자신의 양무리가 그리스도인
으로서 더 신실하게 살아가도록 도운 목회자들이었다. 그 결과 교회
의 지속적인 공동의 삶(즉 '경험')은 그들의 모든 교리적 성찰의 자극제
나 촉매제이자, 궁극적 목표로서의 역할을 했다.

초기 4세기 동안의 기독교의 선례를 강조하는 영국 국교회에서
훈련받은 웨슬리는 이 초기 신학 모델을 받아들였다. 그는 이 신학 모
델에 따라 메소디스트 부흥운동이 지속되는 중에 교리적인 문제가 제
기되었을 때만 교리 문제에 관여하는 경향이 있었다. 그리고 그는 기
독교 교리의 가장 중요한 목적은 세상에서 살아가는 그리스도인의 삶
에 대한 실질적 지침을 제공하는 것이라고 주장했다. 이와 대조적으
로, 서구의 학문적 신학은 일반적으로 그리스도인 공동체의 일상생
활과 신학 사이의 연관성을 점차적으로 끊어 놓았다. 그 결과 오늘날

용기)뿐이었다는 그의 분명한 자아상에 비추어 균형을 이룰 필요가 있다. 1760년
2월 16일 자 일지, *Works* 21:240을 참고하라.

의 학문적 신학서는 대체로 학자들이 학문적 질문에 대한 응답으로 저술해, 더 넓은 그리스도인 공동체는 말할 것도 없고 목회자들도 거의 읽지 않게 되었다. 그렇다고 전문적인 신학자들이 이 상황에 만족한다는 말은 아니다! 많은 신학자가 교리적 성찰을 교회 생활에 재연관시키는 방법을 다시금 모색하고 있다. 이러한 노력에서 교리적 성찰의 (중요한 지침일 뿐 아니라) 촉매제이자 목표로서 그리스도인 공동체의 일상적 공동 생활에 특별한 가치를 부여한 웨슬리의 신학 모델은 오늘날 새롭게 그 가치를 인정받고 있다.[67]

대화 상대로서의 경험

우리는 현재 신학적 방법에 관한 연합감리교회의 논쟁이 개인의 경험을 중시하는가 아니면 전통을 수용하는가 하는 뚜렷한 이분법적 관점으로 문제를 보는 경향이 있음을 언급하면서 이 장을 시작했다. 이제 그 경향이 전통에 대한 계몽주의적 비판과, 절대적 확실성에 대한 계몽주의의 순진한 주장에 대한 이후의 의심 이 둘 모두의 영향을 반영하고 있다는 것이 분명해졌다. 이러한 이중적 영향에 의해 생겨난 당혹감은, 어떻게 무비판적 전통주의에 빠지지 않으면서 계몽주의 이후 문화의 골치 아픈 절대적 상대주의를 피할 수 있는가 하는 것이다.

우리는 일찍부터 계몽주의적 확실성의 한계를 인식했으면서도

---

67 이 점에 대한 더 자세한 논의는 Randy L. Maddox, "Recovering Theology as a Practical Discipline: A Contemporary Agenda," *Theological Studies* 51 (1990): 650-72와 Maddox, "John Wesley - Practical Theologian?" *Wesleyan Theological Journal* 23 (1988): 122-47을 보라.

절대적 상대주의를 받아들이는 것 역시 거부한 웨슬리에게서 이런 당혹스러움을 해결할 원천을 발견할 수 있다는 사실을 보여주기 위해 노력했다.[68] 이러한 긴장을 다루는 그의 방식은, 특히 그리스도인의 삶과 사상에서 경험이 갖는 역할에 대한 우리의 현재 논의의 경향에 대해 몇 가지 가능성이 있는 풍부한 대척점을 제공한다.[69]

우선 '경험'의 다차원적 성격에 대한 웨슬리의 인식은 현재의 논쟁에서 매우 흔한, 경험과 전통을 날카롭게 대립시키는 방식에 의문을 제기한다. 이는 특히 '원숙한 지혜'로서의 경험의 의미에 분명히 나타난다. 그러한 지혜는 (성경을 포함한) 전통의 주요 구성 요소다. 따라서 경험과 전통의 관계에 대한 적절한 개념은 모든 대립과 함께 공통분모 역시 인식할 수 있어야 한다.

이러한 인식은 현재의 논쟁에서 교리적 판단을 위한 경험의 역할을 전통이나 성경의 권위에 맞서 (확증 또는 거부의) 의견을 제시하는 자율적인 것으로 여기는 양측 모두의 경향에 대해 의문을 제기한다. 교리적 판단에 다양한 기준이 함께 작용하는 웨슬리의 좀 더 대화적

---

68 이와 관련해 그가 어떻게 영국 국교회 신조와 설교집조차 오류가 있는 저자의 산물임을 인정하면서, 동시에 그것들이 대부분의 인간 저작물보다 훨씬 더 인정할 만한 가치가 있다고 주장할 수 있는지에 대해서는 "Ought We to Separate from the Church of England?" §II. 2, *Works* 9:569의 내용을 주목해 보라.

69 이러한 제안을 현재 논의에 대한 다음 두 개의 (상반된) 기고문과 비교해 봐도 좋을 것이다. 곧 John B. Cobb, Jr., *Grace and Responsibility: A Wesleyan Theology for Today* (Nashville: Abingdon Press, 1995), 159-76과 William J. Abraham, *Waking from Doctrinal Amnesia: The Healing of Doctrine in The United Methodist Church* (Nashville: Abingdon Press, 1995), 61-63이다. 또한 웨슬리의 모델이 어떻게 Owen C. Thomas, "Theology and Experience," *Harvard Theological Review* 78 (1985): 179-201에 표현된 몇 가지 관심사를 충족시키는지 주목해 보라. 웨슬리의 요점의 대부분은 연합감리교회 『장정』 ¶68에 언급되어 있지만, '잡다한' 방식으로 제시되어 토론에 건설적 영향을 거의 미치지 못했다.

인 모델은 우리가 고려할 만한 유망한 대안이다.

　다양한 기준이 상호 대화적 관계에 있어야 하는 것처럼, 웨슬리는 그 기준을 해석하고 적용할 때도 신앙 공동체 내에서의 협의가 필요함을 강조했다. 그의 모범은 이 협의체에 오늘날 종종 무시되는 과거의 목소리를 포함시키는 것을 특히 중시한다. 동시에 그는 신학 전문가들만이 아니라, 오늘날 마땅히 관심의 초점이 되고 있는 배제된 목소리들을 포함해 다른 사람들을 협의에 참여시키기 위해 노력했다.[70] 이러한 진정으로 포용적인 협의는 현대의 연합감리교인들이 우리 자신의 선입관을 인식하고 상호 책임성을 실현하도록 도울 수 있다는 최선의 희망을 갖게 한다.

　마지막으로, 그리스도인 공동체의 지속적인 삶을 자신의 교리적 성찰의 전형적 자극제, 유익한 지침, 궁극적 목표로 삼은 웨슬리의 전반적인 실천은, 우리가 사유화한 경험과 전문가들만의 것으로 소외된 신학 간의 먼 거리와는 극명한 대조를 이룬다. 연합감리교인들은 하나님께서 임재해 거기서 말씀하시는 것을 믿기 때문에, 오늘날의 소외된 사람들의 경험을 포함시켜 우리의 경험을 풍성하게 하려는 노력에 앞장서 왔다. 우리가 그 포괄성에 "웨슬리의 경험"을 더한다면, 우리의 삶과 신학을 참으로 풍요롭게 하는 경험의 역할을 회복시키는 데 도움이 될 것이다.

70　이에 관해서는 Monika Hellwig, *Whose Experience Counts in Theological Reflection?* (Milwaukee, WI: Marquette University Press, 1982)을 보라.

결론

만약 당신이 너무 바빠서 서론을 읽은 후 중간에 있는 다섯 장은 빠르게 훑어보았거나, 이 결론으로 바로 건너뛰었다면, 이제부터의 내용은 당신이 세부 사항을 놓친 몇 가지 핵심 사항일 것이다. 이 결론 부분은 당신을 이 책의 '더 충실한' 부분인 이전 장들로 되돌아가게 할지도 모른다. 이 시점에서 우리는 이 책의 제목인 '웨슬리와 사변형'에서처럼 이 둘의 결합이 신학 방법에 대한 현재 연합감리교회의 논의의 초점이라는 사실이 분명하게 인식되었기를 바란다. 지금까지 우리는 웨슬리의 사변형을 말하는 것이 적절하거나 도움이 되는지에 관한 문제를 다양한 차원에서 살펴보고자 노력했다.

그중 한 가지는 사변형을 웨슬리와 연결 짓는 것 자체에 관한 것으로, 다음과 같은 특정 질문이 포함된다. 사변형은 웨슬리 자신이 사용한 용어인가? 이 용어로 명명하는 신학적 성찰의 네 가지 기준은 웨슬리의 신학 작업에서 분명하게 드러나는가? 만약 그렇다면 신학적 성찰에 대한 이러한 접근법은 웨슬리만의 독특한 방법이었는가? 우리는 처음부터 웨슬리가 '사변형'이라는 용어를 사용한 적이 없음을 인정했다. 그러나 제2장부터 제5장까지에서는 성경, (적어도 초기 기독교와 영국 국교회라는 표준적) 전통, (성찰의 도구로서의 제한된 역할을 지닌) 이성, 그리고 (다양한 의미를 지닌) 경험에 대한 고찰이 웨슬리의 신학 작업에서 수행한 역할을 보여주었다. 만약 '사변형'이라는 용어를 단지 신학적 성찰에서 이 네 가지 요소 모두의 역할에 대한 자의식적 인식을 긍정하기 위한 의도로 사용한다면, 웨슬리가 사변형을 가르쳤다고 말하는 것이 적절할 것이다.

'중도주의'를 다룬 제1장에서 우리는, 교회가 성경을 해석하고 이해하기 위한 방편으로 전통과 이성을 활용하는 것은 연합감리교회가 만들어낸 방법이 아님을 알게 되었다. 그 방법은 다른 신학 주제와 관련해 훨씬 일찍 시작되었지만, 이 책에서는 16세기 중반에 시작해 연속극처럼 거의 100년 동안 계속 이어진 과정을 개략적으로 다루었다. 우리는 이 다자간 대화식 신학 방법이 유서 깊은 역사를 가지고 있으며, 그 시작은 영국 군주들의 왕위계승을 둘러싼 모략과 깊이 얽혀 있음을 알게 되었다. 우리는 이 이야기에서 신학적으로 필요한 것보다 역사적인 세부사항을 더 자세히 살펴보았는데, 이는 교회 역사에서 신학적 문제들은 관념적 신학 작업을 통해서만 결정된 적이 거의 없고, 교회와 깊이 관계된 사람들의 삶에 뿌리를 두고 있다는 분명한 요점을 말하기 위해서다. 이는 헨리 8세, 메리 여왕, 엘리자베스 1세 여왕의 이야기를 벗어나, 토머스 크랜머, 존 주얼, 리처드 후커, 토머스 카트라이트와 같은 대주교와 신학자들의 이야기로 범위를 좁혀도 마찬가지다. 당시 영국 교회는 국교회의 정체성을 확립하기 위해 애쓰고 있었다. 그 정체성은 먼저 로마 가톨릭주의와의 차별화를 통해 설명해야 했는데, 존 주얼이 그 일을 맡았다. 다음으로는 청교도와의 차별화인데, 이 일은 특히 토머스 카트라이트와 논쟁한 리처드 후커의 몫이었다. 이 모든 대화는 토머스 크랜머가 처음에 제시한 신학과의 주의 깊은 연속성 속에서 진행되었다.

　논의의 시작부터 근본적인 원칙은 성경이 최고의 권위라는 것이었다. 토머스 크랜머는『대성경』(*The Great Bible*)의 서문을 성경의 수위성에 대한 확언으로 시작했다. 존 주얼은 영국 교회와 로마 교회의 차별성을 말한 자신의『영국 국교회 변증』에서, 영국인이 전통을 버린 것이 아니라 로마 교회가 잊어버린 듯 보이는 방식으로 성경을 우선시하고 있음을 분명히 했다. 리처드 후커가 청교도들을 겪어본 바에 따르면 양자 모두 성경의 수위성에 대해서는 일치했지만, 그것이 무엇을 의미하는지에 대해서는 일치하지 않았다. 청교도들은 성경이 교회의 통치, 전례 복장 등의 문제를 포함해 포괄적 권위를 지닌다고 믿었다. 후커는 자신의『교회 체제의 법에 관하여』에서 성경의 수위성을 구원에 관한 모든 문제에서의 근본적인 권위로 해석하는 것이 더 합리적이라는 것을 입증하고자 노력했다. 구원론 이외의 다른 분야, 특히 성경이 특정 문제에 대해 침묵하는 분야에서는 전통의 관행이 허용될 수 있다. 웨슬리가 전수받은 영국 국교회의 신학적 유산은 다음을 확언했다. 곧 성경은 근본적이며 수위성을 지닌다. 전통, 특히 가장 이른 수세기의 기독교는 교리적으로 신뢰할 만하다. 성경이 특별히 금지하지 않는 영역에 대해서는 교회의 법과 실천을 만드는 데 전통과 이성을 활용할 수 있다. 그리고 마지막으로 설교와 예전은 회중이 '경험'할 수 있는 방식으로 개발하고 실천해야 한다. 우리는 이런 방식의 신학 작업은 상호 대립하는 로마 가톨릭주의와 개신교 청교도주의 사이의 '중도의 길' 이상의 것으로, 새롭고 독특한 길이라고 결론지었다.[71] 영국 국교회의 이러한 선례는 또한 웨슬리 자신이 신학적 성찰에서 성경의 역할과 함께 전통, 이성, 경험의 신학적 역할에 민감성을 갖게 한 원천이기도 했다. 이처럼 사변형의 기본적 네 가지 요소를 중시한 것은 웨슬리 개인의 독특한 특징이라기보다는 그가 영국 국교회적 배경에서 교육받은 사람이기에 갖게 된 특징이었다.

　이러한 인식은 웨슬리의 사변형에 대해 말하는 것이 적절하거나 유익한지에 관한 두 번째 차원의 문제로 우리를 이끈다. 여기서의 질문은 웨슬리에게 사변형이 있었는지의 여부에서, 사변형에 대한 어떤 특정 개념이 웨슬리에게 더 충실한지(그리고 현대의 웨슬리의 후예들에게 더 적절한지)로 옮겨간다. 다시 말해, 단순히 신학적 성찰에서 성경, 전통, 이성, 경험의 역할이 있음을 긍정하는 것에서, 그 각각의 요소의 구체적인 성격과 전반적인 신학적 과제에 대한 상대적 기여도에 대해 살피는 것으로 관심이 옮겨간 것이다. 이러한 후자의 문제는 이 책 제2장부터 제5장까지의 논의의 초점이었다.

　제2장에서 우리의 관심은 신학적인 내용에 대한 결정을 포함해 그리스도인의 삶의 모든 것에서 성경의 수위성에 관한 웨슬리의 확신을 되찾는 데 있었다. 이 일은 웨슬리의 다양한 성경 사용법을 요약하고, 그가 스스로 의식하고 있었던 성경 해석의 원칙을 살펴보는 일을 포함했다. 성경을 다루는 이 장에는 기본 전제가 있는데, 그것은 다음과 같다. 즉, 만약 일반적인 연합감리교인들이『장정』을, 성경

71　독자들은 우리가 본문에서 사변형의 요소를 열거하고 논의할 때 '경험'을 마지막 순서에 두었음을 알아차렸을 것이다. 이는 역사적 연대기로 보면 경험이 마지막으로 사변형에 추가된 요소이기 때문이다. 이 순서에서 예외적인 곳은 '경험'을 '이성'보다 먼저 언급한『연합감리교회 장정』의 몇몇 곳이다.

이 신학과 신앙과 실천에서 우리에게 근본적인 최고의 권위라는 의미로만 해석한다면, 우리는 그들에게 성경의 수위성의 의미를 명확히 가르치는 일을 제대로 하지 못한 것이다. 한 감독이 <연합감리교회신문>에서 민감한 사회 문제에 대해서는 전통, 이성, 경험이 성경을 3대 1로 이긴다고 썼을 때, 그리고 연회 신문 뉴스 기사의 주요 출처이기도 한 같은 신문의 '웨슬리의 사변형' 해석을 시도한 기사에서 편집자가 프라미스키퍼스(Promise Keeper)들이 "성경을 덜 사용한다면" 감리교인들을 동참시키고 "성경적 일치"라는 그들의 목표를 달성할 수 있을 것이라고 주장했을 때, 우리는 나사로처럼 소생한 존 웨슬리가 주재하는 회의에서 큰 파장을 일으킬 무엇인가를 준비하고 있었던 것이다.

웨슬리가 자신을 "한 책의 사람"이라고 한 것은 청교도가 아닌 영국 국교도로서 말한 것이다. 웨슬리가 성경의 권위를 확언할 때는 청교도 성서주의자(Biblicist)처럼 보이지만, 그는 모든 세부사항에 대해 근거 본문을 찾을 수 있는지 알아보기 위해 성경을 살피는 방식으로 교회의 실천을 신학화하고 발전시키지는 않았다. 웨슬리에게 성경의 중심 목적은 구원론적인 것이고, 구원의 진리에 관한 그의 모든 교리적 확언은, 혹 성경에 명시되어 있지 않더라도 성경에 뿌리를 두고 있었다. 웨슬리는 특히 난해한 구절을 해석할 때는, 아마도 로마서 12:6에 기초한, 모친 수잔나 웨슬리에게서 배운 규칙으로 되돌아가, 그 구절을 '신앙의 유비에 따라' 해석했다. 로마서의 이 구절은 대체로 "믿음의 분수대로"라는 뜻으로 번역하고 해석하지만, 웨슬리는 이보다 더 포괄적인 것을 의미했다. 그는 성경은 "성경의 완전성에 따라" 해석해야 하는데, 이 완전성은 근본적으로 구원에서의 완전성이라고 생각했다. 성경의 예언적, 사도적 의도는 그 가르침을 받은 사람들로 하나님의 구원의 실재를 알게 하는 데 있다. 이 분야에서 성경은 무엇과도 견줄 수 없는 권위를 지닌다. 이 점에서 웨슬리는 영국 국교회의 선조들이나 관료후원적 종교개혁자들과 전혀 다르지 않다. 우리는 성경 해석의 이러한 '규칙'을 이행하기 위해 웨슬리가 성경 해석의 일곱 가지 원칙을 어떻게 사용했는지를 설명했다.

이 모든 것을 설명하면서, 우리는 웨슬리가 '완전히 성경만' 사용해 신학 작업을 하지 않았다는 사실을 인정하고 확언한다. 사변형의 다른 요소들도 각각의 역할이 있지만, 그 역할은 결코 성경을 그 아래에 두거나 대체하지 않는다. 웨슬리는 성경의 어떤 구절도 신앙의 유비에 따라 이해해야 함을 확언하면서, 단순한 증거 본문 찾기식 성경 사용이나 성경에 대한 특이한 해석 모두를 경계했다. 이는 특히 신앙의 유비를 구성하는 내용에 대해 확신 있게 결정하는 일은 공동체의 문제, 곧 '협의'의 문제일 것이기 때문이다. 물론 협의가 실제로 제공하는 것은 전통에 담긴 지혜, 타인의 경험에서 얻는 유익, 그리고 이성에 근거한 검토다. 이러한 인식은 성경의 근본적 권위를 훼손하지 않으면서, 그것과 사변형의 다른 요소들 사이의 상호의존 관계를 강조한다. 추측에는 위험성이 따르지만, 우리는 웨슬리 선생님이 현대의 성경 연구의 복잡하고 변화무쌍함 속에서도 자신의 '해석의 길'을 만들어가는 일을 매우 어렵게 여기지는 않았을 것이라고 믿는다. 이 모든 것 속에서 그리고 이 모든 것을 통해 웨슬리는 성경의 각 페이지에서 하나님은 우리에게 말씀하시므로 우리는 성경을 읽고 연구하기를 결코 멈추지 말아야 한다고 끊임없이 말했을 것이다.

다음 순서로는 '전통'을 다루면서, 우리는 이 용어에 대한 간단하고 쉬운 정의 같은 것은 없다는 점을 중요하게 지적했다. 웨슬리 시대에는 종종 '초기 기독교의 권위'로 불린 전통에 대해 적어도 세 가지의 가능한 정의와 활용법이 있었다. (1) 영국 국교도, 청교도, 그리고 다른 사람들은 모두 반대자들을 논박하기 위해 초기 기독교 권위자들의 말을 인용했지만, 이 정의에서 '초기 기독교 권위자들'은 거의 배타적으로 교회법 전통에 국한된 것으로 보인다. (2) 흔히 '캐롤라인 신학자들'로 불리는 보수적인 영국 국교도들은 국교회의 실천뿐 아니라 신학적 가르침을 옹호하기 위해 초기 기독교 권위자들을 언급했다. 이는 영국 국교회와 보편적(catholic) 교회 사이의 중단 없는 연속성을 보존하려는 의도로 보인다. (3) 세 번째 그룹의 영국 국교도들은 교회 생활의 쇄신을 위한 특정 프로그램의 이유와 정당성을 제시하기 위해 좀 더 '강령적인' 방식으로 초기 기독교 권위자들에게 호소했다. 웨슬리가 다른 범주의 정의 사용하기를 꺼리지는 않았으나, 그에게 가장 적합한 것으로 보이는 범주는 이 세 번째의 것이다.

현대의 우리는 앞서 말한 어떤 것보다 훨씬 더 특정한 방식으로 전통을 사용하는 경향이 있는데, 이는 전통이라는 용어가 명확히 인지적이고 규범적인 내용을 가리킨다는 것을 뜻한다. 웨슬리는 때때로 전통을 이와 유사한 의미로 사용했지만, 그것이 주된 용법은 아닌 것으로 보인다. 웨슬리는 사도적 뿌리와 시기적으로 가장 가까웠던 가장 초기의 기독교와 관련해 전통 사용하기를 선호했다. 그는 이 시기의 그리스도인들이 하나님의 구원의 실재를 가장 명확히 표현했는데, 이는 그들의 영적인 실천과 훈련을 통해 가장 잘 알 수 있다고 믿었다. 그는 가장 초기 기독교부터 중단 없이 신학적 순수성이 계승되어 왔는지 추적하는 것이 사실상 불가능함을 이해하게 된 후로는 점점 초기 기독교 전통의 권위를, 그들이 하나의 일치된 교리를 가르쳤다는 측면보다 영적이고 도덕적인 순결성을 지녔다는 의미와 연결 지었다. 이처럼 초기 기독교의 권위가 교회의 삶의 순수함에 있었다는 것은, 부흥운동 시기에 웨슬리가 '구원의 길'과 특히 거룩한 삶에 대해 가졌던 일반적인 관심과 일치한다.

웨슬리가 일치를 이룬 교리적 순수성을 강조하던 것에서 도덕적, 영적 순수성을 강조하는 것으로 옮겨간 것은, 그가 가장 초기의 원천들이 교리적으로 순수했음을 믿지 않게 되었다는 것이 아니라, 단지 그가 자신의 시대로부터 가장 초기의 기독교까지 교리적 순수성이 계승되어 온 과정을 추적하는 것이 불가능함을 알게 되었음을 뜻한다. 사실 웨슬리가 긍정한 것은 순수한 사도적 신앙을 가장 잘 반영하고 있는 것이 "세계에서 가장 성경적인 국교회"인 영국 국교회의 교리적 확증인 신조이며, 이 "성경과 초기 기독교의 사랑의 종교"가 "지금 세 나라(잉글랜드, 스코틀랜드, 아일랜드를 뜻함-역주) 전체에서 되살아나고 있다"는 것이었다. 이처럼 웨슬리는 메소디즘이 성경에 나와 있고, 초기 기독교에서 지속되었으며, 영국 국교회의 토대가 되는 신학 문서에 담겨 있는 사도적 신앙의 '부흥'임을 전적으로 믿었다. 그는 영국 국교회주의의 가장 좋은 면모를 충실히 표현하고 있는 메소디즘이 하나님이 말씀하시기 위해 사용하시는 새로운 도구라고 믿었다. 이 점에서 우리 자신의 '전통'을 되찾는 것은 우리에게 도움이 될 수 있으나, 우리가 앞으로 나아가기 위한 공통의 토대를 전통에서 찾을 때는 과거를 무비판적으로 이상화하지 않도록 주의해야 한다.

제4장에서는 '이성'에 대해 살펴보았다. 오늘의 시대를 하나로 묶는 하나의 중요한 끈이 있다면, 그것은 '이성'에 대한 무한한 신뢰일 것이다. 누가 자신이 이성을 사용하고 있음을 부인하고 싶거나, 비이성적이라는 말을 듣고 싶겠는가? 웨슬리는 "이성적인 사람이라면 누구나 신앙을 갖는다"라는 말을 자주 반복했다. 이러한 대중적인 정의와 표현은 사변형의 구성 요소인 '이성'과 관계가 없지는 않지만, 문제의 핵심은 아니다. 이성은 다른 구성 요소들과 달리, 정보의 원천이라기보다 정보를 다루는 '도구'로서 기능한다. 이 이성이라는 도구는 성경, 전통, 경험을 이해하는 데 사용된다. 사실 우리는 이성 없이는 이것들을 이해할 수 없다. 그러므로 웨슬리가 성경을 제외하면 다른 어떤 것보다 이성의 권위에 더 자주 호소하고, 또 자주 성경과 이성을 연결 지은 것은 놀라운 일이 아니다. 웨슬리는 종교적 '열광주의'나 광신으로 비난을 받을 때 자신은 "이성적인 열광주의자"라고 응수했다. 합리적이고 모든 일에 이유가 있었던 그의 성향이 가장 함축적으로 드러나는 곳은 아마도 그의 아버지가 어머니 수잔나에게 다음과 같이 쓴 편지일 것이다. "나는 우리 잭이 이유를 제시할 수 없다면, 가장 긴요한 생필품에도 신경 쓰지 않을 것 같아요." 대학 시절 이성에 관심을 가졌던 웨슬리는 이후 링컨 칼리지에서 학생들에게 '논리학'을 가르쳤고, 메소디스트 목회자들에게는 논리학이 "성경에 대한 지식 다음으로 필요하고, 또 성경에 대한 지식 그 자체를 얻기 위해서도 필요하다"고 조언했다. 기독교의 합리성에 대해 이같이 무한한 확신을 가

졌던 웨슬리는 현저히 계몽주의 시대의 인물이었다.

　이성을 공식적으로 정의하면서 웨슬리가 이성이 우리의 일상적 경험을 초월하는 영원한 진리를 이성 자체 내에서 발견할 수 있다는 고전적 주장에 반대한 사실에 주목하는 것은 중요하다. 신학적으로 이 주장은 하나님께서 인간의 마음에 '본유적' 관념을 새겨 놓으셨고, 이성의 임무는 이 영원하고 불변하는 관념을 합리적으로 분별해 내는 것이라는 주장으로 표현되었다. 웨슬리는 본유적 관념에 대한 플라톤의 생각은 부정했으나, 이해를 위한 도구로서의 이성의 능력은 긍정했다. 이 능력은 단순한 이해, 판단, 소통이라는 세 가지 방법으로 작용한다. 이해의 단계는 오감에 제시된 정보를 단순히 받아들이거나 파악하는 것이다. 판단의 단계는 기존의 정보와 비교, 대조, 판단하면서 새로운 정보를 처리한다. 소통이라는 마지막 단계에서 마음은 기존의 정보와 새로운 정보를 정렬하고 분류할 뿐 아니라 둘 사이를 연결하거나 대안을 상상하는 등 자료를 가지고 적극적으로 생각하기 시작한다.

　이는 웨슬리가 분명히 경험주의자이지만 실제로는 플라톤적 변형의 요소를 지닌 경험주의자였음을 의미한다. 그는 이성으로 분별할 수 있는 신적이고 영원한 진리인 본유적 관념에 대해서는 거부했으나, 하나님께서 은혜로 신자에게 '영적 감각'을 주셔서 영적 세계를 보고 듣고 맛보며, 하나님의 존재를 알고 느끼게 하신 사실을 확언했다. 웨슬리는 '감각의 정보'와 '영원한 실재'를 흥미롭게 연결해 '초월적 경험주의'를 발전시킨 것이다. 신자는 은혜로 부여받은 영적 감각을 통해 하나님의 현실을 분별하고 알고 경험할 수 있다.

이 점이 우리로 웨슬리가 정말 계몽주의를 특징 지은 이성에 대한 무한한 신뢰를 공유했는지에 대해 의문을 갖게 한다. 대답은 '그렇지 않다'는 것이다. 이성은 단지 여기까지 우리를 데려다줄 수 있을 뿐, 분명한 한계를 지니고 있기 때문이다. 성경의 계시와 믿음이 없다면 이성은 그리스도인의 삶의 가장 본질적인 것들을 만들어낼 수 없다. 또한 이성은 오류에 빠지기 쉽고, 영원의 이쪽에 속해 있는 동안에는 영적 세계에 대한 온전한 지식을 가질 수 없다. 자신들은 '영적 감각'을 통해 하나님의 진리와 활동을 투시하는 특별한 능력이 있다고 주장하는 사람들에게, '이성적인 열광주의자'인 웨슬리는 하나님은 비이성적인 분이 아니시고, 우리와 함께하시는 하나님의 방법 역시 그렇다는 사실을 상기시켜 주었을 것이다.

우리는 이제 더는 이성을 무비판적으로 높이 평가하지 않는 '탈현대주의'(postmodern) 세계에 살고 있다고 할 수 있는데, 이 '탈이성주의'(postrationalist) 시대에 이성적인 웨슬리가 우리에게 해줄 수 있는 말이 있는지 묻지 않을 수 없다. 아마도 우리에게 해줄 수 있는 가장 중요한 말은, 그가 자신의 이성의 한계를 시험하는 목회적 상황에 직면했을 때 했던 그 말일 것이다. 그는 청중들에게 "악하거나" "게으른" 이성에서 돌이켜 하나님을 신뢰하라고 경고했다. 그는 "신조를 의지하라"고 말하지 않았고, 심지어 "성경으로 돌아가라"고도 말하지 않았다. 그의 권고는 "하나님께로 돌이키라"는 것이었다. 당신은 이 돌이킴을 통해 삶의 근간이 되는 목소리를 다시 듣게 될 것이다. 웨슬리에게는 당신이 하나님께로 돌이키면 그분을 경험할 수 있다고 주장하는 것이 이성적인 것이기 때문이었다.

'경험'에 대해 검토한 마지막 장에서 우리는 이전 문단에서 설명한 경험의 정의가 초기 메소디즘이 경험에 부여한 중요한 의미 중 하나임을 알게 되었다. 사실 경험에는 서로 구별되는 여섯 가지의 개념이 있었다. 곧 (1) 사건이나 행동이 끼치는 영향에 대한 인식, (2) 주관적 경험의 공유에 의한 공감적 이해, (3) 반복을 통해 얻은 실무 능력, (4) 평생의 학습을 통해 얻은 실천적, 도덕적 지혜, (5) 진리를 깨닫는 계기로서의 시험이나 시련, (6) 그리고 지식의 원천으로서의 사실이나 사건의 관찰이다. 웨슬리의 글에서는 이 모든 개념이 사용되었으므로, 웨슬리의 사변형이 경험을 포함한다고 말하기가 그렇게 간단하지 않다.

우리가 현대에 사용하는 '경험'의 일반적 용례까지 포함시키면 문제는 단순하지 않다. 우리는 흔히 "글쎄요, 그건 당신의 경험이지요. 당신이 경험했다는 것이 당신이 옳다고 확신할 이유가 될 수 있습니까?"라는 말을 하거나 듣는다. 이 경우에서 경험은 특정한 관점을 일으키는 것으로 이해되고, 또 모든 관점이 상대적으로 동등한 것으로 여겨진다. 이는 새로운 문제가 아니다. 이 문제는 일찍이 철학자 임마누엘 칸트가 직면했던 것으로, 그는 인간의 모든 경험은 해석된 경험인데, 이는 경험이 우리가 기존에 가지고 있던 지적 개념을 통해 해석되기 때문이라는 논제로 이 문제를 표현했다. 당시 칸트는 이 논제에 담긴 회의적(skeptical) 함의를 공간과 시간처럼 보편적이고 불변한다고 믿었던 해석적 개념에 초점을 맞춤으로 상쇄했다. 아인슈타인이 뉴턴의 공식 안에 있던 이런 범주들을 한물간 것이 되게 만들기 전에도, 사회학자들과 심리학자들이 이미 모든 관점은 그것을 형성한 조건과 연결되어 있음을 실증하는 일을 시작했다. 그 결과 오늘의 대중 문화에서 경험은 관점으로 축소되었다. (1) 내 관점이 사물의 실제 모 습과 어떻게든 일치하는가? (2) 그리고 그것은 나와 다른 다양한 관 점에 대해서는 무엇을 주장하는가? 이러한 분명한 질문이, 연합감리 교회 내에서의 논쟁은 말할 것도 없고 20세기 후반 서구 문화에서 진 행된 격렬한 논쟁의 핵심에 존재한다. 이에 대해 웨슬리가 도움을 줄 만한 것이 있는가? 우리는 그렇다고 믿는다.

웨슬리가 인간 경험의 해석적 성격에 대해 의식하기 시작했음을 보여주는 가장 초기의 사례는 아마도 그의 논문 『원죄의 교리』를 축 약한 설교("원죄"-역주)일 것이다. 처음의 논문은 계몽주의적 낙관주의 가 어떤 것인지를 보여주는 표본 역할을 하는데, 이는 특히 그가 죄의 보편성은 "아무리 부주의하고 부정확한 관찰자에게도" 명백히 드러 날 수밖에 없다고 결론을 내리기 때문이다. 그러나 이 논문을 축약한 설교에서는 어조를 바꾸어 하나님의 은혜로 거듭나지 않은 사람들은 죄의 보편성을 알아차리지 못한다고 결론 내린다. 달리 말해, 그는 경 험적 관찰이 이전 논문에서 제안한 것처럼 즉각적이거나 공개적으로 입증 가능한 것이 아님을 인정했다.

이를 인정한 것이, 중생의 은혜를 받은 모든 사람은 하나님의 진 리와, 자기 삶 속에서 즉각적으로 역사해 객관적이고 절대적인 지식 을 주시는 하나님의 역사를 분별할 수 있다는 낙관적 가정마저 배제 한 것은 아님이 분명하다. 웨슬리가 이 시점(1759)에는 그러한 가정을 고수하고 있었더라도, 자신의 영적 여정을 계속 성찰해 감에 따라 그 가정은 빠르게 약화되었다. 이는 그가 그 여정에서 올더스게이트 사건의 역할에 대한 평가를 수정한 사실에서 볼 수 있다. 다양한 요소를 통해 웨슬리는 자신 속에 주입된 어떤 기대감이 올더스게이트 경험에 대한 초기적 해석과, 그 사건 이전 자신의 영적 상태에 대한 부정적인 평가에 영향을 끼쳤다는 점을 인식할 수 있었다. 그는 점점 이러한 기대감이 부당하거나 현명하지 못했다고 판단했기에, 자신의 영적 순례에서 올더스게이트 체험의 역할에 대한 해석을 새로이 수정할 필요를 느꼈다. 이 수정을 통해 웨슬리는 적어도 암묵적으로라도 중생한 신자가 기존에 자신이 가지고 있던 기대와 개념을 통해 자신의 경험을 해석하는 일을 피할 수 없음을 인정하고 있었다.

우리는 경험에 의해 우리의 지식이 '조건지어짐'(conditionedness)을 인식하는 것에 내포된 철저한 회의주의의 유혹을 대체로 매우 실천적인 이유 때문에 회피한다. 곧 철저한 회의주의자가 되는 것이 현실적으로 가능하지 않다는 것이다. 우리에게 일반적인 태도는 경험의 해석적 성격을 들이대 "그것은 당신의 관점일 뿐이고, 나는 내 관점이 있다!"라고 말하면서 미리 방어적 태도를 취하는 것이다. 웨슬리는 그 당시 이런 현대적 방식의 대답을 듣지는 않았지만, 초기 메소디스트들에게 우리 삶을 거룩하게 가꾸어가고 또 신학적인 주장들을 논의하기 위한 '그리스도인의 협의'의 중요성을 지속적으로 권고해 잠재적 난관을 극복할 수 있는 길을 제공했다. 그 결과 어느 누구의 관점을 다른 사람의 것보다 특권적인 것으로 여기지 않게 되자, 모든 구성원의 공동의 관점을 통해 상호 합의된 결론을 도출하게 되는 유익이 있었다.

웨슬리는 현재 구성원의 공동의 지혜뿐 아니라 과거 구성원들의 공동의 지혜도 중요하게 여겼다. 이 지혜를 활용할 수 있게 하기 위해 그는 여러 시대를 아울러 본받을 만한 모범이 되는 성도들에 대한 많은 영적 전기를 출판했고, 그들이 기록한 많은 경구와 영성 형성의 지침을 50권으로 된 『기독교총서』에 수록했다. 또 그 내용을 반복적으로 인용했다. 여기서 우리가 웨슬리에게서 배울 수 있는 한 가지 통찰은, 그가 초기 기독교에서 강력한 선례가 있었던 관행인, 이런 경험의 사례를 모으고 공유하는 것을 신학의 중요한 과제로 여겼다는 것이다. 이와 대조적으로 서구의 학문적 신학이 발전해 온 역사적 과정은, 영적 인도와 영성 형성에 관한 지혜를 나누는 자료를 교리 연구에 관한 자료에서 점점 분리하면서, 전자가 지닌 진정한 신학적 위치를 부정하게 되었다. 웨슬리의 관점에서 보면, 이는 현대 신학의 중대한 약점 중 하나로 여겨져야 한다. 웨슬리는 우리에게 메소디스트들이라 불리는 사람들은 실천적, 영적 지혜가 풍성한 신학 모델을 되찾으려는 노력의 중심에 있어야 한다고 말할 것이다.

경험이 논란이 있는 신학적 문제를 판단하는 데 도움이 될 수 있느냐는 질문에 이르면 우리는 실로 난처한 상황에 빠진다. 사실 문제는 경험이 이미 확립된 기독교의 가르침(신조)의 진실성을 입증하는 데 도움이 되는지의 여부가 아니라, 교회가 무엇을 '계속 가르칠지' 분별하는 데 어떻게 도움이 될 수 있는가 하는, 논리적으로 더 앞서는 사안일 것이다. 메소디스트 부흥운동에서 웨슬리의 목회적 역할은 그로, 왜 메소디스트들이 자신들의 독특한 교리를 계속 가르쳐야 하는지를 더 큰 교회에 해명하는 일과, 또 부흥운동의 색다른 사역을 스스로 진단하는 일 모두에서 자주 교리적으로 분별해야 하는 과제에 직면하게 했다. 이 점에서 웨슬리는 성경, 전통, 이성의 독특한 역할 외에 경험에도 호소했다. 그러나 메소디스트들이 계속 가르치고 강조해야 할 내용을 판단하는 일에서 이같이 호소한 경험은, 오직 경험만의 단독적 역할이 아니라, 언제나 성경, 전통, 이성과의 대화적 관계 속에 있는 경험의 역할을 의미한다. (하나님께서 완전 성화를 점진적으로 이루시는지 순간적으로 이루시는지와 같은 초기 메소디스트들 특유의 질문에서와 같이) 성경도, 전통도 충분하고 설득력 있는 증거를 제공하지 않는 것처럼 보이는 문제가 발생하면, 경험이 문제를 해결하는 설득력 있는 기준이 되는 것이다.

경험이 다양한 원천들 간 대화에 기여하는 또 다른 측면은, 웨슬리가 교리 논쟁에서 다양하게 경험에 호소한 데서 분명히 드러난다. 이 기여는 특정한 신학적 주장이 받아들여질 만한 것인지 아닌지가 아니라, 그것이 기독교 신앙에 중심적이거나 본질적인 것인지 아닌지를 판별하는 것과 관계된다. 웨슬리는 우리 이성이 어떤 가르침이 중심적이고 본질적인 진리와 허용할 만한 의견 중 어디에 잘 들어맞는지를 판별할 때는 성경적이고 전통적인 근거가 도움이 되지만, 이러한 성경과 이성의 근거가 그 자체로 결정적이지는 않다고 생각했다. 최종적 판단은 어떻게 신학적 가르침이 마음과 삶의 거룩함을 증진시키거나 약화시키는지에 대한 경험적 평가에 달려 있기 때문이다.

경험에 대한 가르침에서 이러한 종류의 강조는, 웨슬리가 초기 기독교에서 수세기 동안 발전시킨 신학의 방식인 일상적 그리스도인의 삶과의 밀접한 연관성을 유지하고 있었음을 보여준다. 이러한 신학 모델에 따라 웨슬리는 메소디스트 부흥운동이 지속되면서 교리적인 문제가 발생한 딱 그 시기에 필요한 정도만 교리를 다루는 경향이 있었다. 그는 기독교 교리의 가장 중요한 목적은 세상 속에서 그리스도인의 삶을 살 수 있게 하는 실천적 지침을 제공하는 것이라고 주장했다. 웨슬리는 이것이 체험적 기독교에 대한 하나님의 계획이라고 믿었다. 특히 그리스도인의 협의에 대한 웨슬리의 강조는 이 점에서 새로운 의미를 갖는다. 협의는 다른 사람의 관점을 통해 경험에 대한 '우리의 관점'을 점검하게 하기 때문이다. 이를 한 단계 더 발전시키면, 인간의 경험의 해석적 성격은 궁극적으로 성경, 전통, 그리고 이성의 '명백한' 진리에 대한 우리의 관점에 영향을 끼친다. 이 점에서 사변형의 상호의존성을 주장하는 것은 사실상 우리가 신학적 성찰을 위해 다른 그리스도인과 계속 협의해 나갈 때 성경, 전통, 이성, 경험 사이를 언제나 연결 짓기를 요구하는 것이다.

　이러한 것이 진정한 웨슬리의 사변형의 개별 요소에 대해 우리가 강조하는 것들이다. 우리가 사변형의 네 구성 요소 사이의 중요한 상호 관계에 대해 점점 더 큰 확신을 갖는 일은 여전히 필요하다. 우리는 서론에서 현재 논쟁의 양측이 사변형의 구성 요소를 '성경과 전통' 대 '이성과 경험'이라는 두 개의 대립된 진영으로 나눈 후, 둘 중에서 양자택일해야 한다고 생각하는 경향을 지적했다. 제2장부터 제5장까지에서 다양한 요소의 모호성과 중복을 설명한 것은, 왜 웨슬리가 그런 선택의 강요를 거부했으며, 왜 이러한 거부가 오늘날에도 여전히 설득력이 있는지를 설명하기 위해서였다. 예를 들어, 어느 하나를 다른 것과 대항하게 하기 위해 '신학적' 기준과 '철학적' 기준, 또는 '인식론적' 기준과 '규범적' 기준을 칼같이 나누는 것은 불가능하다. 그보다 우리에게 필요한 것은 신학적 성찰에서 사변형의 네 기준을 상호 연결 짓는 신학 모델로서, 이 연결은 웨슬리가 그리스도인의 삶과 가르침을 위해 협의의 중요성을 주장한 것과도 유사성이 있다.

우리는 진정한 웨슬리의 사변형은 윌리엄 아브라함에게서 나타나는 '성경과 전통' 대 '이성과 경험' 사이의 대립 모델이나, 존 콥에게서 나타나는 비교적 자율적인 요소 간의 '변증법적' 모델 모두와 대조적으로, 성경, 전통, 이성, 경험 사이의 대화적 관계를 강조한다고 믿는다. 이 말은 진정한 교리적 성찰은 단지 누군가가 가지고 있던 기존의 가정에 가장 잘 들어맞는 아무 기준이나 사용하거나, 한 기준과 다른 기준을 대립시키는 데 의존하지 않는다는 것을 뜻한다. 오히려 진정한 교리적 성찰은 사변형의 네 요소 사이의 합의점을 찾거나 네 요소 모두의 온전성을 존중하는 방법을 발견할 때까지 해당 문제에 대해 네 가지 기준 사이에서 협의할 것이다. 분명 이 과정이 항상 쉽거나 빠르지는 않을 것이다. 새로운 가능성의 열매를 맺기 위해 이성적 태도와 기도하는 마음으로 성경, 전통, 경험을 재고하는 동안 우리는 자주 모호성을 안고 살아가게 될 것이다.

이 대화적 모델이 지닌 강점 중 하나는, 웨슬리가 (1) 성경의 수위성과 (2) 우리가 배타적으로 성경만 가지고 있지는 않다는 사실을 동시에 강조한 것을 이해할 수 있게 한다는 것이다. 웨슬리가 성경의 수위성을 옹호한 것은 일반적으로, 성경의 분명한 가르침이 전통, 이성, 경험의 주장에 굴복할 수밖에 없을 것이라는 생각을 바로잡기 위한 것이다. 반대로 그가 '성경만으로'를 극단적으로 주장하는 태도를 거부한 것은 일반적으로, 널리 수용된 전통, 이성, 경험이 확증하는 내용에 반대해 자신이 가정한 것을 성경의 가르침으로 주장하는 사람들을 겨냥한 것이다. 두 경우 모두에 대해 웨슬리는 분명 성경, 전통, 이성, 경험 사이의 적절한 '협의'는 종종 그중 하나 또는 그 이상의 요소에 대한 잘못된 이해를 바로잡아 그 각각의 온전성을 존중하는 방법을 발견하게 할 것이라고 생각했다!

사변형의 대화적 성격을 강조하는 또 다른 이유는 성경, 전통, 이성, 경험이 지속적인 교리적 성찰을 위한 자원이라는 사실을 강화하는 데 도움이 될 수 있기 때문이다. 사변형의 네 요소는 연합감리교회의 표준 교리를 확언하는 문서 목록에 포함되지 않는데, 『연합감리교회 장정』은 그러한 문서를 헌법적으로 신앙고백과 신조로 규정하고 보호한다. 우리가 사변형을 확언하는 것은, 이런 교리적 표준을 대체하거나 제쳐 놓으려는 것이 아니라 교회의 지속적인 삶과 대화하기 위한 "방법"으로서 그것이 지닌 균형 감각을 지지하는 것이다. 그리스도인은 성경, 전통, 이성, 경험을 신앙하지 않는다. 우리는 그리스도 예수 안에서 성육신하시고 계시되셨으며 성령을 통해 세상에서 우리와 함께하시는 삼위일체 하나님을 신앙한다. 전자인 사변형의 네 요소의 역할은 우리로 그러한 하나님의 자기 계시와 마주할 수 있게 하고, 그 만남에 대한 이해를 지속적으로 개선하게 하는 것이다.

성경, 전통, 이성, 경험 모두를 고려해 대화하는 웨슬리의 (그리고 우리의) 헌신은 교회일치운동의(ecumenical) 성격을 갖는다. 최선의 상태일 때 모든 주요 기독교 전통에서의 신학적 성찰은 이러한 바람직한 대화에 다가선다. '우리는 어떻게, 그리고 왜 다른가?'라는 질문에 대한 우리의 최선의 대답은 아마도 "우리가 '신앙의 유비'에 대해 서로 다른 관점을 택하기 때문"이라는 것이다. 달리 말해, 우리는 성경, 전통, 이성, 경험을 해석할 때 '지향하는 관심사'(orienting concern)가 다르다. 웨슬리 전통에 속한 우리가 지향하는 관심사는 구원론적이다. 따라서 우리 연합감리교인이 오늘날의 교리적 성찰에서 (『장정』이 암시하듯) 웨슬리와 상당한 연속성을 유지하기를 바란다면, 우리는 사변형의 네 요소 사이의 대화의 온전성을 존중할 뿐 아니라, 웨슬리의 신학 모델이 특별히 지향하는 관심사 곧 하나님께서 인간 삶에서 구원을 위해 어떻게 일하시는지를 염두에 둘 것이다.

우리는 '그리스도인의 협의'를 통해 웨슬리의 사변형과 관련해 우리가 무엇을 합의했는지에 대해 서로에게서 많은 것을 배웠다. 그 과정에서 우리가 우리의 관점만 고집하면 우리의 경험이나 성경과 전통 이해에 대해 상당히 새로운 관점을 갖게 될 가능성이 거의 없다는 사실을 알게 되었다. 정반대로, 우리가 서로 진정성 있는 대화를 나눌 때는 중요하게 재검토해 보아야 할 사항들에 대해 계속적으로 도전도 받고 지지도 받았다. 두 번째 요점도 매우 분명해졌는데, 이는 연합감리교인들은 종종 웨슬리적인 것이라 말할 수 있는 방식은 아니더라도 사변형을 적극적으로 사용해 왔다는 점이다. 이로 인해 우리는 연합감리교회 내에서, 성경이 규범이 되어 사변형의 다른 구성요소에는 부여할 수 없는 최고의 권위를 갖는다는 더 철저히 웨슬리적인 사변형의 해석과 사용을 추천하고 또 간절히 요청하게 된다. 그럴 때 전통, 이성, 경험은 해석적 나선형을 형성해, 교회는 사변형의 모든 요소 사이의 대화적 관계를 통해 성경을 더 정확하고 효과적으로 이해하고 적용할 수 있게 된다. 우리는 이 네 가지 구성 요소의 상호 관계가 모두 서로 대화하는 '사변형'을 형성한다는 것을 이해한다. 전통, 이성, 경험은 우리가 성경을 이해하고 설명하도록 돕는다. 동시에 우리는 하나님의 자기 계시의 규범적 원천인 성경이 우리에게 말씀하는 모든 것을 다 들었다고 가정할 수 없기에 우리의 전통, 이성적 추론, 경험에 대한 성경의 비평에 지속적으로 열려 있다.

요약하면, 이 책에서 우리가 '협의'한 내용의 본질적인 결론은 다음과 같다.

우리는 사변형을 '전통, 이성, 경험을 통해 상호협력적으로 해석하는 성경의 규범'으로 정의하면서, 이것이 실행 가능한 연합감리교회의 신학 방법임을 믿는다. 우리는 이러한 대화적 신학 방법이 존 웨슬리의 가르침과 조화를 이룬다고 믿는다. 그리고 우리는 사변형에 대한 이 새로운 웨슬리적 해석을 신학적으로 적용하는 것이 연합감리교회가 20세기를 끝내고 21세기를 열어가는 가장 신뢰할 만한 방법이라고 믿는다.

우리는 연합감리교인들을 우리와 대화하고, 서로 간에 대화하며, 웨슬리의 역사 및 유산과 대화할 수 있는 이 새로운 대화로 초대한다.

참고문헌

Abraham, William J. "The Epistemological Significance of the Inner Witness of the Holy Spirit." *Faith and Philosophy* 7 (1990): 434-50.

_____. *Waking from Doctrinal Amnesia: The Healing of Doctrine in The United Methodist Church*. Nashville: Abingdon Press, 1995.

Alston, William. *Perceiving God*. Ithaca, NY: Cornell University Press, 1991.

Ames, William. *The Marrow of Theology: William Ames, 1576-1633*. Edited and translated by John D. Eusden. Boston: Pilgrim Press, 1968.

Anderson, Walter Truett. *The Truth about the Truth: De-Confusing and Re-Constructing the Postmodern World*. New York: G. P. Putnam's Sons, 1995.

Andrewes, Lancelot. *Opuscula quaedam posthumata*. Oxford: John Henry Parker, 1852. Library of Anglo-Catholic Theology Edition.

Baker, Frank. "John Wesley and Bishop Joseph Butler: A Fragment of John Wesley's Manuscript Journal, 16th to 14th August 1793." *Proceedings of the Wesley Historical Society* 42 (May 1980): 97.

_____. *John Wesley and the Church of England*. Nashville: Abingdon Press, 1970.

Becon, Thomas. *Prayers and Other Pieces of Thomas Becon*. Edited by Reverend John Ayre. Cambridge: Cambridge University Press, 1844.

Beveridge, William. ΣΥΝΟΔΙΚΟΝ, *sive Pandectae Canonum Ss. Apostolorum et Conciliorum Ecclesia graeca receptorum*. 2 vols. Oxford: William Wells and Robert Scott, 1672.

_____. *Codex Canonum Ecclesiae primitivae vindicatus ac illustratus*. 2 vols. Oxford: John Henry Parker, 1847.

Bicknell, E. J. A *Theological Introduction to the Thirty-nine Articles*. London: Longmans, Green and Co., 1944 (1st ed., 1925).

Bondi, Roberta C. *Memories of God: Theological Reflections on a Life*. Nashville: Abingdon Press, 1995.

The Book of Discipline of The United Methodist Church, 1996. Nashville: The United Methodist Publishing House, 1996.

Booty, John E., editor. *John Jewel as Apologist of the Church of England*. London: SPCK, 1963.

Brantley, Richard E. *Locke, Wesley, and the Method of English Romanticism*. Gainesville, FL: University of Florida Press, 1984.

Bull, George. *Defensio Fidei Nicaenae: A Defense of the Nicene Creed, out of the Extant Writings of the Catholick Doctors, who Flourished during the First Three Centuries ofthe Christian Church.* 2 vols. Oxford: John Henry Parker, 1851.

_____. *The Judgment of the Catholic Church on the Necessity of Believing that our Lord Jesus Christ is Very God.* Oxford: John Henry Parker, 1855.

Campbell, Ted A. *Christian Confessions: A Historical Introduction.* Louisville: Westminster/John Knox Press, 1996.

_____. "Christian Tradition, John Wesley, and Evangelicalism." *Anglican Theological Review* 74/1 (winter 1992): 54-67.

_____. "Is It Just Nostalgia? The Renewal of Wesleyan Studies." *Christian Century* 107/13 (18 April 1990): 398-98.

_____. *John Wesley and Christian Antiquity: Religious Vision and Cultural Change.* Nashville: Kingswood Books, 1991.

_____. "John Wesley's Conceptions and Uses of Christian Antiquity." Ph.D. diss., Southern Methodist University, 1984.

_____. "The 'Wesleyan Quadrilateral': The Story of a Modern Methodist Myth." In *Doctrine and Theology in The United Methodist Church*, edited by Thomas A. Langford, 154-61. Nashville: Kingswood Books, 1991.

Cave, William. *Primitive Christianity: or, the Religion of the Ancient Christians in the First Ages of the Gospel.* London: Thomas Tegg, 1840.

Cell, George C. *The Rediscovery ofJohn Wesley.* New York: Henry Holt, 1935.

Chamberlain, Jeff. "Moralism, Justification, and the Controversy over Methodism." *Journal of Ecclesiastical History* 44 (1993): 652-78.

Chilcote, Paul W. *She Offered Them Christ: The Legacy of Women Preachers in Early Methodism.* Nashville: Abingdon Press, 1993.

Chiles, Robert E. *Theological Transition in American Methodism: 1790-1935.* Reprint. Lanham, MD: University Press of America, 1983.

Cobb, Jr., John B. *Grace and Responsibility: A Wesleyan Theology for Today.* Nashville: Abingdon Press, 1995.

The Concise Oxford English Dictionary. Oxford: Oxford University Press, 1976.

Corrie, G. E., editor. *The Sermons and Remains of Hugh Latimer.* 2 vols. Cambridge: Cambridge University Press, 1844-45.

Couture, Pamela D. *Blessed Are the Poor? Women's Poverty, Family Policy, and Practical Theology.* Nashville: Abingdon Press, 1991.

Cragg, Gerald R. *Freedom and Authority: A Study ofEnglish Thought in the Early Seventeenth Century.* Philadelphia: The Westminster Press, 1975.

_____. *Reason andAuthority in the Eighteenth Century.* Cambridge:

Cambridge University Press, 1964.

Cranmer, Thomas. *The Remains of Thomas Cranmer*. Edited by H. Jenkyns. 4 vols. Oxford: Oxford University Press, 1833.

Curnock, Nehemiah, editor. *The Journal of the Rev. John Wesley, A.M.* 8 vols. London: Epworth Press, 1909-1916, repr. in 1938.

Daillé, John [Jean]. *A Treatise concerning the Right Use of the Fathers*. Translated by Thomas Smith. London: John Martin, 1651.

Davies, Horton. *Worship and Theology in England*, Vol. 1: *From Cranmer to Hooker, 1534-1603*. Princeton: Princeton University Press, 1970.

Deacon, Thomas. *Compleat Collection of Devotions*. London: printed for the author, 1734.

English, John C. "The Cambridge Platonists in John Wesley's Christian Library." *Proceedings of the Wesley Historical Society* 37 (1970): 101-4.

Frere, W. H. and C. E. Douglas, editors. *Puritan Manifestoes; A Study of the Origin of the Puritan Revolt*. With a reprint of the Admonition to the Parliament. 2nd ed. London: SPCK, 1954.

_____. *The English Church in the Reigns of Elizabeth and James I (1558-1625)*. London and New York: Macmillan, 1904.

_____., and W. M. Kennedy. *Visitation Articles and Injunctions. Period of the Reformation*. 3 vols. New York: Longmans, Green and Co., 1910.

"A Fruitful Exhortation to the Reading of the Holy Scripture." In *Certain Sermons or Homilies Appointed to be Read in Churches in the Time of Queen Elizabeth ofFamous Memory*. London: SPCK, 1890.

Gadamer, Hans-Georg. *Truth and Method*. Rev. ed. New York: Crossroad, 1992.

Gay, Peter. *The Enlightenment: An Interpretation*, Vol. 1: *The Rise of Modern Paganism*. New York and London: The W. W. Norton Co., 1966.

Gee, H., and W. J. Hardy, editors. *Documents Illustrative of English Church History*. London: Macmillan, 1921 (1st ed. 1896).

The Great Bible. A Facsimile of the 1539 Edition. Tokyo: Elpis, Co., Ltd., 1991.

Greenslade, Stanley Lawrence. *The English Reformers and the Fathers of the Church*. Oxford: Clarendon Press, 1960.

Grindal, Edmund. *The Remains of [Archbishop] Edmund Grindal, Successively Bishop of London and Archbishop of York and Canterbury*. Edited by W. Nicholson. Cambridge: Cambridge University Press, 1843.

Gunter, W. Stephen. *The Limits of 'Love Divine': John Wesley's Response to Antinomianism and Enthusiasm*. Nashville: Kingswood Books, 1989.

Heath, P. L. "Experience." In *Encyclopedia of Philosophy* 3:156-58. Edited by Paul Edwards. New York: Macmillan, 1967.

Hellwig, Monika. *Whose Experience Counts in Theological Reflection?* Milwaukee, WI: Marquette University Press, 1982.

Heitzenrater, Richard P. *The Elusive Mr. Wesley: John Wesley as Seen by Contemporaries and Biographers.* 2 vols. Nashville: Abingdon Press, 1984.

_____. *Mirror and Memory: Reflections on Early Methodism.* Nashville: Kingswood Books, 1989.

_____. *Wesley and the People Called Methodists.* Nashville: Abingdon Press, 1995.

Hodges, J. P. *The Nature of the Lion: Elizabeth I and Our Anglican Heritage.* London: Faith Press, 1962.

Hooker, Richard. *Of the Laws of Ecclesiastical Polity.* Vol. 5 in *The Folger Library Edition of the Works of Richard Hooker,* edited by Georges Edelin et al. Cambridge, MA: The Belknap Press of Harvard University Press, 1977.

_____. *The Works of Mr. Richard Hooker.* 3 vols. Edited by John Keble. Oxford: University Press, 1888.

Jackson, Thomas, editor. *The Works of the Reverend John Wesley.* M.A. 3rd ed. 14 vols. London: Wesleyan Methodist Book Room, 1872; many reprints.

Jennings, Theodore W., Jr. *Good News to the Poor: John Wesley's Evangelical Economics.* Nashville: Abingdon Press, 1990.

Jewel, John. *An Apology of the Church of England.* Edited by J. E. Booty. Ithaca, NY: Cornell University Press for the Folger Shakespeare Library, 1963.

_____. *The Works of John Jewel.* 8 vols. Edited by Richard W. Jelf. Oxford: University Press, 1848.

Jones, Scott J. *John Wesley's Conception and Use of Scripture.* Nashville: Kingswood Books, 1995.

Kelsey, David. *The Uses of Scripture in Recent Theology.* Philadelphia: Fortress, 1975.

King, Peter. *An Enquiry into the Constitution, Discipline, Unity, and Worship of the Primitive Church.* New York: P. P. Sandford, 1841.

Langford, Thomas A., editor. *Doctrine and Theology in The United Methodist Church.* Nashville: Kingswood Books, 1991.

Lathbury, Thomas. *A History of the Non-Jurors.* London: William Pickering, 1845.

Latimer, Hugh. *The Sermons of Bishop Latimer*. Edited by G. E. Corrie. Cambridge: Cambridge University Press, 1844-45.

_____. *Sermons and Remains of Hugh Latimer*. Edited by G. E. Corrie. Cambridge: University Press, 1845.

Leupp, Roderick T. "'The Art of God': Light and Darkness in the Thought of John Wesley." Ph.D. diss., Drew University, 1985.

Link, Hans-Georg, editor. *Apostolic Faith Today: A Handbook for Study*. Faith and Order Paper no. 124. Geneva: World Council of Churches, 1985.

Luoma, John K. "Who Owns the Fathers? Hooker and Cartwright on the Authority of the Primitive Church," *Sixteenth Century Journal* 8 (1977): 53-58.

Maddox, Randy L. "Holiness of Heart and Life: Lessons from North American Methodism." *Asbury Theological Journal* 51/1 (1996): 151-72.

_____. "John Wesley—Practical Theologian?" *Wesleyan Theological Journal* 23 (1988): 122-47.

_____. "Opinion, Religion and 'Catholic Spirit': John Wesley on Theological Integrity." *Asbury Theological Journal* 47 (1992): 63-87.

_____. "Recovering Theology as a Practical Discipline: A Contemporary Agenda." *Theological Studies* 51 (1990): 650-72.

_____. *Responsible Grace: John Wesley's Practical Theology*. Nashville: Kingswood Books, 1994.

Martin, James A., Jr. "Religious Experience." In *The Encyclopedia of Religion*, edited by Mircea Eliade, vol. 12: 323-30. New York: Macmillan, 1987.

Marshall, Nathaniel. *The Penitential Discipline of the Primitive Church*. Oxford: John Henry Parker, 1844.

Matthews, Rex D. "'Religion and Reason Joined': A Study in the Theology of John Wesley." Th.D. diss., Harvard University, 1986.

McAdoo, Henry R. "Richard Hooker." In *The English Religious Tradition and the Genius of Anglicanism*, edited by Geoffrey Rowell, 105-25. Nashville: Abingdon Press, 1992.

_____. *The Spirit of Anglicanism: A Survey of Anglican Theological Methodology in the Seventeenth Century*. New York: Charles Scribner's Sons, 1965.

_____. *The Structure of Caroline Moral Theology*. London: Longmans, Green, and Co., 1949.

_____. *The Unity of Anglicanism: Catholic and Reformed*. Wilton, CT: Morehouse, 1983.

Moorman, John R. H. *A History of the Church in England*. New York: Morehouse Barlow, 1973 (1st edition, 1953).

Outler, Albert C. "A New Future for Wesley Studies: An Agenda for 'Phase III.' " In *The Future of the Methodist Theological Traditions,* edited by M. Douglas Meeks, 34-52. Nashville: Abingdon Press, 1985.

_____. "The Wesleyan Quadrilateral—in John Wesley." In *Doctrine and Theology in The United Methodist Church,* edited by Thomas A. Langford, 75-88. Nashville: Kingswood Books, 1991.

_____. editor. *John Wesley.* A Library of Protestant Thought. New York: Oxford University Press, 1964.

_____, and Richard P. Heitzenrater, editors. *John Wesley's Sermons: An Anthology.* Nashville: Abingdon Press, 1991.

The Oxford English Dictionary. Rev. ed. Prepared by J. A. Simpson and E. S. C. Weiner. Oxford: Clarendon Press, 1989. Article on "Experience." Vol. 5:563-64.

Parrott, Bob, editor. *Albert Outler: The Churchman.* Anderson, IN: Bristol House, 1995.

Pearson, A. R Scott, *Thomas Cartwright and Elizabethan Puritanism.* Cambridge: Cambridge University Press, 1925.

Pearson, John. *Vindiciae Epistolarum S. Ignatii.* 2 vols. Oxford: John Henry Parker, 1852.

"Promise Keepers, UMC Can Learn From One Another," *The United Methodist Reporter* (8 November 1996).

Prothero, G. W, editor. *Select Statutes and Other Constitutional Documents.* Oxford: Clarendon Press, 1913.

Proudfoot, Wayne. *Religious Experience.* Berkeley, CA: University of California Press, 1985.

Schmidt, Martin. *John Wesley: A Theological Biography.* 2 vols. in 3. Translated by Norman Goldhawk and Denis Inman. Nashville: Abingdon Press, 1963-73.

Shimizu, Mitsuo. "Epistemology in the Thought of John Wesley." Ph.D. diss., Drew University, 1980.

Stillingfleet, Edward. *The Irenicum: or, Pacificator.* Philadelphia: M. Sorin, 1842.

Strype, John. *The Life and Acts of Matthew Parker.* London: Printed for John Wyatt, 1711.

_____. *Ecclesiastical Memorials.* 3 vols. London: Printed for John Wyatt, 1721.

Tanner, Joseph R., editor. *Tudor Constitutional Documents,* A.D. 1485-1603. Cambridge: Cambridge University Press, 1930.

Telford, John, editor. *The Letters of The Rev. John Wesley, A.M.* 8 vols. London: Epworth Press, 1931.

Thomas, Owen C. "Theology and Experience." *Harvard Theological Review* (1985): 179-201.

Thorsen, Donald A. D. *The Wesleyan Quadrilateral: Scripture, Tradition, Reason and Experience as a Model of Evangelical Theology.* Grand Rapids, MI: Zondervan, 1990.

Toulmin, Stephen. *Cosmopolis: The Hidden Agenda of Modernity.* New York: Free Press, 1990.

Urlin, R. Denny. *Churchman's Life of Wesley.* Rev. ed. London: SPCK, 1880.

Walker, Dolores Klinsky. "Letter to the Editor." *United Methodist Reporter* 143/11 (2 August 1996): 2.

Wesley, Charles. *The Young Student's Library.* Attributed to Samuel as president of the Athenian Society. London: John Dutton, 1692.

_____. *Advice to a Young Clergyman, in a Letter to Him.* London: C. Rivington, 1735.

Wesley, John. *Explanatory Notes Upon the New Testament.* London: Wesleyan Methodist Book Room, n. d.

_____. *The Letters of John Wesley.* 8 vols. Edited by John Telford. London: Epworth Press, 1931.

_____. *The Sunday Service of the Methodists in North America.* London: 1784. Reprinted by Quarterly Review, 1984.

_____. *A Survey of the Wisdom of God in the Creation; or, A Compendium of Natural Philosophy.* 2 vols. 1st ed. London: 1763.

_____. *The Works of John Wesley.* Edited by Frank Baker and Richard P. Heitzenrater. Vols. 7, 11, 25 & 26: The Oxford Edition, Oxford: Clarendon Press, 1975-83. All other vols.: Bicentennial Edition, Nashville: Abingdon Press, 1984-.

_____. *The Works of The Rev. John Wesley*, M.A. Edited by Thomas Jackson. 3rd ed. 14 vols. London: Wesleyan Methodist Book Room, 1872. Reprinted, Grand Rapids: Zondervan, 1958-59.

Whitgift, John. *Works.* Vol. 1: *The Defence of the Answer to the Admonition Against the Reply of T[homas] C[artwright].* Drawn from Cartwright's *Admonition.* Edited by J. Ayre. Cambridge: Cambridge University Press, 1851-53.

Williams, Colin W. *John Wesley's Theology Today.* New York and Nashville: Abingdon Press, 1960.

Williams, John. *A Catechism Truly Representing the Doctrines and Practices of the Church of Rome, with an Answer Thereunto.* London: n.p., 1686.

Wood, Lawrence W. "Wesley's Epistemology." *Wesleyan Theological Journal* 10 (1975): 48-59.

기독교 신앙의 네 기둥: 웨슬리와 사변형

Copyright ⓒ 웨슬리 르네상스 2022

초판1쇄 2023년 12월 30일

지은이 W. 스테픈 건터 외 공저
번 역 정계현
감 수 장기영
펴낸이 장기영
편 집 장기영
교 정 이주련
표 지 장성결
인 쇄 (주) 예원프린팅

펴낸곳 웨슬리 르네상스
출판등록 2017년 7월 7일 제2017-000058호
주소 경기도 부천시 호현로 467번길 33-5, 1층 (소사본동)
전화 010-3273-1907
이메일 samhyung@gmail.com

ISBN 979-11-983900-1-1 (03230)
값 20,000원